CAMBRIDGE

古代中国

边疆地区公元前 **3000** 年至公元前 **700** 年的 与
金属制品、墓葬习俗和文化认同

欧亚大陆

ANCIENT CHINA AND ITS
EURASIAN NEIGHBORS
ARTIFACTS, IDENTITY AND DEATH
IN THE FRONTIER, 3000-700 BCE

曹玮
林嘉琳（Katheryn M. Linduff） 著
孙岩　刘远晴

上海古籍出版社

曹玮   毕业于西北大学和北京大学。先后担任陕西省考古研究所副所长、秦始皇帝陵博物院院长，研究员。现为陕西师范大学特聘教授。发表《西周时期的赗赙制度》等研究文章六十余篇，撰写与主编《周原遗址与西周铜器研究》等论著二十余部。

林嘉琳（Katheryn M. Linduff）   美国宾州匹兹堡大学国际研究中心艺术史与人类学荣休教授。主要研究领域为亚欧大陆和东亚考古与艺术史，研究课题涉及复杂社会的形成，古代人群，文化和社会性别认同与经济和政治变化之间的互动。

孙岩   本科毕业于北京大学考古系，博士毕业于美国宾州匹兹堡大学艺术史与建筑史系。现为美国宾州盖底兹堡大学艺术史系教授。主要从事商周时期艺术史研究，课题涉及西周时期边疆地区的青铜文化，族群和文化认同，以及女性的身份和地位。

刘远晴   毕业于西北大学和陕西师范大学，师从曹玮、张懋镕教授。现为西安文理学院讲师。主要从事中国青铜器的教学与研究工作，出版有《中国古代青铜器整理与研究·中国早期铜器卷》等著作。

献给教会我们什么是认同的家人：

这一认同充满着对过去的尊重，现在的诚恳，和不可知

未来的接受。

Contents 目录

图片目录

地图目录

表格目录

亚洲内陆边疆的重新思考

　　这本书是作者和他们的助手们多年努力的成果。该书的合作始于 2010 年的夏天，曹玮、林嘉琳、孙岩在西安成立了课题小组，并一同在陕北和内蒙古等地进行考察，以了解北方地区的地形地貌和新出土的发掘材料。正如过去的研究所指出的，北方地区从中国沿海延伸到当今中国的北部各省份，包括吉林、辽宁和内蒙古，再延伸到北部和西部的宁夏、甘肃和新疆等地区。尽管我们之前在该地区进行过实地考察，做过田野工作，那次旅行后，我们决定对该地区的材料进行总体的研究。即使在今天，这一区域也远离繁华的大都会，有着多样的地形和气候条件，居住着生活方式不同、语言各异的民族。我们认为对古代文化的研究，不应局限于当今中国的边界（以往研究中的北方），而是应该考虑到在古代整个东亚地区活跃的其他人群，包括居住在北部的蒙古，西部的哈萨克斯坦，北部、西部和东部俄罗斯等地的人群。尽管我们的研究主要关注在这一广阔区域的最东端，我们希望它能够为我们理解整个区域的青铜文化有所帮助。

　　合作项目通常要花比预期更长的时间。就作者而言，数十年来的研究积累和田野经验，不仅激发了我们开展此项研究工作的热情，也启发了我们对材料的新见解。经过无数次的讨论，我们形成了对材料的系统认识。2013－2014 年间，刘远晴获得了国家教育部的奖学金，来到美国匹兹堡大学（University of Pittsburg）与 Katheryn Linduff（林嘉琳）合作研究欧亚草原材料。远晴是陕西师范大学的博士生，在曹玮的指导下，她承担了共同撰写第四章的任务。为了全书主题和分析方法的统一，林嘉琳和孙岩对整部书稿修改多次，在很多问题上达成了最终的共识。我们都从彼此的研究中学到了很多。本书的作者希望呈现给读者一个统一的观点，这也是我们此次合作项目的精髓。

匹兹堡大学的研究生助理韩佳瑶，Ren Meng，Elizabeth Morrissey 和 Allison McCann 都在不同程度上参与了这一项目。艺术史和建筑史系负责数码资源的 Veronica Gazdik 协助了图像的制作。匹兹堡大学东亚图书馆馆长张海慧多次帮助我们搜索和寻找研究材料。匹兹堡大学的国际研究中心多次资助林嘉琳在中国的学术考察。孙岩任职的盖底兹堡大学（Gettysburg College）也资助了她在中国的多次考察项目，她的学生段西洋和徐子毅制作了书中的地图和部分线图。这本书的英文版是剑桥大学出版社优秀编辑工作的成果。即使是很小的问题，他们每次都耐心地回答。在剑桥大学出版社考古和艺术史方面总编辑 Beatrice Rehl 女士的全力支持下，Edgar Mendez 协助我们完成了从书稿的最初提议到交稿的每一个步骤；Anamika Singh、Katherine Tengco 以及 William H.Stoddard 对全书做了认真仔细的编辑。我们感谢三位匿名审稿专家，他们为全书提供了很好的修改意见。我们由衷地感谢所有参与这个项目人员的无私奉献。

长期以来，学术界把亚洲内陆边疆地区视为一个草原文化的整体。然而，在20世纪末尤其是过去的二十年里，考古学研究对这一观点重新审视并提出了挑战。我们的重点在于讨论亚洲内陆边疆地区从公元前3千纪到公元前1千纪自身独有的特点，而不是从中原王朝的角度去讨论该地区与中原政权的依赖关系。我们尽量避免对该地区的活动人群和物质材料进行笼统的概括，而更注重该地域内各地区内部器物组合特点，和它们如何体现个人和群体的文化认同，以及各地区间的差异。我们认为，从边疆角度出发的研究，会提供一个认识该地区的新方法。

生活在边疆地区的人群是以不同的方式结合起来的。他们有的是政治群体，有的是以宗族为主干的群体，有的是生活在同一地域内，或是以经济为纽带的群体，而这些群体与以某种陶器分布来定义的考古学文化并不完全吻合。我们在书中所定义的这些群体，与中原王朝有着不同程度的远近关系。有些时候中原王朝赋予这些群体的领袖以官职，有些时候这些群体主动接受中原王朝的文化同化。但在大多数情况下，这些群体生活在中原王朝的边缘，人群的内部和群体之间有相互的竞争，他们与中原政权也有权力的抗衡。为了权力竞争的需要，这些群体经常为自己创造出独立和多元的身份。

我们认为，边疆是一个多中心的地域。在这个地域内，盟友可以随时更换，自愿组成的群体也可以随时建立和瓦解。在物质文化上，特别是墓葬中的器用所呈现的多元的现象，很有可能是多元的生活方式、语言、习俗和政治野心的体现。我们书中将用以下的概念，"技术格局"、"氏族格局"、"地域格局"和"个体格局"来定义亚洲内陆边疆的考古和文字资料。这些概念有助于我们区分以中原为中心的传统观点。

以上是本书研究的主要观点。我们的目的，是对物质文化的分析，不是寻找中原王朝核心文化的来源，也不是寻找哪些文化为中原文化的组成做出了贡献。我们的主旨是讨论中原以外的人群在构建其身份上的多样性和灵活性。这种方法使我们能够看到一个动态的边疆，我们讨论的重点会放在不同的人群为什么会适时地调整与中原王朝的关系，或保持与中原王朝的距离。

这本书的框架如下。

第一章　亚洲内陆边疆出土器物和精神边界 / 林嘉琳

器物是古代社会的重要物质遗存。公元前 3000 年至公元前 750 年间，亚洲内陆边疆的器物是如何被用来构建和标识精神边界将成为本章的主旨。本章的目的，是在概念上厘清器物在古代人群的生活和墓葬中所扮演的角色。我们把本书的讨论区域定义为边疆地区，这也是 Parker 和 Rodseth 两位学者的定义（Parker & Rodseth 2005），或是中间地区（White 1991）、接触地区（Pratt 1992）、社会经济政治竞争地带（Dietler 1998）、部落地区（Ferguson & Whitehead 2001）。这一区域是不同人群交汇的地带，他们意识到自己不同于其他群体，也不同于与他们邻近的中原王朝。

我们讨论的重点是物质文化。我们认为物质文化只有在它们的出土环境中才能得到更好的理解。我们的重点是，解释在这一时期和地域内，金属制品为什么和如何成为身份构建的标识。另外，我们试图区分以"器物为中心"（object-centered）和以"器物为主导"（object-driven）的研究方法。以器物为中心的研究，聚焦在一件或多件单一的器物，重点探讨它们与技术、社会观念和审美价值的关系。这样的研究在艺术史和考古学家中多用于重建历史体系中的考古学文化。而以器物为主导的研究，重点在于探讨器物的出土环境，以及器物与出土环境的相互关系。这种方法有助于我们理解器物使用的社会意义，在书中指导我们的研究。从这一角度出发，我们研究的另一重点是，器物在一个特定的地区内，和一个更大的地域里，是如何定义个人和群体的，以及如何根据这些地区史前的情况来体现它们在早期青铜社会中的价值。

在我们研究的时段和地域内，我们对出土材料做了有意义的分组。根据器物，特别是青铜制品共同的、有目的的使用，我们提出四个概念："技术格局"、"氏族格局"、"地域格局"和"个体格局"。

第二章　亚洲内陆北方地区金属技术格局与演进（公元前 3000 年至公元前 1500 年）/ 林嘉琳

东亚地区早期的青铜时代和其他地区一样是一个重要的转折时期。长期以来，金属制品特别是合金的使用，常常出现在社会复杂化加剧的地域内；在这一地域内生活的人群，往往使用相同的金属制品和器物。考古学家定义的公元前 2 千纪下半叶新石器时代晚期分布在中原地区的龙山文化即是如此。我们认为以下的几个因素促成了早期复杂社会中合金制品的出现：人群移动，远程贸易，工艺技术专业化，共同的宗教意识和政治思想，资源的集中分配。然而考古资料显示，在中原以外亚洲内陆边疆的"接触地带"（新疆、甘肃、蒙古国的南部和内蒙古），冶金技术在不晚于公元前 3000 年已经出现。

这一章重点讨论从公元前 4000 年到约公元前 1500 年间，亚洲内陆北方边疆目前发现的金属制品，以及它们在这一地区是如何使用、如何用来标记不同人群的精神边界（Shelach 2009: 73–75）。这一时期始于目前本区发现的最早金属制品，终于国家政权在中原的出现。亚洲内陆边疆有些地点出土的金属制品甚至要早于中原地区。但在以往的研究中，亚洲内陆北方地区最早生产的金属制品，相对于中原王朝标志性的青铜礼器而言，往往被认为是边缘产品。在我们的研究中，这些金属制品将被置于北方地区不同地域内的局部环境中进行研究。亚洲内陆边疆地区冶金技术的出现和金属制品将被放在我们构建的"技术格局"（technoscape）的框架中去讨论。这个技术格局涵盖了这一地区与西至新疆、北至蒙古国南部地区的技术和人员的交流。我们将主要讨论金属制品及其伴出的器物在墓葬中的社会政治功能，以及它们在构建当地人群或殖民者的身份中的角色和作用。

研究接触地带物质文化的核心是把不同时期的边疆地区看作是一个动态体系。最近的考古资料显示，冶金技术至少是从两条路线介绍到亚洲内陆北部的：一条是通过内蒙古南部和山西北部；一条是通过新疆和甘肃河西走廊。上文提到的标准，将用来衡量器物在早期青铜时代的社会中的功能和价值。为了更好地讨论古代的文化区域，我们有必要将讨论的地域范围延伸到当今中国的疆域之外。这一范围囊括欧亚大陆东部阿尔泰地区的考古学文化（阿凡纳谢沃文化［Anfanasievo］，约公元前 2800 至公元前 2500 年；依利努诺/切木尔切克文化［Elinuno/Chemurchek］约公元前 2500 至公元前 1800 年）（Kovalev 2005; Kovalev & Erdenebaatar 2009），以及哈萨克斯坦、新疆和甘肃等地已广为研究的考古学文化（Mei 2000）。冶金技术在这一地域内的分布在我们的研究中定义为"技术格局"，以避免以往的以中国或俄罗斯为中心的讨论视角。我们在第一章中提出的在接触和交流地带多个地区出现的"技术格局"也将用于第三、四章的讨论。

第三章　公元前 2 千纪至公元前 1 千纪上半叶中原王朝扩张时期亚洲内陆边疆中心区和东北区的器物和身份认同 / 孙　岩

大量文献资料和实物遗存显示中原的商王朝与北方的人群有着不同程度和方

式的联系。从目前材料看，商朝对亚洲内陆北方边疆并没有直接统治，而西周时期分封在北方的封国却彻底改变了这一状况。周王朝以封建诸侯国或军事驻守的形式，首次在当今中国的北方建立了殖民统治，并试图通过这些机制对周原北边和东边的地区加以政治和文化渗透。在这种情况下，北方人群面对的是来自中原政权的直接挑战，需要在政治上寻求生存、在文化上做相应的调整。

青铜铸造技术的传播与西周的殖民政策创造了又一个"技术格局"，而这一"技术格局"与西周王朝的领土扩张和试图把北方人群纳入西周的政治体制息息相关。在我们的研究中，基于各地物质遗存的特点，我们把西周时期中国的北方各地区定义为"氏族格局"、"个人格局"和"地域格局"。北方人群的贵族不仅用青铜武器武装他们的军队，维持一定的统治地位，也将青铜制品用于不同于商代祖先祭祀的仪式中。这些铜器常常被置于贵族墓葬中，有些带有铭文，记录了有关作器者的信息和作器的目的。这些铜器文化多元，不仅体现了地方人群和中原王朝的关系，也彰显了墓主家族和个人的功绩。

公元前 2 千纪下半叶，北方边疆文化的变化与商王朝在中原的兴起和延续同步进行。中部和东北部在这一时期出现的金属制品在风格、主题和制作工艺上，都与亚欧大陆东部和中部的同类器有着紧密的关联。由金属和绿松石做成的个人装饰品，与商王畿风格的青铜礼器常常并存。这些青铜礼器有的是中原的输入品，有的则是地方制造。在中部和东北部各个区域内的地方文化，呈现出对商礼制文化多样的、不同程度的吸收，说明这些人群的身份构建是独立和灵活的，而且随着时间和地点的变化而变化。这一章主要讨论的这两个区域的政体和人群，如何通过器物和墓葬习俗来定义自己，如何应对商文化的扩张。

除了物质遗存，甲骨文也记载了商人与生活在中部和东北部地区不同人群之间的婚姻、贸易、贡纳和战争关系。从商的角度看，这些人群亦敌亦友。他们与商的关系并不是一成不变，而是由双方的政治情况和实力决定。本章的另一讨论重点是文献和物质文化体现在这些人群与商人关系上的一致性和差异性。

周灭商后，试图通过封国和军事地点将古代中国的北方纳入其领土，以达到对北方各地的政治和军事控制。北方各地的人群面临周的挑战，需要做出选择，以求政治和文化上的生存和延续。本章和第四章首次讨论北方边疆和这一区域在周人的殖民扩张中所扮演的角色。讨论的核心是中部和东北部北方边疆的文化在周人眼中扮演了什么样的角色；这一区域内的人群和个人如何通过物质文化来应对中原地区王朝的变迁和周的殖民扩张。周人和地方人群的互动方式及程度也将予以讨论。本章的研究将引用考古材料、青铜器铭文和文献三种证据。

第四章　　公元前 2 千纪至公元前 1 千纪上半叶中原王朝扩张时期亚洲内陆边疆西北地区的器物与身份认同／曹　玮　刘远晴　林嘉琳　孙　岩

公元前 2 千纪下半叶，中原出现了中国历史上的第二个王朝——商朝。商迁都安阳后，王室的占卜记录记载了商朝与其北方各地人群的关系，以及对他们的态度。这些从商朝视角出发的文献记录，记载了商统治区边境地区居住的各种非王朝政权，还记载了双方以婚姻、贸易、朝贡和战争等形式进行的交流。这些政权是商朝的联盟或敌人，而两者间的关系并非一成不变。这些政权和商也不是政治上的依附关系。虽然商人在大邑商以外的个别地区建立了殖民点，以获取当地资源。诸如内蒙古的朱开沟和湖北的盘龙城，都是商为攫取当地的铜矿资源而设立的殖民点。这两处殖民点对当地实行了有效的控制，并使铜矿资源在不断扩大的"技术格局"中得以流通。但总体来看，商对其核心区的外围并没有全盘的殖民计划。

有关边疆人群的记录，更多地来自商边疆地区考古出土的物质材料。边疆地区的人群输入或制造金属制品。大多数研究者质疑这些人群对商、周或草原的青铜文化的依赖。我们的研究不采纳"中心—边缘"论，而是从边疆的角度去探讨当地借鉴其他文化的特点。在这一视角下，青铜制品在这一区域是如何来定义身份和地位，是最合理的研究思路。由器物记录下的这一过程构建了一个新的技术格局。这一格局常常出现在人们对青铜制品的使用上，我们看到青铜制品的使用在各地区内部，或不同地区之间，或有共性，或相互借鉴，或重新创造。

当我们对边疆地区的物质文化描述和研究时，我们需要分辨他们与中原器物在多大程度上相近，并且这些青铜器是以何种方式被介绍到这些地区。比如三星堆出土的铜礼器，可能并非是对中原商文化的直接借鉴，而是受长江中游青铜文化的影响，或是这些青铜礼器是从长江中游直接输入的。文化的交流，在很多情况下并不是通过与母文化直接接触而产生的。地方人群，往往处于展示自我地位和身份的愿望，而吸收外来的器物或工艺。周人对其东部领土的占有和扩张，很有可能是与其希望得到先进的制作工艺和产品有关。

边疆地区的群体在中原商周政权更替后，继续保持与中原亦敌亦友的关系。周在扩张的过程中，把青铜铸造知识和技术以及器物也传给了它的封国。有些封国位于商时期的边疆地带，周人的物质文化也随着封国而进入这些地区，封国的领导阶层可能对当地的政权有了一定程度的控制。有些人群与周建立了关系，从而获取了青铜制品及原料；也有些群体用获得的青铜原料，来铸造当地风格的器物。边疆的某些地区，因周鞭长莫及，而游离于周人的控制之外。但这里的人群很快掌握了新的铸造技术，并铸造出与中原风格不同的器物。即使在西周早期周封国控制的地域内，墓葬中也常常出土多种风格的器物，显示了当地群体的文化多元性。

墓葬是边疆各地最重要的考古材料。墓葬材料蕴涵着社会、政治和文化的信息；同时也体现了墓主的身份和地位。随葬器物所扮演的角色和其在墓葬中的能动性，将在本章定义为"地域格局"、"个人格局"、"氏族格局"。

西北边疆可分为两个地理文化区域：河湟谷地，柴达木盆地，河西走廊及其西北地区；周人兴起的泾渭河流域。前者是新疆、甘肃、亚欧草原中部和其北部的蒙古高原及亚欧草原东部的青铜文化渗透到中国核心区域的通道。考古学材料表明，农业于公元前2千纪中叶在这一地区逐渐消退，而畜牧业在很多地区逐渐增长。这一现象又与考古学文化中呈现出支离破碎的分散现象相呼应。同一考古学文化中的人群，虽然有共同的生活方式，以及使用相似的陶器类型，但他们物质文化上的区域性差异却十分明显。这也说明同一考古学文化中不同人群文化的多样性和社会组织的松散性。在这种情况下考古学文化难以准确地定义这些人群。同一地理文化区域的墓葬中，有青铜或金属制品，也包含个人的装饰品、工具和武器。这些器物在墓葬中没有以年龄、性别和社会地位来加以区分，也没有呈现出清晰的分布规律。这一地区中有限的金属制品和在个别墓葬中的零星分布说明，金属制品还没有完全被社会上层作为区分群体身份的标志。

第二个地理文化区泾渭河谷，在西北边疆扮演了一个特殊的地位。公元前2千纪下半叶，特别是最后的几百年，从更远的北方和西北地区南下的人群，与中原的族群在这里汇合、互动。正是这种频繁互动，刺激了这一地区个人身份在墓葬中的体现。早期出现了与更北和更西地区风格相近的小件青铜饰品和工具；晚期则出现了商周风格的青铜礼器。商的书写文字，不仅被周人，也被渭水上游的寺洼文化所采用。周作为一个向心力，把周围的人群聚集在一个大的"西土集团"里。周人在渭河流域最终成为一个地域性的政权，与其他不同人群的联盟，使周成为商的劲敌，最终取而代之。

西北边疆形成了以血缘为纽带的氏族，并没有因为中原商周政权的交替而停止。这一地区继续见证了氏族群体的形成，比如宝鸡地区的强氏，重要的是这些氏族用青铜礼器，特别是有铭文的青铜礼器来定义自己的群体身份。这些氏族群体属于我们定义的"氏族格局"。这一地区的多样性是我们讨论以青铜制品来定义人群身份的很好例证。

第五章　结语及未来展望 / 林嘉琳　孙　岩

本章将会总结以上章节讨论的模式：边疆和接触区，墓葬分析，器物及其出土环境分析。作为本书的结论部分，我们将综合概述这一地区的主要历史模式，以及这些模式是如何通过本书提出的历史学和人类学的方法加以阐释的。亚洲内陆的边疆地区是在我们定义的"技术格局"、"地域格局"、"个人格局"

和"氏族格局"的模式下进行讨论的。这些"格局"的概念不同于考古学文化，是一个新的研究视角。在本章我们也将展望对未来边疆地区出土器物系统的、科学的研究。

就像我们讨论的地域一样，我们的研究处于学术的前沿地带，试图给亚洲内陆边疆的每一个地区一个独立的声音。边疆与中原始终保持着一定的距离，我们应该避免用以往的传统观点去看待这一地域的材料。我们希望这部书能够让读者成功地了解边疆地区的人群，和他们使用的器物的社会意义。

第一章

亚洲内陆边疆出土器物和
精神边界

林嘉琳

这本书是关于在亚洲内陆或欧亚大陆东部地区（即国内的学者泛称的北方、北方地区、北方通道或北部边界地区）金属器使用的讨论。这一区域的形状为一巨大的弧形，中间包含着迥然不同的生态环境。亚洲内陆跨越现代国界，涵盖了中国北部和西北地区（包括黑龙江、吉林、辽宁、河北北部、山西、陕西，以及从宁夏经甘肃东南部，沿着古代贸易通道由河西走廊向西，至新疆并直达中亚的哈萨克斯坦）以及蒙古中南部到阿尔泰地区。它包含了一个连接了黄河中游中原王朝和广大的欧亚大陆草原地区的文化区域。在这里我们把这一区域称为亚洲内陆的边疆（地图 1.1）。

亚洲内陆的草原区域广袤开阔，位于北纬 40 至 50 度之间，平均海拔在 500 至 1000 米之间。这个区域西起匈牙利高原，经俄罗斯南部草原，东止于中国中部的农耕平原。在亚洲内陆边疆区域内，虽有帕米尔高原、天山和阿尔泰山脉，使得进入中国西部新疆和甘肃河西走廊地区以及北部横跨西部蒙古、南至黄河河套地区的通道变得狭窄，但没有任何主要的山脉完全阻挡这一广阔区域。中国东北和俄罗斯远东地区形成了这个地理区域内的最东端。这一广阔的区域历来被认为是多变、开放，没有边界，且不适宜农耕人群居住。古往今来很多文人墨客都视这片区域为文明罕至的无人区（Lattimore 1940）。我们现在知道这一区域内有些地区的人群过着定居生活，有些过着游牧生活，有些则两种生活方式并存。

我们感兴趣的是这一区域内不同人群之间的交流以及当地的物质文化，尤其是青铜制品在公元前 3000 年至公元前 750 年之间（即这个特定区域的青铜时代）是如何用来构建和标识人们的精神边界。我们的目的是解读这些金属器物在区域内的生活和丧葬制度中所发挥的作用。类似的区域在世界其他地方曾被称为"边疆地区"（Parker & Rodseth 2005）、"中间地带"（White 1991）、"接触地带"（Pratt 1992）、"社会经济政治竞争地带"（Dietler 1998）、"部落地带"（Ferguson &

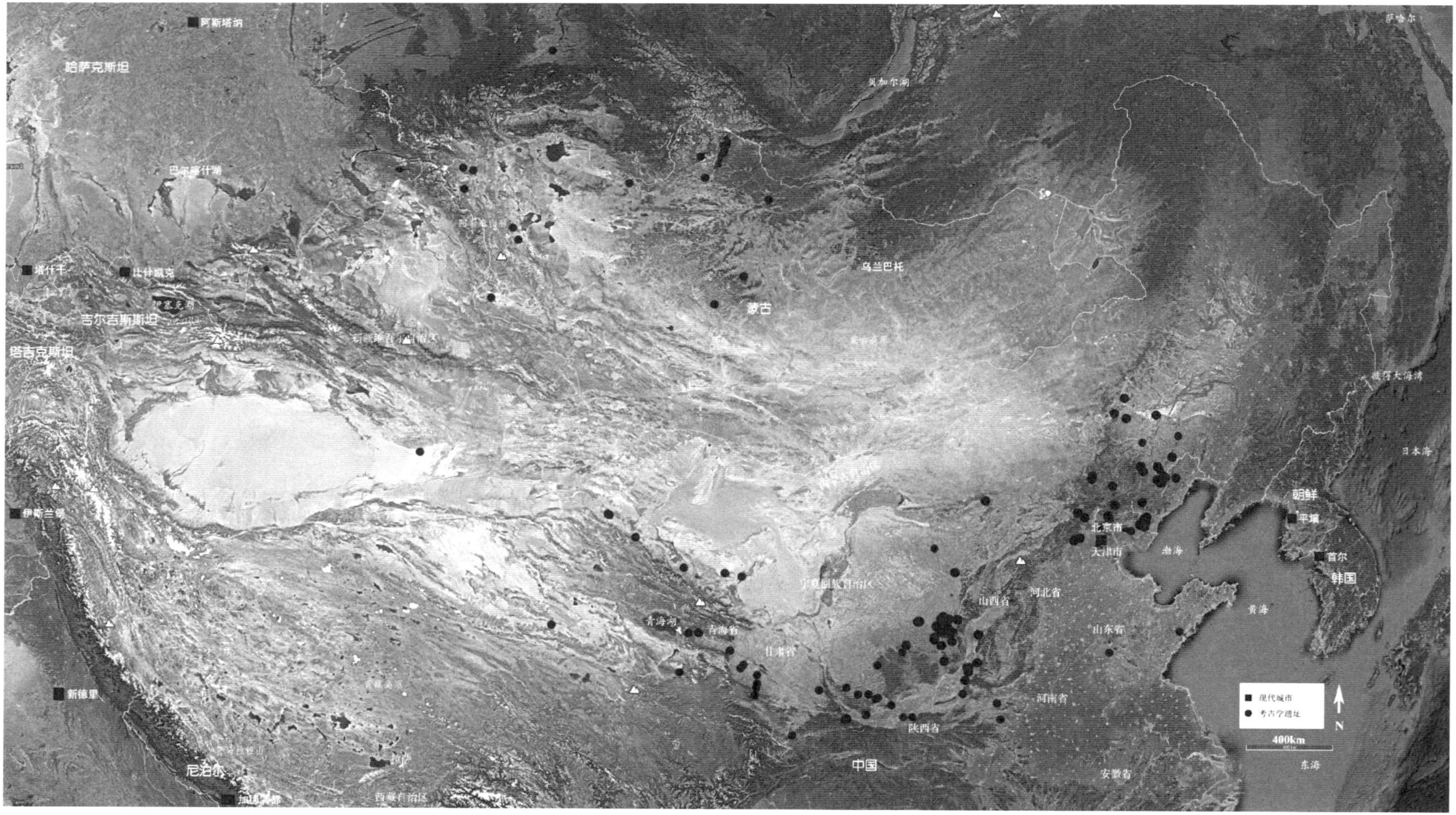

地图 1.1　亚洲内陆边疆的地理位置

Whitehead 2005）。器物记载了自我定义的不同人群间的交流。我们将在各章的研究中看到不同的人群经常有意识地用物质文化来区分自己。亚洲内陆边疆是一个竞争地带，在这里来自中原王朝的民众与当地居民以及来自草原的部族融合，甚至相互争夺统治权。理解边疆多变有活力的特质是我们研究的目标。由于大部分青铜制品在墓葬中出土，我们对这些器物的解读遵循着它们在宗教仪式中的作用，尤其是在丧葬仪式中的意义。作为随葬品，这些器物是不同人群记忆的物质化呈现。我们把它们看作是其使用者对当时和未来的社会政治意愿以及构建文化和政治身份的重要标志。我们认为器物是有行为的，它们是亚洲内陆东部人群生和死的物质化标志。

我们会集中关注金属器的使用，一方面是因为它们在考古发现中数量大且保存完好，同时也因为它们通常用来表现人们在社会、政治和礼仪中的身份。随着时间的推移，它们的使用发生了变化，逐渐用来表明政治、社会和文化的从属。我们认为以这些金属制品为代表的文化和行为具有定义个人和群体的重要功能，且这种功能在特定的地区和当地背景下随着时间而改变。与以往的研究不同，我们希望能从亚洲内陆边疆史前和历史时期自身的特点来研究该区域，而不是像以往的研究那样把该地区笼统地归于草原（欧亚游牧民族）或农耕（中原王朝农作居民）文化。我们认为器物是定义文化、政治、个人和群体以及变化的物质载体。以往的研究习惯将它们解释为草原或中原的审美、风格或样式。我们认为它们不仅仅是与中心文化貌似相同的仿制品，器物在每一个地区扮演的角色是我们研究的重点。

早在 20 世纪 90 年代早期，伯纳德·赫曼（Bernard Herman）就把以"器物为中心"和"器物为主导"的研究做了有意义的区分。"器物为中心"的研究，往往集中在一件或数件器物上，讨论它们与技术更新和观念的关系，或是美学的价值。而"器物为主导"的研究，感兴趣的是器物存在的环境，器物和其所处环境的互动。这是让我们得以探讨器物使用的关键。以"器物为主导"是我们这本书的研究思想。

在过去的几十年里，学术界对于考古出土器物的研究（也是我们这本书的主要研究对象）已经从把以器物作为单纯物证的角度转向了"相互不断出现的人和物之间的关系"。也就是说"人造物，用物，而物也塑造人。主观和客观紧密联系而不可分"（Tilley et al. 2006: 4）。这种人与物的相互关系，不仅仅包含器物和人在社会中扮演的各种角色，也包含机构、空间和想象。这样，器物在创造文化的过程中就具有了能动性。

这里，我们把器物的能动性与人的行为、意图和意识联系在一起。所有这些是很少与器物联系在一起的。根据 Gell 的说法，一旦把器物和能动性联系在一起，器物在人与器的交流中会产生积极的特性。因为器物（被人看到以后）可以改变人的想法、价值观和行为。正因为如此，器物在一定程度上被赋予了创作者的意愿。Gell 明确指出器物的重要性恰恰在于它的行为而不是它的象征意义（Gell 1998）。在这里，我们希望能够辨别器物或多种器物在构建社会政治和个人身份认同中的作用。

这一研究重点的变化，说明物质化是文化不可分割的一部分。没有对物质化的认识，我们对文化的社会存在意义的了解只能是一知半解（Delgado 2016）。我们认为古代社会极其重要的一个层面就是身份的构建。

一、以往的研究

在以往的讨论中，文化的接触和变化往往以二元论来解释：要么被异己吸收要么抗拒异己。然而，如果身份认同被看作不是用以维持边界的，而是积极参与某一主题的关系和交易的纽带，那将如何？故事或是互动的故事会变得更为复杂，不会是线性和有目的性的（Clifford 1988）。

在过去的研究中，我们所讨论的这个区域，及其人群、器物、生活方式和环境常常采用"草原"与"农耕"对比的模式。而这种模式又与物质材料相印证，把农耕的生活方式都归于中原居民，游牧的生活方式归于草原居民。显然，这种模式衍生于几千年来儒家思想中"被教化/文明的"和"未开化/野蛮的"的二元模式。儒家经典的内容在国内外向来是有争议的。随着时间的推移,对这种二元世界观的解释有了变化,而在其基础上建立的文化模式也产生了相应的变化。我们在此并不是要重新设定儒家思想的界限,而是为了突显儒家思想深远的影响。这一影响跨越了历史时空,包括我们这里的有关亚洲内陆边疆的研究。

这种两极化对立的观点既出现在古希腊民族史学家希罗多德对亚马逊人和希腊人的对比研究中(Herodotus 1882: Book Four, chs. 2, 46, 61, 62),也曾出现在中国汉代史学家司马迁对公元前 2 世纪汉人与匈奴人关系的记载中。另外,欧文·拉铁摩尔(Owen Lattimore 1940)曾在 1940 年也有这样的说法,认为草原地区和农耕地区的鸿沟是永远无法弥合的。这样的研究传统出现在几个世纪前,一直延续至 20 世纪晚期。在我们这本书的研究中,亚欧大陆东部地区尤其适用于验证这个二元的理论。这一地域恰恰处于古今学者所定义的农耕和游牧两种不同的生活方式之间。

在这一观点的影响下,草原游牧人群和中原农耕人群所创造的各种形式、主题和功用的器物在以往的研究中,往往被归属于一个更大的生态地理环境,和两种不同的生活方式。很多学者把这些器物整体视为一类或一群,通常称草原类型的器物为"动物风格"(animal style)(Rostovtzeff 1922, 1929; Jettmar 1967; Bunker et al. 1970)。另外,在亚洲内陆边疆发现有动物纹样的带扣和马具(例如腰带牌饰和马具等),也被田广金和郭素新两位学者(1986)命名为"鄂尔多斯式"青铜器。这个名称始自对河套地区即黄河的拐弯处出土器物的定义。据观察,这类器物在很长一段时间内都有制造,甚至有些器物类型最初的主人已移居到古代中国的地域内,且被中原文化所同化。这类器物常常被认为是"外族人"存在的物证(田广金,郭素新 1986)。中原地区安阳商王室的墓葬中也曾出土过这类风格的器物。

进一步分析,我们可以看到在亚洲内陆有着迥然不同的生态环境,包括开阔的草原区、针叶林的草原区、森林的草原区和沙漠区。这些生态环境区域被山川与河流进一步分为更小的地理单元,而这些区域不仅影响到了当地的经济模式,也影响了对金属器的需求、生产和使用。邦克（Bunker et al. 1997）和施拉赫（Shelach-Lavi 2009）都认为这些不同的地貌、生态和地理环境很有可能支持了不同的经济形态和社会身份。邦克进一步建议并阐述了区域性经济形态（畜牧、狩猎、渔业、农作等）在物质文化中的体现（Bunker et al. 1997）。

考古材料很好地记载了哈萨克斯坦的铁器时代（Rosen et al. 2000; Chang et al. 2003）和亚洲内陆公元前 2 千纪至公元前 1 千纪初期不同形式的生活方式（Linduff et al. 2002–2004; Shelach-Lavi 2009; Indrisano & Linduff 2013）。考古田野工作揭示了不同的生态、政治、经济和其他原因所造成的不同的生活方式（例如季节性流动畜牧、农牧业结合、完全农耕等）（Chang et al. 2003; Linduff 2002–2004; Frachetti 2008; Shelach-Lavi 2009; Indrisano & Linduff 2013）。所幸的是，大多数研究草原地区的学者已经弃用了"游牧"一词，也不再将"农业的"作为单一的形容词来表述该地区的经济模式，而是在寻找更为贴切的词汇。

其他的研究，则从中国历史文献入手（Barfield 1989; DiCosmo 2001），而未对器物进行诠释。也有一些学者根据考古学文化中的区系类型对这个区域的器物进行了记录，并做了有意义的概述（Bunker et al. 1997; Linduff 1997: 18–97; So and Bunker 1995）。这些研究并没有考虑到器物在定义地方身份和地方情况中所扮演的积极角色。威廉姆·沃森（William Watson 1971）曾提出"文化边疆"的概念，以器物来定义该地区的区域特色。但是他和他同时代的其他学者一样，也都局限于"草原"与"耕地"对比的两极化模式。这些早期的研究仍然没有真正试图来研讨器物的"情感意向"、"表演意向"或"行为意向"。本书将试图对这些方面进行探讨。

由于器物通常是出土于墓葬中，它们提供了器物仪式化的行为或使用证据。公元前 2 千纪晚期至公元前 1 千纪，青铜器上的铭文（见第三、四章）以及各个时期器物的组合，为了解器物的主人在身后希望如何被看待都提供了更多的线索。以中文发表的有关亚洲内陆边疆物质文化的考古学研究，最初是以辨别该地区特有的青铜制品开始的。田广金和郭素新在 20 世纪 80 年代末有关公元前 1 千纪后半叶的北方青铜器的研究，是一次早期重要的尝试（田广金，郭素新 1986）。目的是建立该地区,特别是鄂尔多斯地区特有的青铜器类型和年代分类。他们用"鄂尔多斯式"铜器来定义在黄河拐弯处鄂尔多斯地区以及中国北部边疆的其他地区发现的青铜器。同时,另外两位学者乌恩和林沄也研究和分析了该地区的青铜器,并追溯了这些青铜器在特定的时间和空间内形制的变化。两位学者都认为,最早的青铜冶金在这个地区可以追溯到公元前2千纪下半叶,相当于中原地区的商朝和西周早期。但他们并不赞同使用"鄂尔多斯式青铜器"来统称中国北方地区所发现的青铜器,而提出了一个新的名词"北方系青铜器"。与田广金、郭素新相似的是,乌恩(乌恩1978;1985;2007;2008)和林沄(林沄1980;2003)的研究也专注于这一地区典型青铜器的分类和风格的发展脉络,并没有过多地考虑青铜器出土的考古学环境。两位学者也都意识到,研究中国北方系青铜器不能与亚欧大陆草原区域的物质材料分开,并提及了西伯利亚地区出土的类似风格的青铜器。

乌恩和林沄的学术研究是20世纪80年代中国考古学研究大环境的一部分。当时由于青铜铸造在中原以外诸多地区的发现,"中心与边缘说"的文化传播模式受到了挑战。这两位学者的研究,是想通过筛选出与中原地区器物少有或毫无联系的北方青铜器,来设立一个独立的文化区域,他们的研究旨在凸显北方地区与中原地区出土器物的不同之处。

自乌恩和林沄提出"北方系青铜器"后,这个地区的考古学研究都试图通过对青铜器和陶器形制的分析来建立各个区域的考古学序列。与早期的研究相比,这些研究提供了更为详尽、细致的考古学文化年表;同时也认识到了这一地区内文化的差异,但着重强调了当地从新石器时代晚期至青铜器时代有别于中原地区的文化的延续性。以杨建华和蒋刚(2008)为代表的研究,讨论了商周时期中国北方地区和中原之间的文化交流。这些研究大多是文化历史角度的研究,旨在描述器物随时间和空间的变化和分布,以及概括器物在风格上的承继关系。此外,近年来关于冶金技术和当地环境的研究也被运用在北方地区青铜器的生产和区域生活方式的讨论中(韩汝玢,柯俊2007)。

20世纪80年代早期,随着中国考古工作的区域化和对中原王朝以外地区调查研究的重视，中国考古学研究的关注点也变得更加区域化，更容易为国外学者所了解。中国考古在世界史上的意义也被更广泛的关注。即便有大量的国际研讨会、专著以及合作的田野项目，由于大量出版的文献（尤其是田野数据）都是中文的，对国外的专家和学者来说，依然难以接触到。

最近二十年内有诸多英文或者其他欧洲语言器物研究的文章或著作出版。这些研究在器物的出土地点、时间以及研究方法上都有很强的针对性。例如，近期出版了有关四川的青铜时代（Bagley 2001）、山东出土的一组墓葬群的分析（Liu et al.2005）、中原帝国早期工匠的研究（Barbieri-Low 2007），以及涉及东北部边疆地区史前社会的研究（Shelach-Lavi 2009）和金秋月有关（Kost 2014）牌饰的研究，都增加了我们对中国早期历史及其物质文化的理解。这些研究对器物出土地区、制作目的以及工匠提供了系统、详细的分析。

施拉赫在他的研究中，回顾了有关身份构建的人类学研究文献。例如，他指出地方和区域性身份构建的过程，象征性的表达，起到重要的催化作用（Shelach-Lavi 2009: 73–113）。他进而讨论了如何在考古资料中去发现这种"准民族"或"类民族"（ethnic-like）的群体。他指出："这一新定义有着更多的伸缩性，内在的多元性，与其他的身份认同相互交叉。这也使得'准民族'或'类民族'（ethnic-like）群体的辨认更加复杂……身份的构建是与象征性的领域相伴的，或从某种程度上讲是通过象征性的领域来实现的。象征符号不仅体现了群体的身份，也帮助界定了身份的界限。"（Shelach-Lavi 2009: 78）施拉赫肯定了邬布斯特（Wobst）在研究中的谨慎态度，并提出以下问题：象征符号是如何使用，并是在何种条件下使用的？象征符号针对的观众群是谁？谁能够特意从技术和社会的层面理解这些符号？如果某种符号意味着某种身份的认同，那么与之相反的身份认同又如何来标记（Wobst 1977; Shelach-Lavi 2009: 79）？

施拉赫提醒我们，许多类型的身份，如性别和名誉，可能贯穿于群体标识中（Shelach-Lavi 2009: 79）。这种身份常常是通过人的身体来象征和表达的（Fisher & DiPaolo Loren 1992; Meskell 2001）。我们赞同施拉赫有关这些问题的观点。施拉赫认为内亚创造的图像和器物在边疆的环境中必然与另一种表达方式相对立，或有一个对立面。我们认为图像制作并不总是对立的，而是可以在任何单一的环境中有着相互补充或不同的内涵。也就是说，器物的意义来自它的观察者和背景，而不仅仅是器物本身。

这里我们需要对来自俄罗斯和哈萨克斯坦涉及亚洲内陆边境的二手资料给予说明。在大多数情况下，俄罗斯和哈萨克斯坦的学者们知道他们的研究区域是古代一个更大文化领域中的一部分，其中包括中华人民共和国目前政治疆界内的地区；然而，就如他们的中国同行一样，这些学者们也经常受到语言的限制。比如，尤金·切尔内赫（Chernykh Evgenii N.）按时间顺序排列了中国边界以外欧亚大陆青铜和铁器时代出土的金属器。他意识到，自己所说的俄罗斯最东端边界并不是古代的文化边境（Chernykh 1992）。与之相似，科娅科娃（Koryakova）和埃皮马科夫（Epimakov）在评述欧亚大陆青铜器时代的时候，明知北方地区与其东部地区的联系和往来是经常性的，而且是重要的，但仍将他们的研究范围设定于中国境外（Koryakova and Epimakov 2007）。

最近，科瓦廖夫（Kovalev）和厄尔登巴挞（Erdenebaatar）在蒙古南部发掘了公元前 4000 年至公元前 1000 年阿凡纳谢沃（Afanasievo）的同类遗址（Kovalev and Erdenebaatar 2007;Kovalev 2014,2015）。梅建军和李水城也在进行一个同样的研究项目，即穿过新疆和甘肃向东，进入二里头文化或新兴王朝商的势力范围，研究探索文化往来和交流的途径。他们认为在这个区域内早期遗址中出土了安德罗诺沃的陶器，体现了中国北方地区与其西部金属制造群的联系。而这种联系促成了新疆和甘肃地区的金属制造。梅、李二人的考察重点是新疆和甘肃地区，可这条由西向东传播的金属技术线路，一直进入黄河流域（Mei, Jianjun 2000, 2003a, 2003b, 2009等；李水城 2005, 2009 等）。就我们的研究目的而言，记录这些文化往来和交流尤为重要。我们认为从早期延续到公元前 1 千纪亚洲内陆边疆的交流，创造了一个使人群、艺术品和思想相互流动的环境。

我们对于亚洲内陆边疆的分析将会把以中原或草原地区为中心研究的视角，转向若干个研究地点和多个中心的区域化视角。很显然，我们的观点会受到现有考古学资料的影响。寻找和描述墓葬内空间秩序的模式、器物的配置和展示固然重要，但不同墓葬所属的单一遗址的特殊性也会指导我们的研究。这种在亚洲内陆边疆史前的历史环境中审视该地区，且以考古学资料为主要研究对象来考察该地域的重要性的研究才刚刚开始（Linduff 1997; Shelach-Lavi 2009）。我们希望通过这一新的视角，诠释器物在其使用者的生活中如何"行动"（act），从而扮演不同的角色。

二、亚洲内陆边疆金属制品中物质化的身份：行动中的器物

人类是在相互接触中，而不是在孤立中建构文化的（Wolf 1982）。

亚洲内陆边疆所生产的器物，是这个区域内越来越多的文化互动的重要标志。在这一区域内的青铜文化的时间，可以追溯到大约公元前3000年到公元前8世纪。时间上与中原地区的二里头文化、商朝、西周王朝同步。亚洲内陆边疆，毗邻新石器时代仰韶、龙山文化和早期王朝的腹地。商、周王朝曾试图把这一地区纳入其政治体系。而事实上，文化传播是双向的。亚洲内陆边疆的部族对领土和财产充满野心甚至侵略性。从很早开始，亚洲内陆边疆的部族就积极致力于他们自身的利益扩张。我们可以看到这些部族内日益复杂的社会分化。最终他们的军事和经济的发展，促使他们与中原的商周王朝争夺领地。简而言之，如果不是这个地区对各方都极具价值，它如何会在历史上成为各方所争夺的对象呢？

这一地区的一手材料来自墓葬和中原王朝出土的甲骨文与青铜器铭文。这些铭文记载和诠释了作为商朝邻里的北方部族，也有西周青铜器铭文把这些邻里形容为西周早期的同盟或敌人。在亚洲内陆边疆所发掘的物证，在过去的几十年里大量增加。特别要指出的是，我们把这一地区冶金业的兴起和随葬金属器作为识别该地区的主要特征。在我们所研究的时段内，从考古材料中我们可以看到金属制品的需求、生产、功能、样式和数量都发生了巨大和迅速的变化。我们认为金属制品在这

个时期被有目的性地使用以及形制的增加，是几种不同身份相互协调后出现在墓葬中的结果。这一观点也适用于亚洲内陆边疆。边疆地区性质特殊，隶属关系、部族身份和群体身份往往会发生变化，并带来重大后果。在这些情况下，器物能够积极地展示群体，并使亚洲内陆边疆不同区域内居民的想法或是意愿得以激发。

在最早的时段内，亚洲内陆边疆部族可以自给自足，有其独立性。黄河流域的中原王朝出现在之后的公元前 2 千纪至公元前 1 千纪之间。在后期，该地区的一些亚区域被殖民、合并或归入王朝系统。几个区域内的人口增长，体现了群体间的接触往来和新人群的加入。这些在考古材料中体现在对物质文化的选择和有目的的使用上。例如，在公元前 1600 年至公元前 700 年间的亚洲内陆边疆东部地区，人们会选择不同的器物随葬在他们的墓葬中。但大多数情况下，摆放位置往往并不会遵循商或周的丧葬模式，除非他们被商或周完全统治（见第三、四章）。另外，该地区夏家店（下层和上层）考古学文化中，青铜时代和铁器时代的丧葬模式，器物的纹饰、风格和表现方式，也体现了当地常见的陶器类型缓慢的变化过程；而金属器的使用和生产，在同一时期内却明显增加（Shelach-Lavi 2009）。

正如申南（Shennan 1994）所说，我们不能想当然地把考古学文化与以自我身份为本位定义的群体相对应。施拉赫（Shelach-Lavi 2009）在他的研究中指出，诸多本土文化在维持当地的丧葬风俗和陶器传统时有选择性地使用金属制品。这些金属制品显得尤其引人注目。因为它们是被加入早已定型的墓葬习俗里。它们的生产和买入成本昂贵，而且难以获得。就像邬布斯特（Wobst 1977）所提出的，器物的风格和主题都是信息交流的商品，"象征器物的差异可用作不同种信息的传递以促进社会的互动，尤其是调节社会差距"。那么这些金属制品必定成为一种社会和文化的黏合剂。

由于我们要强调"物"和使用、经手这些"物"的人之间的关系，另一种研究方法就是"行动者—网络理论"（Knappett 2011: 4）。"行动者—网络理论"（Actor-network theory）旨在思考社会—物质互动中的人，并把物和人放在平等的地位上。这一观点认为，"关系方法论"（relational approaches）最为有用，而且认为当把器物作为人类行为的证据时，社会现象的空间模式就会产生（Knappett 2011: 33）。ANT是一个复杂的理论，它或许可以启发我们把亚洲内陆边疆的部族看作是一个微观的网络，但目前这一理论在有关器物在网络中的能动性的问题上还不具有很强的说服力，而这正是我们研究的重点。

我们如何将该地区以及该地区墓葬中金属制品的使用上升到理论化高度，将是我们下面讨论的重点。其中包括边界区域和接触区域的性质，礼仪行为的社会政治功能，金属制品所体现出的群体与个人的记忆和意愿，以及关于身份构建的讨论。在讨论的过程中，我们认识到地方社会组织在互动形成过程中所起的积极作用，以及在身份构建过程中的协商和压力是如何影响在协商过程中作为工具的器物的能动性。

我们也将进一步讨论，物质文化在政治与经济时常变动的边疆地区，对于实现政治目标所起到的重要作用。同时，我们也认为，器物无论是对于实际的还是虚拟的经济战略和社交网络（包括为政治利益企图而支持此类经济、社交政策的个人）都极为重要。

对"行动中的器物"进行阐释是理解器物在人类行为中作为"有视觉效应的角色"的核心。我们认为，金属器并不一定像以往研究所说的那样，具有视觉艺术图像中内在的含义。但它们确实从属于出资制作的捐赠人和使用者的行为意愿，从而对于旁观者来说，由于某种特殊原因，就具有了在特定境况下的某种意义。

三、边疆或接触地带

我们按照玛丽·路易丝·普拉特（Pratt 1992），或是弗格森与怀特海德（Ferguson & Whitehead 2005）对其他地区研究的理论所述，把亚洲内陆边疆视为一个交流接触地带。这些学者把这类地区视为不清晰不确定的空间。这种空间位于大宗主国直接统治的边缘和边界（Ferguson & Whitehead 2001: xii）。而在大宗主国内，地方和殖民统治的思想与行为都在国家内进行跨文化重塑。这类空间地域具有高度的渗透性，且不断地被打破和质疑。这一质疑是双方接触时在共生和模仿过程中否认差异而产生的（Taussig 1995; Whitehead 1997a, 1997b; Ferguson & Whitehead 2005: xii）。例如，弗格森（Ferguson）和怀特海德（Whitehead）解释说，由于物质条件、社会交流模式以及结构化的思维方式可以在文化交流过程中被无数种不同的方式打乱，这些因素往往在特定的地区和时间被重塑（Ferguson & Whitehead 2005: xii）。我们在亚洲内陆边疆地区内的多处"交流接触地带"都可以看到这个过程。而金属冶炼制造及其产品是一个重要的，尤其是贵族间往来交流的标志。作为当时先进技术代表的金属器被纳入墓葬随葬品的组合中，体现了贵族的权力，并展示了贵族对生产材料的掌控和对稀有进口材质的获取。

帕克（Parker 2006: 77-80）把这样的地区定义为"边疆（borderlands）"（a filtering area; area of interaction）："在政治和文化实体周围或之间的领地或地区——边界与边界可能存在的地理空间。"此外，他提出，边界（borders）是"固定在特定空间的线性分割线"，而边缘（boundaries）是"非具体的区分地带，表明各种限制"，边疆（frontiers）则是"松散定义的区域或过渡区域，处于政治或行政实体之间，或是政治、行政实体与边陲之间"。我们认为帕克有关边境的讨论最适合定义我们所讨论的亚洲内陆边疆。

更为重要的是，帕克强调了边界（border）是静态的、受限制的，而边疆（frontier）是可渗透的，且具有流动性，把这两者统一放在一起来理解边缘的本质。在这个理论模式的基础上，帕克（Parker 2002; 2006）还引入了"边缘集合体"概念。这一概念包括：地理、政治、人口、文化和经济等五个方面，用来强调边界和边疆，即它们是由多重交错重叠的边缘集合构成的。这些边疆集合体包含大量易变的信息组成的不同类别的集合体。对于帕克（Parker）来说，地理边界集合包括了如地形特点、物理特性、气候、植被群、动物群和天然资源等信息；而政治边界集合包括了政治、行政管理和军事等信息。人口边界集合包括关于边界地带的人口密度、不同群体、人体健康以及该地区的人口性别差异等信息。文化边界集合包括语言边缘、宗教边缘、物质文化边缘等类别的信息，而经济边界则包括了原料提取、商品转运、成品制造和农业生产等信息。他认为较大的边界集合体可以被一一添加到这个模式里。

帕克（Parker）的"边缘动态统一体"理论对于我们研究的价值体现在它能够区分不同的边界并赋予其特色。我们能够对不同类型的边界进行更为系统的比较，从而为跨学科和跨区域的讨论提供理论平台（Wallace 2011）。我们没有也无法找到亚洲内陆边疆地区中如帕克所提到的各种类别的数据，但他的这个模式可以引导我们研究器物的位置和确定器物的角色。因为亚洲内陆边疆是一个颇有规模的地域，我们一定能够辨别出多个接触地区，而不是一个由殖民或是地方的政治野心统一的区域。而亚洲内陆地区有规模的政权扩张，直至公元前 2 世纪匈奴帝国建立之后才出现。

正像斯科特（Scott）所描述的云南西南部独立的部族那样，亚洲内陆边疆和它的物质文化常被视为邻近的国家级社会或早期"文明"或"文化"的分支（2009: ix-xiv）。在亚洲内陆边疆生活的人们，常常散居在地理条件较为艰难的地区，他们的生产生活方式有小型的农耕和畜牧。加之受到地形和生态环境的影响，造成了他们生活的流动性，甚至抵制来自国家级社会的政治扩张或吸收。在青铜铭文和甲骨文（见第三、四章）中也我们可以看到他们多变的部族特征。亚洲内陆边疆的部族在殖民的国家级政体之间或边缘地带活动，他们有可能主要保留了一些口头文化，来重新记载他们的历史和亲族血统关系。斯科特（Scott）认为云南西南部边境的部族总是策略地"与国家政体保持一臂之遥"（2009: X）。这些情况如果存在于我们关注的交流接触地带，我们认为它们可以进一步通过器物的定做、展示、佩带、交换，或在本地生产以及随葬在墓葬中来体现物质文化的重要性。这是斯科特在研究中所没有涉及的。此外，某些器物的传承历史（就目前我们能够复原的部分），对阐释这些器物在该地区的有效性也可能发挥着关键的作用（Hoskins 1998; Gosden & Marshall 1999）。

我们研究的地区中，部族间的接触于早期可能是偶然或是少有的，除非寻求一些战略性物资，如铜和羊毛。在这样的境况下，墓葬中使用的器物或是直接采用中原王朝的器型，或是时常采用混合的样式，或是与政治中心的器物完全不同。部分器物属于当地的样式，或被称为"草原样式"，因为这些器型或者纹饰主题，是从更北边和西边，或是从亚欧大陆东部的邻近地区（包括南西伯利亚）借鉴而来的。不仅仅是器型、式样，纹饰主题常常体现出混合或"外来"的风格，墓葬中器物的组合亦是如此。我们的论点是，这些器物的主人对文化接触和交流的过程十分敏感，并积极地选择了与其相关的器物；因此这些器物标志着他们对某个地点和人的想象力，并创造和呈现了一种符号矩阵。这一矩阵可以动员、支持统治，使统治合法，并在表面上将人们联系在一起。也就是说，这些器物无论是谁设计，都是由于某种目的和情感价值而被选择的。

如果这些器物被看作是集体和个人沟通与交流的一种手段，那么每一种独特的器物组合就会成为文化、个人身份或其他形式认同的一部分。我们希望阐明和解释从新石器时代晚期，即大约公元前 3000 年（开始使用金属）至公元前 8 世纪中叶，相当于中原地区二里头文化、商、西周时期器物的作用。这些物质材料是根据使用人的意愿和情况来标示职业、社会以及家庭单位的。在公元前 8 世纪的西周末期，西周诸侯国的政治结构和文化组成发生了重大变化，王畿及周边地区构成了与早期极不相同的境况，这需要从多方面来研究。

四、以器物作为研究亚洲内陆边疆的分类标尺

古代人是何时以及如何创造身份，并如何用相应的图像和器物来表现，受到了诸多学科领域的关注，如人类学、哲学、考古学、心理学、文学、制图和宗教研究等学科。例如，狄宇宙（Nicola DiCosmo 2001）把早期中原王朝的北方邻居们视为"敌人"；彼得·韦尔斯（Peter Wells 1999）的研究中揭示凯尔特人被罗马人视为"野蛮人"；露丝·麦林科夫（Ruth Mellinkoff 1993）把中世纪欧洲的其他民族都视

为"弃儿";蒲木舟（Poo 2005）则像科尔尼（Kearney 2003）对欧洲的研究一样，比较了埃及、美索不达米亚和中国的"怪兽、异人和动物一样的生物"。即使在定义古代社会中如此多样化的"类型"及其形象化过程中，这些学者明确或含蓄地表示，这种认识是通过比较产生，通过对比来实现的，而"他者"的概念也是通过对比来定义的（Wolf 1982）。类似的对比不仅在表现形式上，也用来区分人与人之间的优点或物质化标识的选择。

物质化的视觉证据记载了古代文化中身份（无论是个人、群体、政体、教派等）的形成过程（Abramson 2003; Bahrani 1996; Cifarelli 1998; Green 1997; Desmond 2003; Hallam & Street 2000; Poo 2005 等）。现代作者一致认为，创造"我者与他者"的思想和形象是一种社会构建。因此，可以从当地的社会政治、宗教以及历史环境中去理解。我们也可以在这一假设下来进行研究，认为这个"我者与他者"的区分过程是人群和群体之间交流的结果。与这一观点相关的记录，就在我们研究区域的器物以及它们的墓葬环境中。另外，根据邬布斯特（Wobst 1977）的理论，我们也进一步提出视觉展示具有识别和分类的功能；正如科恩（Cohen 1985: 19）所指出的那样："群体的象征符号都是心理意象，它们提供给人们创造意义的方法。"

因此，这一区分的过程，假设在接触中通过贸易、人的流动或思想的相互作用而获得和维持差异。而当差异减少，这一过程则被称为同化或整合（Matsumoto et al. 2012: 31）。尽管区分的目的在某些时期比其他时期更为刻意，创造差异，以及用独特的器物来标记差异，在亚洲内陆边疆持续了很长时间，一直到汉代。差异共存的特质是动态的，且以最早的甚至是商代的文字记载中的差异为范本（见下文第四章）。

我们可从今天的中国、俄罗斯、蒙古和哈萨克斯坦等国所看到的考古资料，来了解古代的相关情况。这样做的同时，我们尽可能地收集了亚洲内陆边疆的材料。并将讨论这些材料，尤其是铜器铭文上有捐赠人或在边疆地区活跃的人群。另外，我们讨论的大部分器物为金属器。这一方法源于我们的观点，金属制品在这些区域社会中占据着标志性的地位。金属制品使用的早期是在公元前 4 千纪晚期，不论是实用的（刀）还是装饰性的（耳环、手镯等），通过丧葬仪式放置在墓葬中。无论合金成分、形状怎样，或制作地点如何，金属制品总是少见的，甚至带有异域特点的。在这样的环境下，它们也就具有了社会、政治以及可能的经济含义。如前所述，我们并不假设器物的内在含义，而是要寻找与之关联的目的和想法来解读它们。

由于缺乏文献记载，我们不了解生活在亚洲内陆边疆各部族人群对中原人的看法。就像彼得·韦尔斯（Wells 1999）说的，要给这些"野蛮人"发言权一样，我们可以从中原的文字资料来了解边疆地区，也要重视其他类型的史前历史材料。所以，我们将分析这个区域内保存下来的遗存，到目前为止现有的大量数据都源于墓葬。此时我们会发现，这一地区与其南边的中原的接触，和东、西、北其他三面的人群的接触并不一致。另外，这个地区的人群也并不像司马迁记载的那样，一直在为寻找牧场而迁徙，而是根据各自不同的状况来适应整个地区。这些部族可能是独立的、战略性地采取行动；并且有力地呈现与他们的目标相关的视觉证据。我们研究的一项任务，就是要在现有的证据中寻找有关他们刻意选择和留下的证据并进行合理解释。

同样重要的是，我们认识到，以往这个区域主要被当作是中原各王朝的边缘地区进行研究（Chang 1987; Liu 2004）。张光直在第四版的《中国考古学》中修正了他先前的观点，提出"文化圈互动"的概念，阐释从史前到历史时期的转变模式。尽管肯定了黄河流域以外的文化对中原地区国家级社会发展的贡献，他的主要目的是为了说明中华"文明"的发展历程。刘莉的研究采用了这一模式，在她的书中注意到了由周边到王朝中心的传播趋势。这些研究更多地着重于阐述亚洲内陆边疆是怎样促成中原王朝的形成（Guo 1995: 60-62），而少有考虑亚洲内陆边疆地区本身的发展。从以中原为核心的角度来阐述的历史，可能从实质上隔离了王朝以外的"影响"和"贡献"，从而把传播的箭头指向了新兴的王朝政权中心。

我们的目标是要从该地区社群的内部来考察他们的生命力。我们发现亚洲内陆不仅有多个中心，而且每个中心都有它的边缘地区；还发现了亚洲内陆边疆在与外界的互动中所产生的社会、经济和宗教的发展过程。有时以殖民统治，有时以抵制和强化地方的欲望为目的。这和海迈莱伊宁（Hämäläinen 2008）对美洲土著族群科曼奇（Comanche）的研究中所持观点十分相似。换句话说，这一时期的亚洲内陆边疆，社群和政体如中原地区的群体一样，都受到了与邻近部族相互交流的影响，并且创造了相应的符号标志来标识自身，区分彼此。

这一进程为人熟知的例子就是赵武灵王的"胡服骑射"。公元前 307 年赵武陵王要求士兵"着胡服""习骑射"，且要求全国上下臣民都改穿胡服。武灵王的大臣对这一举措的抵制，和因这一举措所导致的赵国中原华夏身份丧失的担忧，在以下的引文中得以说明。引文也反映了赵武灵王这一举措的战略意义与随机应变的想法：[1]

> 臣固闻王之胡服也……今王释此，而袭远方之服，变古之教，易古之道，逆人之心，畔学者，离中国，臣愿大王图之。
> 故礼世不必一其道，便国不必法古。（《战国策》）

当然，这段史料所记载的时代比我们所研究的时期要晚了很多。但其中的观点是一致的——即视觉文化在表达身份时是有价值的。它的改变可能会因为这种特殊的价值而受到反对与抵制，即使改变的原因有着现实的，战略的，社会经济、社会政治和社会文化层面的目的。在我们的研究中，这一过程在代表个人生死的器物的选择上得以体现。

关于亚洲内陆边疆东部地区身份认同的形成，以及精神边界的构建最有力的讨论来自吉迪恩·施拉赫（Shelach-Lavi 2009）。他的研究回顾了人类学和以往的研究中考古学家们是如何试图理解身份构建的社会进程。他的结论是，个人的身份认同可以在墓葬环境中研究，因为不论是谁安排的墓葬配置，总是会为某个观众或某个

---

[1] 在此感谢韩佳瑶提供此范例。

目的而把传递的信息视觉化、形象化。也就是说，墓葬既有实际目的，又有象征性意义。

因此如果亚洲内陆边疆地区的部族，使用或制造了金属器来建立他们的统治，并把金属器物随葬在墓葬，或其他没有记录或考古工作尚未发现的地点，那么这些器物就积极地参与了这一过程。这些器物组合在样式、功能以及在墓葬中的摆放位置展现了整个地区的相似性。这些都表明了整个地区存在着普遍接受的习俗。正如海迈莱伊宁（Hämäläinen 2008）对科曼奇（Comanche）存在的差异做出的解释那样，这些习俗的差异，体现了历史变迁的区域偶然性，也诠释了对器物的选择差异。这一观点引起了我们的两点思考：1. 当地最终的意愿；2. 视觉因素在实现当地意愿的过程中所起的作用。

五、研究方法和目的

将亚洲内陆边疆出土的各种材料放在"接触地带"这一框架下加以考察，我们希望找到一种更好的办法，来了解这个地区或周边区域对物质文化的创造与展示。此外，在这样一个广袤和富有活力的地区，每个次级区域都经历着不同的发展轨迹。因此，我们研究的另一个目标，就是要进一步搞清这些区域之间的差别。我们认为，在墓葬里，尤其是青铜制品的类别以及用途，记录了各种身份的构建和重新构建。

比如，边疆地区的生活是多种多样的，而且往往是危险的，尤其在史前时期可能更是如此。众多研究表明，冲突和战争是局部或非国家级部族与王朝殖民统治者之间相互接触的副产品。而这些地区的冲突，并没有和人群间为了争夺经济、政治、文化的控制权所导致的冲突有什么不同（Ferguson & Whitehead 2001: xii）。文化交流接触所导致分裂的加剧，破坏了集体的统一性；尤其是在入侵国家的边境，分裂还往往发展成反抗和暴乱。在国家政权的影响与控制下，常常诉诸种族武力冲突；在非国家的部族之间则经常发展成两败俱伤的战争（Ferguson & Whitehead 2001: 18）。

在这些情况下，旧部族的标志或象征符号往往被新的所取代或改变含义，以适应新的政治环境。因而，死亡在边疆地区很可能被精心祭奠，包括墓葬随葬器物在内，一度都当作值得庆祝的、特殊的生活方式，或另类身份的标志。换句话说，墓葬用以表明差异；定义（文化、政治或其他的方面）凝聚性；表明个人身份；建立关于地位、性别或年龄的观念；在文化统一性受到威胁的地区，墓葬表现出人群要么抵制，要么进一步稳固传统或强调变化（Appadurai 1996; Eller 1998; Tambiah 1996）。以内蒙古朱开沟 5 号墓为例（公元前 1500 年），其中出土了典型传统样式的铜方鼎以及所有出土器物的形制和摆放位置，都反映了商朝中期当地与占领这一区域的殖民统治者的联盟和臣服关系。同时，这个墓葬还保留了不是中原风格的器物（弯刀）和符号（自然写实的动物纹样），表现出本地对殖民势力的抵抗以及与另一个群体（可能是本地或更符合他们意愿的群体）的从属关系（Linduff 1995）。但这种独特的殖民统治体系并没有在整个接触区域内出现。

我们认为器物是文化的载体，是制造者、观众和其他与器物接触的人，给器物赋予了它出土地当时人群和地域的信息，从而使器物能在某个历史时期的政治、经济、意识形态和其他的意义得以辨别。因此，我们努力地对这些器物的使用模式进行了考古学和历史学的定位和分析，从而将仪式化的墓葬环境（包括墓葬中的器物和它们的摆放方式）看作是塑造信仰、意识形态和身份的一种机制；或者看作是参与、控制或制造这一环境的人拥有社会权力的源头。于是这些墓葬就揭示了大量的社会状况及其发展动力（Kyriakidis 2007: 69－75; Linduff 2010）。这样，这些墓葬可以被看作是社会关系的一个重要节点，或是表达希望和愿望一种的方式。近来，宗教仪式和信仰的物化表现也被认为是社会活动中的一个重要的、信息丰富的社会行为，甚至是对宗教的社会性建设（Morgan 2010）。有些学者研究了墓葬器物的分布、摆设及其视觉表象（参见 Jørgenson 1988; Parker Pearson 1999; Flad 2002; Williams 2003; Shelach-Lavi 2009）。他们的研究也带来了非考古学证据，这些材料并非是历史事件或信仰的直接反映。赤峰国际联合考古研究项目在亚洲内陆边疆东北部进行的大规模田野调查所得出的居住模式数据（Linduff et al. 2002–2004; CICARP 2011），也将用于书中对各个时期该区域东北部的研究。在我们对北方地区墓葬随葬器物的研究过程中，以及在我们准备将它们放在墓葬仪式的环境中去理解和解释的时候，将会使用多种证据：文献资料——青铜铭文，甲骨文和其他传世文献；考古学出土环境和出土器物；器物的风格和图像主题分析。

本书将运用艺术史、人类学和历史学学科的成果，对传统的艺术史（Bunker & So 1995; Bunker et al. 1997, Linduff 1997）或以文献为基础的研究方法（Barfield 1989; DiCosmo 2001）梳理分析。我们研究目的是：1. 吸引那些对这一区域想了解更多的读者，并从历史的角度对这一地区加以阐述。例如，这一地区是怎样随着时间的推移发生变化的；它在其他文化系统中的坐标点，以及关于这个地区新的认知；2. 利用现有多学科的资料和理论（例如，器物的生命史和能动性理论以及丧葬研究等）为读者提供广博的人类学角度；并对现有的理论文献、物质文化、艺术及历史学进行阐释加以分析。我们相信这些目标在我们的研究中同等重要，也是这一项研究的优势所在。这将激发学界对文化交流过程和影响的讨论，而文化交流仍是处于进行时的人类经历和社会现象。

我们把研究的焦点放在这个地区青铜制品的使用上，放在历史分析研究的中心，并建议在这种背景下去理解和诠释青铜制品。坚持分析青铜制品所处的时代和文化背景，希望可以得到它们在社会和政治实践中的影响力——要知道，金属器的使用往往掌握在统治精英和他们的高级助手手中。通过跨学科、多中心的历史观对器物的观察，可以了解"核心—边缘"以及"草原—农耕"这种框架的有效性。这个框架不仅被用于了解当时社会政治情况，常常还用来了解该地区的丧葬习俗。此外，将墓葬建造者和墓主的能动性（agency）作为研究的重点，我们可以通过墓葬的随葬品和器物组合来解释边疆身份形成过程或其他相关问题。在任何一个领域或地点（有关身份形成）的协商都不是孤立的，而是与其他区域和地区相互作用的。这样研究的结果是与无视进展或变化的线性思考有着本质的不同。

有趣和神秘的是，不管哪些人群占领了这个地区，多样化和不拘一格的艺术模式和审美都受到了王朝、草原以及当地传统的影响。尽管在视觉艺术中的所有变化都受到差异和借鉴的启发，但这个观点并没有获得亚洲内陆边疆生产的物质材料的支持。我们认为，取决于器物起源的时间、地点和使用，器物组合或多组器物用来展示一种独特的区域或亚区域风格，体现社群意识。以某些金属器为例，例如弯刀、带饰在这一地区的墓葬中使用了几个世纪，来反映一个群体或个人独特的身份。而这些器物的主人也就是使用者或是了解，或是不了解这些器物的最初起源。

我们了解在这些接触地带中，身份认同随着历史进程形成和瓦解。也就是说，身份的形成受到来自上层的压力，例如，国家机构为达到统治目的将各民族安置在指定的区划（正如清朝和当今中国官方的民族划分）；也受到来自下层的压力，例如反对者对他们自己或群体的发展提出的诉求。此外，我们认识到，独特的意义体系影响着人们如何看待自己的处境并采取行动，而群体身份认同是由共同符号来定义的；在这些符号中，最有影响和活力的就是"我们的历史"或"我们群体的标志"的构建。

在物质文化中常见的符号，当然对每个人意味着不同的事情，它们能够很好地被很多群体利用。我们不能仅仅局限于对领导者的关注，关注他们如何常常像自我夸耀的生意人那样用物质符号来表明他们的地位。我们需要区分和理解当地人如何在文化上精确地、谨慎地抵制或吸收对"他族"的妖魔化。最后，我们应该在我们的研究中牢记科恩（Cohen 1985: 19）的观点，即"符号"提供给人们创造意义的手段。

六、技术格局（technoscapes），个体格局（Individualscapes），地域格局（Regionscapes）和氏族格局（Lineagescapes）

在本书的章节中，我们提出四个格局，从技术格局（technoscapes）、个人格局

（Individualscapes）、地域格局（Regionscapes）、氏族格局（Lineagescapes）对器物及其使用意义进行讨论。正如认同可以在很多层面和情况下构建，这些"格局"可以同时在某一个地点被识别或由某一个人所体现。例如，至少早在公元前19到公元前13世纪初期，小型金属工具和个人饰品出现在亚洲内陆边境几个地区的居址和墓葬内，形成了我们所说的技术格局（technoscapes）（见 Appadurai 1996）。亚洲内陆边疆几个地点石范和矿渣的发现进一步说明了这些地方对初期青铜冶金的尝试。诸如耳环或刀具等金属器具，在风格上的相似性也证实了在这一边疆地区，松散独立却又相互关联的当地部族间，冶金技术和金属制品艺术风格的信息流动。根据现有的资料，这些技术格局已经在一些区域得以确认，这些地区正是在冶金技术传入中国的通道上；之后，冶金业最终成为这些地区的主要手工业。从发现冶金技术传入的这些地点表明，至少有两到三条传播路线：由西经过哈萨克斯坦进入新疆，至甘肃和宁夏；从西北经蒙古中南部，到达陕西、山西或许还有甘肃；从东北经北亚进入辽宁、内蒙古再向南传播。

由考古学文化认定的这些冶金技术存在的"母体文化"，包括了阿凡纳谢沃文化（Anfanasievo）、安德罗诺沃文化（Andronovo）和塞伊玛–图尔宾诺文化（Seima-Turbino）。然而这些文化中冶金技术的初始时期以及考古学的序列，一直是争论的焦点。墓葬中最早使用的金属制品鲜有个性化特点，而更多的是对冶金技术的早期实践。这一实践最终导致了对这种特殊产品的不平等获取。

个体格局（Individualscapes）是指在墓葬中的金属制品用来表明个人的身份。这里，金属制品使用的种类和用途都是有限的，它们的使用以个人为出发点，以个人为中心。从某种意义上讲，个体格局是分布于亚洲内陆边境地区的部族在早期对金属制品实验性使用的延续。它反映了用金属制品来确定个人身份兴趣的增长。这一时期个人能够拥有比早期更多的金属制品，但它们的类型主要限于三类——装饰品，工具和武器。

地域格局（Regionscapes）是指在一个区域内金属制品被用来构建新兴的、共享的和具有凝聚力的文化认同。在区域格局中，一个地区内的群体选择相同类型的金属对象形成更大群体的身份构建。这些金属制品就成为区域内各个部族中新兴精英们的"共同物质语言",并促成了地区性文化特征的形成。所发现的金属制品类型,不再局限于个人饰品、工具和武器,而是包括了商、周,甚至具有地方风格的器皿在内。金属器在墓葬中的角色越来越重要,反映了墓主的财富和地位。金属制品的使用不再是零星的,而是更加系统,呈现出了一种明显的地域化格局。地域景观不一定或频繁地遵循考古学研究中由陶器类型和风格而定义的考古学文化。

氏族格局(Lineagescapes)是指在青铜器上用青铜铭文,来确定群体的自我身份认同。这些族群,无论是虚构的还是具有真实血缘关系的氏族,都处于亚洲内陆边境的南缘,毗邻商和周的政治中心。我们在第 3 章和第 4 章中对这些族群进行了定位和探讨。

总的来说,各个章节回顾了从约公元前 3000 年至公元前 750 年间,来自亚洲内陆边疆的考古资料,并着手定位和定义视觉文化的有意义的模式。我们的研究涉及一个巨大的地域空间和时间跨度——这一个地域在我们研究的东亚地区的时间段内从未成为最重要的权力中心。

亚洲内陆边疆是一个随着时间推移而不断变化的区域;它显然是一个富有价值的交叉路口,多个部族在这里相遇,且多半想保持彼此独特的特点。这些部族运用金属制品,尤其是青铜器,来标记他们那种可识别的、顽强的独立性。我们的研究尊重那种坚定的、自我定义的诉求,并且观察到这一诉求在当今的中国境内相同地区的存留。这也是我们这本书的初衷。这个独特的区域常常有外邦异域风格的器物和本地创造的器物相互竞争和妥协,提醒我们,人群间的交流通常会引起重新定义自我的愿望。

第二章

亚洲内陆北方地区
金属技术格局与演进
（公元前 3000 年至公元前 1500 年）

林嘉琳

这一章节是关于从金属的首次发现（约公元前 4000 年）到中国北方出现国家级别政权（约公元前 1500 年）的这一时期内，金属制品本身以及它们在亚洲内陆的北方地区是如何被使用的和如何来标记心理边界的（Shelach-Lavi 2009: 73 - 75）。在以往的研究中，亚洲内陆北方地区最早生产的金属器物，相比中原王朝标志性的青铜礼器以及西伯利亚东部和北部的金属制品，没有受到学者的重视与关注；然而在这里，我们会把这些器物放在它们的出土背景中进行研究。这一地区的金属制品出现的时间甚至比中原更早。亚洲内陆北方地区冶金和冶金产品的出现可见于本书提出的古代"技术格局"（technoscapes）中，这个格局的构建包含了人和技术相结合的区域。这些金属制品几乎都发现于墓葬中，因此它们的埋葬习俗所体现的社会政治意义以及它们在构建当地或被殖民统治的身份中的角色和作用，是十分重要的。

理解变化中的边疆动态是研究早期接触地带物质文化的基础。现有的考古资料显示，金属冶炼技术在亚洲内陆北方地区的不同区域几乎同时出现。这些冶金技术区的考古发现远超出当今中国的疆域范围，包括阿尔泰北部地区的诸多考古学文化（阿凡纳谢沃文化［Anfanasievo］，约公元前 2800 至公元前 2500 年；依利努诺/切木尔切克文化［Elinuno/Chemurchek］，约公元前 2500 至公元前 1800 年）（Kovalev 2005, 2011, 2014, 2015; Kovalev & Erdenebaatar 2007），以及哈萨克斯坦、新疆和甘肃等地已被研究的考古学文化（Mei 2000）。本章将亚洲内陆边疆的金属技术格局划分为四个冶金技术区，这些区域持续交流并最终演化为更为成熟的青铜文化（详见第三章和第四章）。

出现早期金属制品的技术格局如下（地图 2.1）：

区域 I：甘肃至新疆的西部地区。

区域 II：蒙古南部至陕西和山西的中部地区。

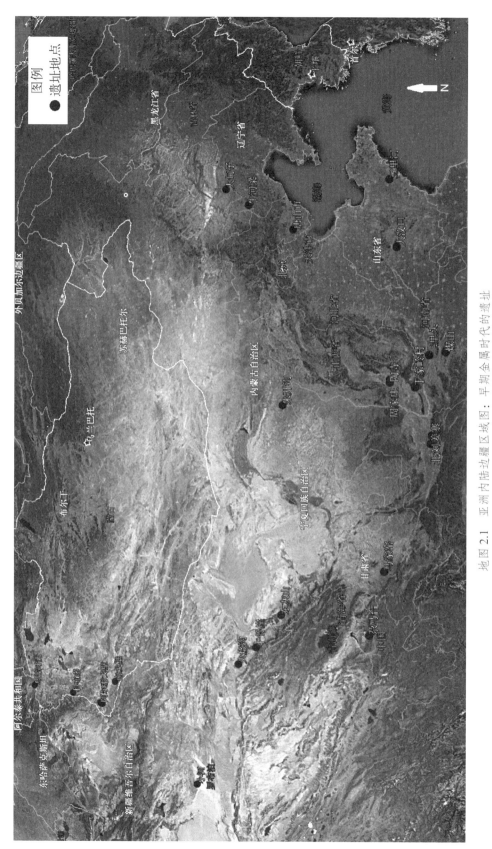

地图 2.1 亚洲内陆边疆区域图：早期金属时代的遗址

（来自谷歌地图）

区域 III：内蒙古自治区东部，吉林及其以东的北部地区。

区域 IV：山东的东部地区。

主流的学术观点认为刻意制造的金属制品在这些区域性的社会中起着标志性的作用。发掘出土的公元前 4 千纪晚期的金属器，不论是实用的（刀具）或是装饰用的（耳环、手镯等），即使其他更实际的用途也许尚未被考古学所证实，它们出土背景均为仪式化的墓葬场景。此外，不论金属器的冶金成分如何、形态如何，或产地在哪里，它们都是稀有的，甚至有异域风格的；因此金属器在社会生活中会体现出社会、政治和经济的意义。本文并不假设金属器有自身的、与生俱来的价值，只是认为我们所研究的时期并非人人可以拥有，而且是在仪式化的境况中被挑选和推崇，所以相关信息的研究在我们对金属器的阐释中显得尤为重要。

我们认可地方社会在文化交流的过程中起到的积极作用。同时也认可地区性经济、社会政治和思想精神方面的变化以及相关问题的强调会影响到身份认同和器物在身份认同过程中所起的能动性。目前东亚地区最早的金属使用和生产所在地，冶金实验、引入熟练工匠以及非本地的外来器物都是可能的。在早期阶段，北方边疆地区墓葬中金属器物的使用必然提供且记录了一种标记和区分个体的方式，也可能记录了社会内部的各异角色和宗亲群体，但这些器物可能并没有显示或划分社会和政治阶层。

然而，存在于公元前 3 千纪晚期至公元前 2 千纪的中原地区的二里头文化（也就是国内考古学家所称的新石器时代晚期龙山文化），其早期政体与社会阶级复杂性的形成受到了以下某些因素或所有因素的影响或促进，它们包括：人口结构的变化，长途贸易，手工艺的专业化，集体性宗教信仰和政治意识形态的出现，以及集中式资源分配等等（Liu et al. 2003）。这一系列的因素最终出现在公元前 2 千纪晚期中原王朝国家的形成时期，在世界其他地区（有记载的大规模的金属制造）甚至出现的更早（近期研究请详见 Thornton & Roberts 2014; Knauth 1974; Moorey 1985; Raymond 1986; Tylecote 1992）。据目前我们所知，虽然在公元前 3 千纪早期亚洲内陆北方地区的一些地点存在金属的使用，但早期政体的特征并没有集中出现在北方边疆地区。这些区域尽管存在金属的使用，但却没有一个与中原地区类似的强势且集中的发展轨迹（Linduff et al. 2002–2004; Shelach-Lavi 2009: 47–71）。

一、早期金属使用的出现与分布：学术研究

东亚早期冶金业的研究较为特殊和有针对性，即受到进化理论模式的影响，也与中国传统史学和马克思主义社会发展模式相联系。这样的理论不出意外地引起了一场哪一个文化发明更为重要的争论（即一种"文化"的发明创造高于另一种"文化"）。冶金技术的出现究竟是发源于本地还是从中华文化以外的地区引进的？有学者认为西伯利亚地区（当时认为是来自米努辛斯克[Minnusinsk]）是中国冶金传统的源头以及四轮马车和马驯化的发源地；也有学者提出中国创建了一种独特的冶金（青铜）铸造传统，即复合范陶模铸造工艺。虽然相比驯马或冶金技术传播，研究马车等实物的传播要容易一些，但大多数学者已陷入传播或迁移理论与本地起源理论的争论之中，相关技术和物品的传播或者起源地点的政治环境和国家主义氛围也多有探讨。

在我们讨论亚洲内陆北方地区的技术传播和起源的细节之前，重新考察中国境外此类问题的研究是很有裨益的，因为这些讨论仍然影响着当今的思想理念。作为 20 世纪不可否认的最伟大的史前学家，戈登·柴尔德（V. Gordon Childe）提出在包括欧亚大陆的很多地区存在着"由许多方面的人类文化资本所构成的重要的思想汇集"（Childe 1937: 4）。从常常基于进化理论模式的极端角度来讲，传播论的倡导者们认为整个人类文明都源于一个高度发达的外界社会的影响刺激（Potts 2007: 3）。许多中国学者以及研究欧亚大陆地区的学者关注于文化交流和接触对器物明显的风格特质（例如彩绘或雕刻在陶器上的纹样）传播的影响。（Anthony 2007; Frachetti 2008; Thornton & Roberts 2014）。在这种理论最详细的运用中，器物类型

学被发展和运用从而确认年代序列，同时结合地层学研究，就成为确定考古研究中相对年代的重要基础。

在柴尔德于1937年提出那个有影响的理论之后，克罗伯（Kroeber）在1940年提出了"刺激传播"学说（stimulus diffusion）或器物，甚至是思想观念的有选择的交流和传播，用来解释技术在其发源地以外的使用；但克罗伯依然坚持单一起源地的说法。随后，西里尔·史密斯（Cyril Smith）也跟着提出即使是微小的思想理念在某个社会的运用也会促进联系和接触，并导致该社会思想理念甚至技术的重组（1977: 84-85）。"交流互动领域"（interaction sphere）这个概念诠释了相互均势的接触或联系；或如宾福德（Binford）所说，"对于互动领域比较性结构和功能的分析能让我们定义、量化和解释对于文化变革率直接关系到社会互动率的观察论述"（Binford 1968: 208）。在这样的观点中，（社会、人群的）交流互动是没有方向性或阶层分化的。从最极端的角度来讲，就形成了研究封闭系统的倾向。张光直（K. C. Chang）沿用了这个模式来解释中国古代国家的兴起，并认为冶金制造是社会不断复杂化的副产品（1984）。

虽然意在解释经济上的相互关联，关注青铜器时代的学者们把沃勒斯坦（Wallerstein）1974年关于现代世界系统（modern world-system）的颇具影响的论文运用到对从美索不达米亚（Mesopotamia）到中国的古代欧亚大陆的研究中。此外，尽管"核心—边缘"模式现在很大程度上被否定（尤其因为该观点的宏观性和将边缘地区视为被动接受核心地区影响的地带）（Kohl 1989），但很少有研究试图将这些观点在跨文化交流（不论这些关系是否平等）的系统内与技术传递和技术创新的理念相联系（Potts 2007: 4）。

然而，如果像波茨（Potts）建议的那样反向使用这个模式来寻找技术传播扩散的地点，假设这些地点可以生产独特的、本地文化的器物，且这些器物没有跨文化交流的嫌疑，同时重视当地生产技术过程中的独特性而不是成品本身，那么将会另有发现。这将把争论引向认识实践层面上的"文化模式"与外在表现形式的"技术模式"的区别，即像语言学家所说的语言与文字的区别（Potts 2007:

6）。正是近期文献中专注于核心技术和基础设施的思想理念的转变，对于考察冶金起源和其在亚洲内陆北方地区背景下的运用是最有帮助的。

在早期的研究中，最为持久且未经检验的假设是"文化"的交流互动，就比如说古代中国人不知何故地与西伯利亚文化或人群产生了交流互动。但是我们这里要论述的是，根据金属器起源和使用的时间、地点，金属器的引进，使用和生产很可能是"共享社会领域"（Wolf 1982:76）的结果，或者像阿帕杜莱（Appadurai）在其著名的现代世界论（1996: 33）中提出的"技术景观"（technoscapes）的结果。从这个理论上讲，"整体文化"的各种"社会领域"（social fields）会紧密地与其他群体在网络状的关系中联系在一起；而这种网络关系中，类似冶金技术这样的先进技术会被处于同一进程中的其他群体所分享和改良（Kohl 2008: 496）。这一模式把重点从"文化的"交流互动转向了在"社会领域"中的共享，而在我们的研究中就是技术人员、流动工匠和贸易者等等人群间的共享。在第五章我们将对以上理论，结合考古学研究和科技分析进行探讨。可是首先，依照目前可用的信息，这些理论模式应当如何在我们感兴趣的领域里运用呢？

关于早期冶金及其在古代西方世界影响的讨论主要集中在几个关键的问题：矿产资源的占有和交换；具有冶金技术的本地或流动工匠的存在或培养；知识丰富的、了解金属及其特性的本地或流动工匠的存在；能够支持此类工匠的社区或具有一定程度社会和仪式复杂性因而有金属产品需求的社区；创建高温炉来用以冶炼和精炼矿石以及最终完善铸件的能力。最先进的金属生产制造工业均位于或邻近于近东地区更复杂的社会中，而在这些地区的金属制品用途十分广泛，既包括实用品也包括奢侈品，在日常生活以及庄严祭祀中都被使用。东亚地区最早的遗址则是不同的景象。

在有关早期冶金的研究中，学者往往认为东亚地区以及部分中亚和欧亚大陆草原地区早期冶金业在公元前2千纪发展成熟。因为许多相关地区的早期冶金遗迹或遗存资料还尚未发表或发现，并且西方学者长期以来采用传播论进行研究（Roberts et al. 2009），所以高加索（Caucasus）以东地区金属技术，学者通常认为是从近东地区横跨俄罗斯远东地区传播的。最近，有学者提出了一条相反的锡的传播途径，即从哈萨克斯坦向西方传播（Stollner et al. 2011: 247），但这种连续的横跨欧亚大陆的路线还有待进一步考证。另外，人们一直认为目前在中国发现的最早的金属器质地为黄铜，而在最近的研究中黄铜器的冶金工艺被证明可以使用固态还原法（Fan et al. 2012）。这种方法早在黄铜器的制造之前就在中国为人熟知。这一发现十分重要，因其定位了本地生产合金金属所需的配套技术。

学者们提出了两条贯穿欧亚大陆的传播路径：北亚路径和中亚路径。两条路径都起始于安纳托利亚—伊朗地区（the Anatolian-Iranian area），一条穿越高加索地区（the Caucasus）横跨欧亚草原；另一条从伊朗北上阿姆河（Amu-Darya）过天山至喀什（Tylecote 1992: 14; Kuzmina 1998; Frank 1992）。这些传播论基于近东地区遗址的年代序列，但由于缺乏关于早期金属使用和制造方面的报告以及这些报告本身的局限性，这些传播理论缺乏有力的证据。多年以来，尤金·切尔内赫（Chernykh, Evgenii N.）的研究提出了冶金技术的传播是一个交流互动的过程，并在许多重要的出版著作中，为公元前4千纪至公元前3千纪俄罗斯地区的金属制品提供了记录和年代判断（Chernykh & Kuzminykh 1989; Chernykh 1992）。然而切尔内赫对中国境内的相关材料直到最近也知之甚少。他识别的早期使用金属的考古学文化是塞伊玛-图尔宾诺（Seima-Turbino）以及与其相关的阿凡纳谢沃文化（Afanasievo）和安德罗诺沃（Andronovo）文化（1992）。林嘉琳（Linduff）在她的研究中将俄罗斯和中国的北方地区联系起来，提出这些地区同属于一个古老的跨越现代国界的集合体（1998: 619-643），并且坚持认为应当对它们进行区域化的研究。近年来，罗伯茨、桑顿和皮戈特重新考证了一系列从欧亚大陆地区搜集来的碳14参数，他们认为冶金技术起源于近东地区而后逐渐流传遍及欧亚大陆（Roberts et al. 2009）。尽管这些对传播模式的重新讨论让人耳目一新，但从扎格罗斯山（Zagros）地区的金属产地到甘肃河西走廊或河套地区之间遥远的距离使得他们的这一观点仍需进一步考证。我们将在此研究中从区域一级来着手，并继续关注他们所提出的传播轨迹。

在中国和俄罗斯学者的研究中，有关早期冶金业和冶金技术起源与传播的探讨受到了由于语言障碍导致的双方相互信息缺乏的影响，也受到了政治边界和民族主义情绪的影响。现在看来有些过时的高本汉（B. Karlgren 1945）和罗越（M. Loehr 1949a; 1949b）教授间的争论，体现了当时学者们对于冶金技术传播方向的认识，以及基于对器物形态风格的分析和跨越时间、空间的器物传播的认识。高本汉倾向于中国，是某些器物形态的源头和冶金技术的发源地；但是两位学者的观点由于受到时代的限制，都缺乏晚商时期以前的经科学发掘并且年代明确的器物资料。此外，尽管传播论模式一直受到考古学家和冶金学家的质疑，但是随着新的考古信息和多种语言文献资料的出现，这种观点在今天可以重新审视。无论如何，接触与交流的存在是毋庸置疑的。

毫无疑问，在中国的早期国家时期，或商朝以前（公元前 1550 至公元前 1050 年），古代中国人就已经有目的地使用冶金技术（Barnard 1961, 1987, 1993; Barnard & Tomatsu 1975）。相对于更易获得的金、银材料，他们在仪式中更喜欢使用青铜器（Bunker 1993, 1994a, 1994b; So and Bunker 1995; Linduff et al. 2000: 地图 5, 8）。到了商代早期，在约公元前 1500 年以前，他们已经发展出了一个非常复杂娴熟的范块铸造系统，了解了金属材料的特性，并在制造合金过程中运用这些知识。一个特定的青铜产业在这一时期已经高度发达，并且受到政治和社会上层人士的赞助支持。

制造出的青铜器被人们在宗教仪式中使用，以表示对祖先以及包括近期去世先人的尊敬。随葬品丰富的墓葬常常随葬青铜器，作为政治和社会地位以及财富的标志。青铜器是商朝晚期社会不平等且高度分层的有力证据。我们将在下面的第三章中讨论这些出现在亚洲内陆边疆的青铜器以及它们的铭文。金属农具以及工具在商朝的考古资料中的缺失，进一步证明和突出了金属铸造技术的专属性及其使用的局限性。金属生产和它相应产品的专属性体现了商代晚期社会在古代世界文化中的特殊性。

商代晚期的冶铜业并不是处于冶金技术发展的初级阶段，它只是首先在东亚被发现。自 19 世纪 20 年代青铜器首次被发现以来，学者对青铜礼器以及它们在商代的使用所带来的影响的研究已日趋完善；但关于商朝以前金属在何处和如何使用，以及冶金技术如何和在何处发展的问题，由于考古资料的匮乏仍然无从解答。这种情况在过去的二十年或几十年里才有所改变。目前，在中国境内和境外已知的考古遗址可根据碳 14 数据或考古学分析追溯到公元前 1500 年以前，这些遗址也是本章的关注点。这些已发表的遗址出土了金属制品和生产使用的材料如坩埚、炉渣等（Linduff et al. 2000：图表 I 和图表 II；Shelach-Lavi 2009：23–26）。

近期关于早期中国的研究通常将公元前 5 千纪晚期至公元前 4 千纪的考古景观视为一个由交流互动区域族群组成的马赛克拼图（Chang 1987：16–30; Shelach-Lavi 2009），这种交流互动很可能多于这些族群与处于南边的中原王朝的交流互动（Shelach-Lavi 2009：214, 217–233）。即便如此，许多中国考古学家们在研究早期金属使用的时候，还是传承了一种传统的模式。这种模式把中国的中原地区视为社会、政治和技术变革的动力中心，并提出复杂社会在亚洲地区的出现是由黄河流域地区的政治扩张和文化传播而来的（北京钢铁学院冶金史组 1981；安志敏 1993；Linduff et al. 2000：地图 1，I.2，I.3，I.5，I.9 部分；Shelach-Lavi 2009）。金属器物地位的提升和生产金属器物的高度专业化和复杂化以及范块铸造技术的提高，进一步推动了东亚地区的冶金技术出现在古代中国政治、文化领域内的观点。

这一观点一直是有争议的，因为有充分的证据表明至少在本章地区 I 至中原地区西部的区域中，金属器为本地制作并能满足日常使用需求（Mei 2000, 2003a, 2003b, 2009; Linduff et al. 2000：地图 1–4，I.2 部分；Linduff & Mei 2009）。此外，在这个区域发现的器物类型以及金属合金成分比例往往与中原地区发现的青铜器以及合金比例不吻合（Linduff et al. 2000：图表 I，II.10 部分及以下）。虽然对于早期冶金业是如何传入中原王朝和并被普遍使用的这一问题并没有明确的结论，但是相关争论开始转向从技术角度更具体地了解这些器物是如何生产制造的以及是否采用本地的技术（Fan et al. 2012）。毗邻中原地区的区域，以及其西部和北部的（本章的 I、II、III 区）地区很可能就是传播点，而在这里许多当地人群和"技术人员"

有可能参与了金属合金制造的实验。

我们现在知道新的技术和想法被一次次地采纳和运用，新的物品也被引进。以本章区域 I 的甘肃为例，使用金属的个人、技术人员或群体可能进入过该区域（例如火烧沟）。这个地区使用了来自西方的安德罗诺沃（Andronovo）考古学文化遗存的器物类型和冶金技术，或是像在新疆地区（如小河墓地）沿袭了当地的丧葬传统却采用了外来的金属器类型（Mei 2000; 2003a; 2009）。而在本章区域 II 中，最早的黄铜产品出现在公元前 5 千纪晚期至公元前 4 千纪的陕西姜寨的仰韶遗址（遗址断代为公元前 4700 年至公元前 4000 年间；参见文物编辑委员会 1979: 182–183; 中国社会科学院考古研究所 1991）以及后来北流遗址中（遗址断代为公元前 3900 至公元前 3000 年间；参见 Fan et al. 2012: 822; 中国社会科学院考古研究所 1991），还有山东省的三里河遗址（遗址断代为公元前 2300 年到公元前 1800 年间；参见中国社会科学院考古研究所 1988: 196–199）；这些都是目前中国境内发现的年代较早的金属制品。最近，我们了解到使用金属的人群，通过来自切木尔切克文化（Chemurchek）和其他蒙古地区公元前 4000 年至公元前 2000 年遗址的证据表明，他们的丧葬习俗迥然不同但却又通常使用金属器。这表明冶金技术是跨越技术区域，而不是跨越文化被共享的。此观点在下面的讨论中会被进一步说明。

二、亚洲内陆北方地区的技术格局（Technoscapes）

1. 区域 I 甘肃至新疆的西部地区（公元前 2500 年至公元前 1500 年）

在探讨现今中国与亚欧大陆地区的关联时，大多数学者都关注新疆地区，不仅因为现在出土有足够的考古资料用来考证，而且因为新疆西部和哈萨克斯坦东部地区有着逻辑上的地理关联，类似的考古资料已被发掘和研究（Mei 2000, 2003a, 2003b, 2009; Chen & Hiebert 1995; Linduff 1995; Linduff et al. 2000; Linduff & Mei

2009）。虽然这条传播路径没有被完全认同（Shelach-Lavi 2009: 134–146），有学者认为新疆西部与哈萨克斯坦东部一直存在交流，尤其体现在塞米莱赫（Semireiche）地区的颜纳亚（Yamnaya）文化，阿凡纳谢沃（Afanasievo）的红铜文化，以及安德罗诺沃（Andronovo）的锡青铜文化人群（Mei 2000：图 3）。冶金技术知识被认为是来自新疆，通过齐家文化传播到河西走廊（Bagley 1999），然后抵达中原王朝所控制的领地。由于新疆地区的遗址及其材料始终都晚于甘肃地区，这个传播过程的时间断代仍然是个问题。

这个金属制造的区域位于现今中国的西北部，在甘肃、青海地区以及以外更远的地区（Linduff 1997: 18–25; Mei 2000; Linduff & Mei 2009）。五处遗址已被断代为公元前 2740 年至公元前 1900 年间，其陶器造型与纹饰被鉴定为属于马家窑和马厂文化（Linduff et al. 2000: II.10 部分）。这些相关人群运用一种至今尚未在中原地区得到证实的技术，铸造和锻造出包括刀和其他类型工具的黄铜物件。纵观公元前 3 千纪始末，金属被用来制造小型物件，而且这些物件常常在居住遗址中被发现。然而在随后的时期，即大约公元前 2000 年至公元前 1600 年，在齐家文化和四坝文化遗址中，不仅生产金属器具的地点数量有明显增加，而且在每个地点所发现的金属制品数量也有显著增加。出土的"红铜"器具（金属刀和锥子的分析结果显示含有 99% 的纯铜以及不足 0.4% 的铅、锡等杂质）包括刀、凿子、锥子以及耳环、戒指和镜子（例如青海贵南的尕马台）（甘肃省博物馆考古队 1980）（图 2.1）。

齐家考古文化分布在青海东部、宁夏、甘肃和内蒙古西南部（胡谦盈 1980）。齐家文化的特点在于先进的农耕，坐落于河流台地上而没有外部防御工事的村庄，可能存在的动物殉葬，"石（头）圈"祭祀遗址，卜甲的遗存（Shelach-Lavi 1994）以及包括了近乎纯铜和青铜物件（刀、斧、勺、戒指和小饰品）的遗存。对部分这类物件的冶金分析显示，该地区人群早在大约公元前 3000 年就少量使用铜锡合金制品（Linduff et al. 2000: 地图 7，II.10 部分），但金属的合金化直到大约公元前 1900 年一直受到限制，与此项研究中的其他区域时间相当。

一些墓葬殉葬猪和羊。当地的陶器有褐色或黄褐色、带有梳纹或刻划纹等特

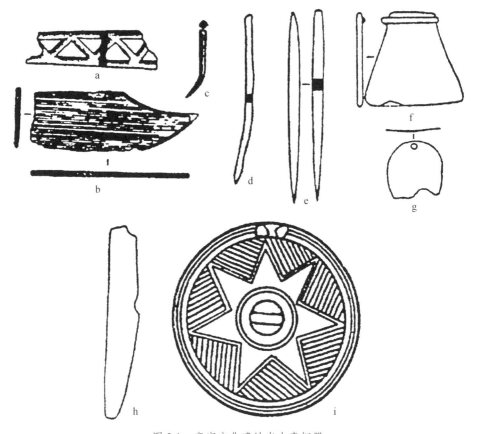

图 2.1 齐家文化遗址出土青铜器

a. 甘肃武威皇娘娘台出土带状饰品 b. 甘肃武威皇娘娘台出土铜刀 c. 甘肃武威皇娘娘台出土铜锥 d. 甘肃武威皇娘娘台出土铜锥 e. 甘肃永靖秦魏家出土铜凿 f. 甘肃永靖秦魏家出土铜斧 g. 甘肃永靖秦魏家出土饰品 h. 甘肃永靖大河庄出土铜刀 i. 青海尕马台出土铜镜

（图片来自 Linduff 等 2000：图 14）

属于当地文化的设计和器型，器物以双大耳罐最为特殊。墓葬中已知的手制和轮制的仰韶和龙山陶器的形制，表明了当地与其东部中原文化的关联，至少体现了间接的联系交流。与齐家文化交流最为明显的文化是分布在现今陕西省的客省庄 II 期文化（梁星彭 1987；1994）。墓葬展现了相当大的规模差异以及随葬品的数量差异，体现了社会的分化甚至劳动分工。不同于中原地区二里头文化的丧葬习俗，齐家文化将殉葬动物作为墓葬地位高低的标志，而并非金属器。金属物件的出现似乎只是为了表明社会角色或职业。

在晚一些且相关的四坝文化中，显现出了金属器物的显著样式风格。时间断代大约为公元前 1900 年至公元前 1600 年的四坝文化开始大力生产合金金属，尤其是青铜。这种发展的特点可从干骨崖遗址（李水城，水涛 1988）、东灰山遗址（文物编辑委员会 1979: 142-143）和火烧沟遗址（文物编辑委员会 1979：142-143）看出来。王辉和柴生芳对火烧沟遗址的发掘开始于 1975 年并一直持续到 1990 年。该遗址的碳 14 断代为公元前 2000 年至公元前 1600 年（未校准），与在亚洲内陆北方地区其他的金属生产地遗址时间相当。大约有三百个墓葬被发掘，虽然有一处居址在附近，可由于其位置在村落建筑以下而无法发掘。在另一个当地遗址发现了陶窑的碎片、炼炉以及炉渣。有趣的是，在这里发现的金耳环与辽宁牛河梁的红山文化遗址（辽宁省文物考古研究所，吉林大学考古学系 1992：图片 8，5；图片 14，19 以及 35），内蒙古的朱开沟遗址以及夏家店下层遗址发掘出土的金耳环相似（Bunker 1993）（图 2.2）。关于三个四坝文化遗址的信息资料印证了这个地区先进技术的复杂性和可变性（Linduff et al. 2000: II.10 部分）。在所有这三个四坝文化遗址中，都发现有锡青铜、铅青铜和铅锡青铜。复合范铸法的使用表明这种先进技术可与同时代的中原地区文化同步比肩。即便如此，大量的器物，例如大多数火烧沟的武器和工

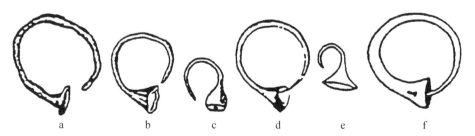

图 2.2　来自西伯利亚与亚洲内陆边疆地带的环形耳饰

a. 咸海地区阿姆河附近泰戈尔门的青铜耳饰　b. 西西伯利亚安德罗诺沃文化的青铜耳饰　c. 西西伯利亚托木斯克州（Tomsk）附近的马尔伊（Malyi）墓地出土的安德罗诺沃文化的青铜耳饰　d. 西西伯利亚安德罗诺沃文化的青铜耳饰　e. 北京平谷刘家河出土金耳饰　f. 来自阿尔泰地区金箔包裹的铜耳饰

（图片来自 Linduff 等 2000：图 4）

具，是用红铜制成，而大多数的装饰品则由青铜制成（Linduff et al. 2000: 图表 II）。大部分的金属器物为小件器物，而且在这个地区的同时期考古遗迹中没有发现金属容器。虽然当地所产金属矿石的使用是可能存在的，但在干骨崖遗址和东灰山遗址发现的大量铜与砷的合金金属器很不寻常。然而，这种合金成分在早先的欧亚大陆东部遗址发掘的材料中是很典型的，而且在那里这种合金比锡青铜更早（Chernykh 1992: 190–234; Coglan 1975）。用含有铜和砷的矿石来铸造砷青铜以及包括铸造和锻造的技术在区域 I（Linduff et al. 2000: 图表 I）尤为典型，有别于中原地区的金属使用文化（Linduff et al. 2000: II.10 部分）。

从火烧沟遗址的墓葬和居址研究中所确认的社会文化因素也让该地区有别于其他地区。比如，在火烧沟遗址发掘的 312 个墓葬中，有 106 个含有青铜制品。这些器物是用石范铸造，而这些石模具已被考古学家们在一处铸铜遗址中发现，但尚未发表公布。对墓葬遗迹的分析清晰地表明社会等级的分化：在小型的墓葬中只发现了一到两件陶罐，而在大型墓葬中，有多达 12 至 13 件陶罐，还有玉石、绿松石、玛瑙珠、当地的贝壳、海贝壳、青铜器、金器和银器（仅一件）。在另外的二十个墓葬中，有着体现个人特殊身份的另一个标志——人畜殉葬（人殉和牲殉）。在殉葬的动物中，羊的数量是最多的，也有猪、牛和马。

这些墓葬中的两个特点值得我们进一步研讨：青铜器本身以及马的出现。已有超过 200 件的青铜物件被发掘出土：斧、凿子、刀、匕首、矛、箭镞、锥子、针、镰刀、钮扣、管子、镐（鹤嘴锄）、手镯以及类似镜子的装饰物（Linduff et al. 2000: 图片 7，8 和图表 I）（图 2.3）。这些都是由含有铜、锡和铅的合金制成的金属器。它们已经不是金属制造试验阶段的产品，而是由能够制造观赏和实用物品的熟练工匠精心制作而成。这些器物的用途和金属含量就如它们的类型和功能一样被明确地规范化。

这些青铜器的类型和用途在我们的讨论中非常重要。例如，在火烧沟遗址可辨别出五类单人墓葬：一种有一个金鼻环和一对青铜耳环，第二种有两个青铜耳环，第三种有一个金耳环，第四种有两个金耳环，第五种只有一个青铜耳环（Linduff

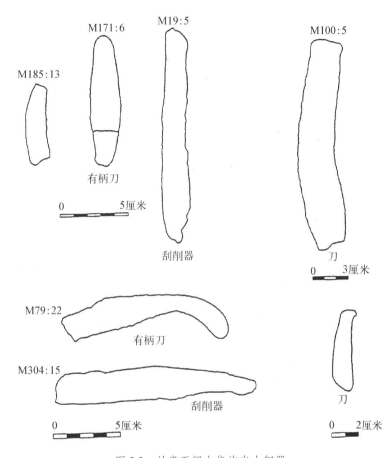

图 2.3　甘肃玉门火烧沟出土铜器
（图片来自 Linduff 2000 等：图 7，8，9；已获得 Adriana Magueña-Ugarte 的使用授权）

et al. 2000: 图片 9 ）。考古学家们没有对这样的区别做出解释，但这种差别体现了某种形式的个人身份是通过墓葬中有这些极为独特的物品以及其相关制作材料来赋予的。这些特殊的金属装饰物经过浇铸，然后热锻或冷铸而成（Linduff et al. 2000: 图表 I ）；它们的形状样式和制造方法都已在北方东区发现了相似可比的例子，而并未出现在中原地区。这一点以及其他资料将会在甘肃地区的新研究项目中进行探讨。

其他诸如青铜弯刀、叶片状锐利刀片（匕首）、青铜矛头、权杖头和銎首斧类等亚洲内陆北方地区这个时期的独特器物在这里都有发现（Linduff et al. 2000: 图片

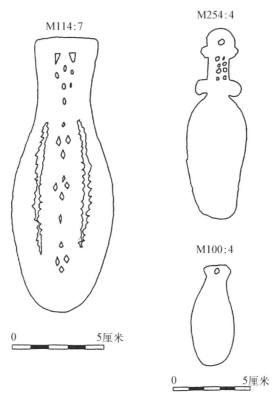

M114:7   M254:4

M100:4

0   5厘米

0   5厘米

图 2.4 甘肃玉门火烧沟有穿铜刮刀

（图片来自 Linduff 2000 等：图 10；已获得 Adriana Magueña-Ugarte 的使用授权）

10）（图 2.4），而这些物件也被考古学确认曾存在于亚欧大陆东部，尤其是为南西伯利亚的安德罗诺沃文化（Andronovo）和塞伊玛–图尔宾诺文化（Seima-Turbino）遗址的古老群体所通用（Kuzmina 1966; Chernykh 1992: 119）。除了这些外来引进的器物类型，墓葬中出现了用马殉葬以及用马骨制造的铲具和锄头，显示出在公元前 3 千纪末期该地区已有了新的外来者，或至少如安东尼（Anthony）所说，该地区有了新外来者带来的有关工具、武器和个人饰品的知识，甚至有了外来者使用马的生活方式（Anthony 1998: 95–103）。即便如此，在公元前 3 千纪末期的时候，冶金技术已经趋于本地化和规范化了。"安德罗诺沃"式陶器和有关马的使用技术在阿尔泰山脉的山基，亚欧大草原东部边缘沿叶尼塞河（Yenisei）、鄂毕河（Ob）和额尔齐斯河（Irtish）流域的出现，启发了安东尼（Anthony）提出器物或思想观念以及人群是一起产生迁移的观点（1998）。

有关新疆地区的史前冶金知识超越了本项研究的范围，但是也随着近期的考古发现而得到丰富；这些考古发现揭示了铜的早期使用，用石范模具铸造的方法，铅青铜与锡青铜的使用，以及砷青铜的熔铸（水涛 1993: 447−490; Chen & Heibert 1995; Linduff & Mei 2009）。梅建军和科林·肖尔（Colin Shell）对现有的信息进行了梳理并提出了三个使用铜和铜合金的中心（1998: 581−597）；林嘉琳和梅建军在近期（2009）也总结了对该地区的研究状况。这些使用中心在铜矿资源附近，表现出当地金属制造的可能性。与甘肃地区的发现相类似的最早的器物类型，是在断代为公元前 1800 年至公元前 400 年的遗址中发现的（Mei and Shell 1998:583），并在约公元前 1000 年逐渐普及。最早时期的资料寥寥，但依然显示出新疆地区正如其东部的区域一样进行着有关金属的试验。然而，来自甘肃的证据资料，尤其是来自四坝考古文化的资料，证明该区域的冶金制品集中使用和生产的规模与新疆地区相比较小。尽管如此，新疆西北部地区可能一直在新疆与安德罗诺沃（Andronovo）邻邦（即现今的哈萨克斯坦和吉尔吉斯）之间的交流中处于关键的位置（Mei & Shell 1999）。依据目前现有的信息和器物类型以及器物冶金成分对比的显著类似，这一地区极有可能成为我们了解河西走廊冶金知识的切入点之一。

2. 区域 II 蒙古南部至陕西和山西的中部地区（公元前 2800 年至公元前 1500 年）

毫无疑问，新疆是一个可靠的传入点，但现有的来自蒙古的资料表明我们应该拓宽所关注的地理区域，并重新考虑在我们所说的区域 II 内的传输可能是从哪里以及怎样进行的。当我们把中国仰韶文化和龙山文化分布的北部边缘地区的证据资料，以及随后公元前 3 千纪晚期至公元前 2 千纪期间中原王朝的定居点资料，尤其是青铜器时代阿尔泰山北部地区的证据资料都考虑进来时，一个完整的区域图像就形成了。尽管与"中国"疆土毗邻，区域 IIa 即河套地区北部和蒙古中南部地区的发展并没有被列入关于欧亚大陆东部或中国冶金历史的核心讨论中来。最近，草原、当地和混合样式的金属制品在蒙古南部靠近中国内蒙古边界的墓葬中被发现，俄罗斯和蒙古的考古学家特别重视对这些器物进行多种形制的划分（Kovalev & Erdenebaatar 2007）。但不论发现的金属制品是什么"类型"，冶金技术在这一地区的早期是存在的，并被零星使用。这表明技术理念、有技术常识的人员以及金属制品已进入到该地区，而且可能发生在比新疆或河西走廊更广阔的区域范围内。

此外，河套地区以南地区的庙底沟文化（约公元前2500年至公元前2300年）和龙山文化时期（约公元前2300年至公元前1900年）发现的早期金属制造遗址已发表资料，使得我们能够推断该地区金属制造的时间。在山西陶寺遗址发现了三件可以断代的铜器具，在周家庄发现了铜残留物，而且在俞家岭发现了熔铸过程中的铜残留物——这些都被断代为大约公元前2300年到公元前1900年或者更早。近期，山西运城盆地（中条山）出土的、年代在约公元前1900年至公元前1600年间（与戴向明个人通信所获资料）的精炼铜矿石，都与新疆和甘肃地区当地的合金生产时间相当。此外，来自二里岗时期（约公元前1500年至公元前1350年）石树林地区，以及二里头（约公元前1800年至公元前1600年）和二里岗时期运城地区（西吴壁村）的遗址资料都记录了金属制造试验的延续。所有的发现都来自灰坑和初步的抽样检验，虽然铜矿石尚未被发现，这些残留物应当为熔炼和精炼铜矿石的矿石渣。熔炼和精炼铜矿石很可能是当地的生产活动，但到目前为止这都只是一个假设。我们需要更直接的证据资料，例如窑或炉、特殊容器、生产工具、大量矿石熔渣、生产车间等等，来证实这种当地生产活动的存在。考古发掘者对铜的精炼在当地或附近地区存在的可能性持开放态度（与戴向明个人通信所获资料）。无论相关争论的结果如何，河套地区、渭河以南的这个区域在公元前3千纪早期以前就开始了合金金属的生产。

金属制造的地点和早期时间都表明在山西和陕西的金属生产试验应当早于新疆地区；而更重要的是提示我们要注意一个更广阔的联系和交流的地理区域。黄铜的发现和对这一地区更早期生产模式的了解已经证实固态还原法是一种当地用来生产黄铜的习惯（Fan et al. 2012）。也就是说，如果姜寨地区黄铜制造生产的早期时间是确定的，那么合金技术在当地就业已成熟。由于在齐家文化以及山西、陕西的考古境况中，陶器模式和丧葬习俗都一贯保持着当地化，我们可以认为金属器物是外来的。

了解跨越时间的边界动态变化显然是研究亚洲内陆北方地区物质文化的基础。根据近期可参考的考古学资料，我们至少可以提出冶金知识传入的两条路径：1. 区域 I，一条东—西向进入新疆和甘肃地区的路径；2. 区域 II，一条南—北向从蒙古南部进入山西和陕西北部的路径。对合金金属生产系统知识的了解应当是本地化的，以姜寨为例，金属器物在当地是一种新的引进商品。可以确定的是，我们所提出的"技术格局"（technoscapes）超出了当今中国版图，并且包括了亚欧大陆北部的阿尔泰地区，西至现今的哈萨克斯坦境内。

（1）区域 IIa　蒙古南部：阿凡纳谢沃（Afanasievo）文化和依利努诺 / 切木尔切克（Elunino/Chemurchek）文化（公元前 4 千纪晚期至公元前 2 千纪）

在 1998 年至 2008 年间，阿列克西·科瓦廖夫（Alexy Kovalev）和迪马耶夫·厄尔登巴挞（Diimaajav Erdenebaatar）发掘了阿尔泰地区北部位于蒙古西部和中南部的青铜器时代墓葬遗址。他们的研究建立了该地区的年代序列并且确认了生产金属制品的遗址；这些金属器物与阿凡纳谢沃（Afanasievo）文化、切木尔切克（Chemurchek）文化（依利努诺文化［Elunino］；见地图 2.2）以及其他约公元前 3000 年至公元前 2000 年中国西部和北部地区遗址的金属使用文化传统相关（Kovalev 2005, 2014, 2015; Kovalev and Erdenebaatar 2007, 2009）。

在蒙古地区确认的阿凡纳谢沃文化遗址形成了一种铜石并用时代（Eneolithic）的文化，它类似于位于叶尼赛河谷（Yenissei Valley）上游的南西伯利亚文化（公元前 3100/2500 年至公元前 2000 年）——其特点是有红铜工具，经济依赖于马、羊和牛养殖以及狩猎。在欧亚大陆的传统年代表中，安德罗诺沃（Andronovo）文

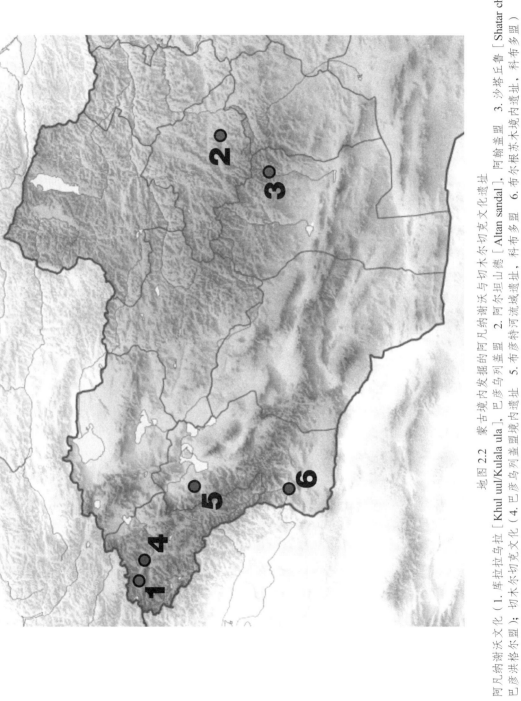

地图 2.2 蒙古境内发掘的阿凡纳谢沃文化与切木尔切克文化遗址

阿凡纳谢沃文化（1. 库拉拉乌拉［Khul uul/Kulala ula］, 巴彦乌列盖盟 2. 阿尔坦山鹿［Altan sandal］, 阿翰盖盟 3. 沙塔丘鲁［Shatar chuluu］, 巴彦洪格尔盟）; 切木尔切克文化（4. 巴彦乌列盖盟境内遗址 5. 布彦特河流域遗址, 科布多盟 6. 布尔根苏木境内遗址, 科布多盟）

化被认为产生在阿凡纳谢沃（Afanasievo）文化之后。阿凡纳谢沃文化是通过人们对其墓葬群的研究而知名；其墓葬群内有成组的圆形墓葬（也称 kurgan），每个直径有 12 米，围有石栏且其内包含多个土葬的中心墓坑。在西伯利亚的考古中，该文化墓葬陶器的类型和样式体现出与咸海（Aral）和里海（Caspian）地区较早期科坦尼纳尔（Keltaninar）文化的联系。阿凡纳谢沃文化遗址位于阿尔泰地区北部以及米努辛斯克（Minnusinsk）盆地（西萨彦岭），被视为跨亚欧交流的重要证据。这些遗迹发现少量的金属器，虽然也有金、银和铁的饰物，大量器物还是由铜制造的，仅有四分之一的器物为工具和装饰品，剩余的都是无形状的器物残留和半成品。该地区发现金属器的文化被切尔内赫（Chernykh 1992）断代为公元前 3100 年至公元前 2700 年，这使其与前面提到的陕西地区遗址的黄铜使用年代更加相似。科瓦廖夫（Kovalev）和厄尔登巴挞（Erdenebaatar）发掘了蒙古巴彦乌列盖（Bayan-Ulgii）地区的圆形墓葬，这些墓葬被碳 14 断代为公元前 3 千纪上半叶，并且与阿凡纳谢沃文化的陶器类型和样式以及丧葬习俗相似（Kovalev and Erdenebaatar 2009）。这些圆形墓葬覆盖着石头，内部有长方形木门的坟墓，坟墓中发现有阿凡纳谢沃文化类型的青铜锥子、盘子和小的"叶状"刀片（Kovalev and Erdenebaatar 2009: 图 6 和 7）（图 2.5；参考第四章）。他们也发掘了位于蒙古阿尔泰山脚下，属于近期被确认的切木尔切克（Chemurchek）考古学文化的一些墓葬遗址（Kovalev 2014; 2015）（图 2.6）。这些遗址被碳 14 断代为与阿凡纳谢沃文化的墓葬同期，即约公元前 3100/2500 年至公元前 1800 年（6 个圆形墓在科布多盟［Khovd］，4 个在巴彦乌列盖盟［Bayan-Ulgii］）。在长方形石围栏的切木尔切克石板墓（乌兰呼斯苏木［Ulaankhus］，巴彦乌列盖盟［Bayan-Ulgii］及其他区域）中，青铜器物件包括锥子，而在科布多盟的布尔根苏木（Bulgan）的墓葬中，除了石雕像以外，还发现了三个铅环和一个青铜环（Kovalev and Erdenebaatar 2009: 图 2，图 3；图 2.6）。尽管我们不知道这些物件是否为当地所制造，这些发现确实记录了蒙古西部和中南部地区有关金属物品的各种用途和类型。目前为止发现的金属器物为一些简单的工具（锥子）和金属环（装饰品？），也与安德罗诺沃（Andronovo）考古文化的金属器物相似。

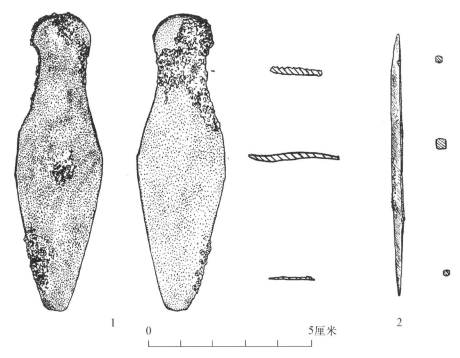

图 2.5　来自阿凡纳谢沃文化库拉拉乌拉（Khul uul/Kulala ula）、乌兰呼斯苏木、巴彦乌列盖盟的金属文物

1. 铜刀　2. 铜锥

（Kovalev, Erdenebaatar 2009；已获得 Alexy Kovalev 的使用授权）

　　虽然在这样一个复杂的环境中，考古证据不甚完善，但也提出了冶金技术在现今中国各地区之间来回传播的重要问题。20 世纪 70 年代，由 V. V. Volkov 和 E. A. Novgorodova 率领的苏联-蒙古探险队在蒙古中部发掘了一些阿凡纳谢沃的（Afanasievo）土墩（Novgorodova 1989: 81–85）。然而，这些土墩中未出土金属制品，仅出有一些陶器，由此表明，阿凡纳谢沃文化制造纯铜器物的铜石并用冶金传统至少已经朝东方移动到了蒙古中部。2004 年，科瓦廖夫（Kovalev）和厄尔登巴塔（Erdenebaatar）在蒙古国西北端、接近俄罗斯边境的地区调查了一个大型的阿凡纳谢沃土墩——库拉拉乌拉（Kovalev and Erdenebaatar 2009），他们在那里找到了一把铜刀和铜锥（图 2.5）。将该土墩出土的木头、煤炭和人骨测定了碳 14 年代，

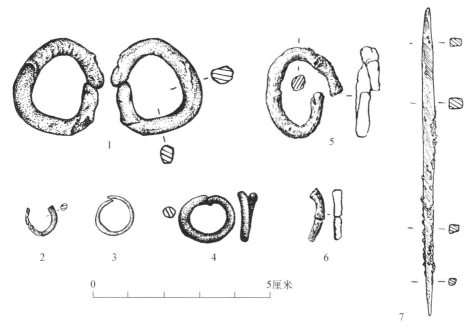

图 2.6　来自切木尔切克古墓中的金属制品

1. 亚戈辛霍杜（Yagshiin khodoo）3，布尔根苏木，科布多盟　2-4. 亚戈辛霍杜
（Yagshiin khodoo）1，布尔根苏木，科布多盟　5-6. 乌兰库达格（Ulaan khudag）II-3，
巴彦特苏木，科布多盟　7. 坤迪尔格伍（Khundii gov），乌兰呼斯苏木，巴彦乌列盖
盟　（1，2，3，5，6：铅器　4，7：青铜器）

（Kovalev, Erdenebaatar 2014a; Tishkin et al. 2015; 已获得 Alexy Kovalev 的使用授权）

在公元前 2890-公元前 2570 年之间。这表明，在公元前 3 千纪上半叶，阿凡纳谢

沃文化的器物与技术沿着蒙古阿尔泰山的山麓向南移动。阿尔泰和米努辛斯克盆

地的阿凡纳谢沃文化据碳 14 测年可追溯到公元前 3600-公元前 2500 年（Svyatko et

al. 2009; Polyakov 2010）。在新疆北部的阿尔泰地区，发现了几件阿凡纳谢沃文化

器物，其中一些是从切木尔切克文化的巨石墓室中获得的（Kovalev 2011）。因此，

阿凡纳谢沃的纯铜冶金传统应该不晚于公元前 3 千纪中叶就已经传播到天山山脉的

北麓。由此可以推测，阿凡纳谢沃文化与现今中国的阿尔泰山附近及以南的当地文

化之间是存在联系的。

　　科瓦廖夫（Kovalev）和蒂什金（Tishkin）等学者（Kovalev, Erdenebaatar

2014a; Tishkin, Grushin, Kovalev, Munkhbayar 2015）在蒙古西部对切木尔切克文化（大约公元前2600-公元前1800年）的巨石古墓进行了大规模的发掘。在公元前3千纪的上半叶，这个独特的文化出现在宗加里亚（Dzungaria）和蒙古阿尔泰（Altai）地区，并与晚期的阿凡纳谢沃文化并存了一段时间，这一点可以通过切木尔切克坟墓的石棺中发现有阿凡纳谢沃的陶瓷来证明。遗憾的是，我们还不知道在中国是否有任何与切木尔切克文化相关的金属物体。科瓦廖夫（Kovalev）和蒂什金（Tishkin）等学者在三个出土的切木尔切克石盒中发现了几只铅质的耳环和一枚锡青铜环（Kovalev and Erdenebaatar 2014a; Tishkin et al. 2015）。这种铅质的耳环是依利努诺文化（Elunino）的典型代表，依利努诺文化（Elunino）在公元前2400-公元前2300年之间，分布于整个阿尔泰西部地区（Tishkin et al.2015）。它的铜冶金传统中包含各种掺杂剂，主要成分为锡。因此，早在这个时候，铜冶金的传统可能已经渗透到了蒙古阿尔泰地区的南部。此外，在"敖包"石堆的石盒中，科瓦廖夫（Kovalev）和厄尔登巴挞（Erdenebaatar）发现了借助铜"补丁"进行翻新的石制器皿，表明这里存在冶金的生产方式（图2.7）。科瓦廖夫（Kovalev）

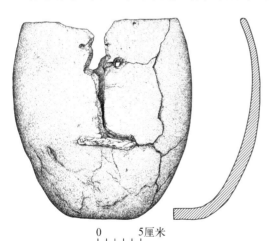

0　　5厘米

图2.7　来自切木尔切克古墓、哈达特"敖包"的有青铜补丁的石制容器（Kovalev, Erdenebaatar 2014a; 已得到 Alexy Kovalev 的使用授权）

和厄尔登巴挞（Erdenebaatar）在巴彦乌列盖盟发掘的切木尔切克次级墓葬中（公元前2400-公元前2220年），发现了一个铜质的锥子（Kovalev and Erdenebaatar 2009）。

科瓦廖夫（Kovalev）和厄尔登巴挞（Erdenebaatar）在蒙古境内还发现了一类新的文化（地图2.3），该文化是在切木尔切克-蒙赫海尔汗文化之后随即发展而起的（Kovalev and Erdenebaatar 2009; 2014b）。迄今为止，蒙古的霍夫德、扎夫汗、霍夫斯高尔、

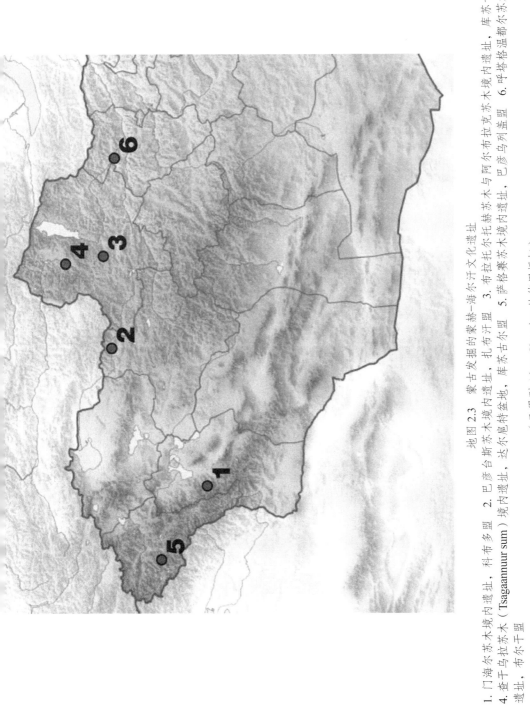

地图 2.3　蒙古发掘的蒙赫—海尔汗文化遗址

1. 门海尔苏木境内遗址，科布多盟　2. 巴彦台斯苏木境内遗址，扎布汗盟　3. 布拉托布尔托克苏木与阿尔布拉赫苏木境内遗址，库苏古尔盟　6. 呼塔格温都苏木境内
4. 查干乌拉苏木（Tsagaannuur sum）境内遗址，达尔扈特盆地，库苏古尔盟　5. 萨格赛苏木境内遗址，巴彦乌列盖盟　遗址，布尔干盟

（已得到 Alexy Kovalev 的使用授权）

布尔甘艾玛格地区已经发掘了 17 处该文化的土墩，可追溯到公元前 1800 年至公元前 1500 年，与安德罗诺沃（Andronovo）文化同时代。因此，安德罗诺沃文化并没有深入到蒙古国境内。在蒙赫-海尔汗（Munkh-Khairkhan）文化的土墩中发现了三把没有特制手柄的刀和五把锥子（图 2.8），均是由锡青铜制成。2013 年，科瓦廖夫收集了西西伯利亚、蒙古和中国境内已知所有的此种类型的刀（Kovalev 2013）。他认为，这种刀出现在公元前 1900 年的西伯利亚，而后通过蒙赫-海尔汗文化渗透到中国的齐家文化（如林家、墨沟）、二里头、夏家店下层文化等，在这些地方发现了非常相似的刀具。科瓦廖夫提出塞伊玛-图尔宾诺文化的金属加工传统在蒙赫-海尔汗文化（即通过蒙古）的助力下，从西西伯利亚渗透到了中国境内，例如像匕首这样的器物出现在朱开沟。此外，科瓦廖夫等学者发掘了三处带有青铜环的墓葬，一个末端呈喇叭状，两个青铜环末端呈压扁状（Erdenebaatar 2016：图 44）。如今，在蒙赫-海尔汗文化的墓葬中发现了这些青铜环，说明这类饰品也有可能渗透到了中国境内。

由于在墓葬遗址中并没有发现居住遗址和动物骨骼，这使得论证安德罗诺沃文化和阿凡纳谢沃文化的人群迁移变得很困难，但却可以论证包括陶器在内的标志型当地物品被广泛使用——放置在死者的周围，用来认定死者身份。金属物件在这种本地主导的氛围内的确显得罕见和与众不同。此外，牛的养殖标志着生活方式的一种改变，这种明显仅出现在铁器时代的现象，在公元前 2000 年晚期蒙古西北部（Miller 2009）和中部（Houle 2009：第六章）以及米努辛斯克（Minnusinsk）盆地（Legrand 2006）的墓葬群中有所体现。各方面的证据信息让胡尔（Houle 2009：第六章）认为社会的复杂性和多样性只有在公元前 1 千纪的下半叶才能出现，但有趣的是他的数据几乎完全没有涉及金属器物。就当前来说，只有在邻近现今中国边界的蒙古西部和中南部有金属器物被常规使用的迹象。

科瓦廖夫（Kovalev）和厄尔登巴挞（Erdenebaatar）确认了一种新的青铜时代中期的考古文化，它可以追溯到公元前 1800 年至公元前 1500 年，被称为蒙赫-海尔汗（Munkh-Khairkhan）文化——有 13 处圆形墓葬在科布多盟、扎布汗盟（Zavkhan）和库苏古尔盟（Hovsgol）被发掘（地图 2.2，图 2.8）。从这些墓

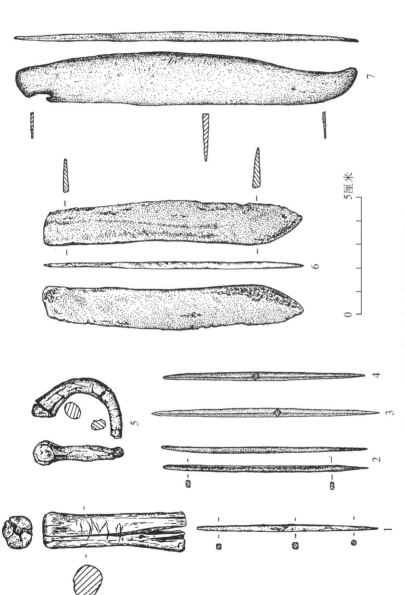

图 2.8 来自蒙赫－海尔汗文化的青铜制品

1-4. 铜锥 5. 一端为漏斗状的耳环（残）6-7. 铜刀 （1、6. 乌兰戈维因 [Ulaan goviin uzuur] 1/1，蒙赫－海尔汗苏木，科布多盟；
2、7. 加尔巴金 [Galbaglin uzuur] 1/2，阿尔布拉格苏木 [Arbulag sum]，库苏古尔盟；3. 括斯阔合舒尼 [Khskh Khushoony bom
4、巴彦恩特苏木，扎布汗盟 [Zavkhan]；4. 括斯阔合舒尼 [Khskh Khushoony bom] 1/1，巴彦恩特苏木，扎布汗盟 [Zavkhan]；5. 霍
图达瓦 [Khotuu davaa] 1/1，蒙赫－海尔汗苏木，科布多盟）

（Kovalev, Erdenebaatar 2014b；已得到 Alexy Kovalev 的使用授权）

55

中出土的物件包括青铜锥、有木柄的弯刀等（Kovalev and Erdenebaatar 2009: 图片 4; 2014; 2015）。另外，8 个青铜器时代晚期（约公元前 1400 年至公元前 1100年）的墓葬在科布多盟的布尔根苏木被发掘，它们属于另一种先前未知的、称作北塔（Baitag）的文化。而在阿尔泰戈壁，一组新的青铜器时代晚期的特布希文化（Tevsh）遗址在巴彦洪戈尔盟（Bayankhongor）和南戈壁盟被发现（Miyamoto and Obata 2016: 42–50）。特布希和北塔文化遗址随葬品种类较为丰富，包括了一些珍贵的半宝石（红玉髓），还有青铜珠、钮扣和戒指、金属环。在北塔文化圆形墓葬中（Kovalev and Erdenebaatar 2009: 图片 5; Miyamoto and Obata 2016）甚至有精制的金发饰（特布希山；博格区［Bogd］；前杭爱盟［Uverkhanagia］）。该地区金属器物的式样是有限的，且大多数的墓葬不包含这类物品，这使得它们变得非常特殊，而青铜器在形制上相当实用。这些器物当然会在日常生活中偶然使用，也鲜有被掩埋；而我们可以假设，即使是在这样早的一个时期，在墓葬中对金器和半宝石的拥有和喜好显示了某种特殊的地位身份。即使如此，拥有金属器物在当时并不寻常，因此显得十分重要。

金属器物类型（按年代早晚以及考古文化名称排列）：

刀：

阿凡纳谢沃文化（Afanasievo）类型，圆形墓 I，库尔加克地区（Kurgak govi）（约公元前 3000 年–公元前 2500 年）；

蒙赫-海尔汗文化（Munkh-Khairkhan），加尔巴金遗址（Galbagiin uzuur）（和齐家文化林家遗址和塞伊玛-图尔宾诺文化［Seima-Turbino］遗址类似的刀具）（约公元前 2000 年–公元前 1600 年）；

赫温一期文化（Kheviin am I），布尔根苏木（Bulgan），科布多盟（Khovd）（青铜刀尖）（约公元前 1400 年–公元前 1100 年）

螺旋环（铅和青铜）

切木尔切克文化（Chemurchek），科布多盟，亚戈辛霍杜地区（Yagshiin

khodoo）（约公元前 2500 年）；

蒙赫-海尔汗文化（约公元前 1800 年-公元前 1600 年）；

乌莱斯坦河三期文化（Ulaistain gol III）—特布希文化—北塔文化（Tevsh-Baitag）（约公元前 1400 年-公元前 1100 年）（参考卡拉苏克文化［Karasuk］青海宗日遗址 M122，四坝文化）

锥子：

切木尔切克文化（约公元前 3 千纪下半叶）；

蒙赫-海尔汗文化，加尔巴金遗址（Galbagiin uzuur）（约公元前 2000 年-公元前 1600 年）

耳环（金质"头饰"，也有项链上的金环）：

特布希，博格多苏木，羊首装饰品（科瓦廖夫认为与"青龙抄道沟"的羊首近似）

钮扣：

乌莱斯坦河三期文化（Ulaistain gol III）—特布希文化—北塔文化（约公元前 1300 年-公元前 1100 年，距中国边界 1 千米）（Kovalev & Erdenebaatar 2007）。

即便是在最初阶段，目前证据表明从公元前 3 千纪早期至公元前 1 千纪金属制品在区域 IIa 一直被持续使用。这些发现并不是代表一个从一种文化到另一种文化的连续的文化演变，而是说明金属在几个地方同时和连续被使用。该区域考古文化的多样性和金属器物的本地特征并不代表某一个单一群体因技术发达而作为冶金技术和金属器物的传播者，而只是代表了对技术的采用和对成品的引进。该区域看似是受到其他区域技术传播的影响，实则有着独特的本地产品的制作。这种独特性以及区域特殊性丧葬习俗的延续，体现了文化的连续性以及波茨（Potts）所说的在相当原始的冶金技术实践水平下的"文化模式"，也体现了一种正式的、外在的交流表现（Potts 2007: 6）。因此，这似乎是一个很好的案例，如我们先前所说，"社会领域"（social fields）相对于"整体文化"，会紧密地参与到网络状的交流中，而在这种网络交流中，如冶金一样的技术则被处于同一过程中的其他群体所分享和改良，就如科尔（Kohl）提出的亚洲西部的相关理论一样（Kohl 2008:496）。

此外，蒙古西部和中南部发现使用金属的遗址，其技术传统能够划分一个分布区，这个分布区表明冶金技术穿越东亚地区来到现今中国的传播有着多条路径。正如梅建军所提出的那样，中国西部（Area I）的遗址群中已知的各种技术表明在公元前3000年和公元前2000年间本地化的金属试验已经相当普遍（2009:219-223）。在蒙古地区（Area IIa），虽然考古材料还未被测试，同样的模式，至少是相同的器物类型，很有可能被发现。

最后，就目前而言，金属器物都是在祭祀仪式环境以及墓葬中被发现的，即使像锥和刀这样在常人日常生活中有明显实用功能的器物，也被赋予丧葬仪式的功能。另外，墓葬群中的器物也体现出多种工艺门类，包括了石器、骨器、木雕和金属器。这些工艺门类及其产品在墓葬中，通过器物在墓主身旁的摆放，被赋予了与墓主及其族群相关的重要意义；而以这种方式，它们都得到了重视和认可。在蒙古的例子中，冶金技术和金属器物似乎跨越区域和时间因需要而被采用，相互交流和传输的线路也似乎多重且不固定（Barfield 2009: 240）。因此，一个更为广阔的、包括了亚欧大陆东部以及中国北部和西部的共享社会领域或"技术区域"必定在公元前4千纪晚期至公元前2千纪存在过，这比先前的预见在时间上要早得多、范围也更广。

（2）区域IIb　中国内陆：山西省和陕西省

上文曾提及在现今中国境内发现的最早的金属器物来自陕西姜寨。这件黄铜器物时代约为公元前4000年，在它的周围并没有其他金属制品。如果它是当地制造的，必定是一件非比寻常的物件，然而其发现地点以及这一地区其他地点对金属器的制造仍然有待更多信息来研究。此后，大约公元前2500年至公元前1900年间出现在河南龙山遗址和陶寺龙山遗址的金属制品，以及公元前1900年到公元前1500年间出现在二里头文化遗址的金属器（Linduff et al. 2000: III. 11-16部分；Liu 2004），证明了冶金知识和金属生产就存在于周边地区。这样，我们就能探讨一个关于金属合金化发展的清晰过程。在晚期龙山文化类型的遗址中存在有限的合金使用，因为我们发现合金的比例和组合是有控制和选择的。以合金技术生产的产品可以同其他地区发现的金属器相比较，它们的形制均为工具或个人饰品。居住和墓葬模式是有规律的——这些都是当地定居的农民，以家养动物和生产农作物为生。根据刘莉（Liu 2004）对该地区的研究，这些遗址属于所在区域的政治中心。从二里头文化最晚期的遗址可以看出，这一地区历来被认为是中国第一个王朝的中心（参见刘莉 2004 年完整考古发掘报告列表）。即便如此，也只有在断代为公元前 1750年至公元前 1530 年间的二里头文化最晚期的两层遗址里，可以找到青铜礼器的使用证据，这是社会不平等增强的标志。该地区合金制品的使用（不包括姜寨的单件黄铜物件）稍晚于甘肃和青海地区以及蒙古中南部（Kovalev and Erdenebaatar 2007; Kovalev 2014, 2015; Miyamoto and Obata 2016），但从其本身发展成熟的块范铸造技术来说又很独特。

二里头文化（三期和四期；约公元前 1750 年至公元前 1530 年）本身的特点是由夯土技术建成的外墙或沟渠，这种技术用来建筑墙壁和大平台的基址。陶器既有手制的也有轮制的，与龙山文化遗址的发现相似。三期和四期青铜制造的证据包括铸造的青铜器皿、凿、箭镞、刀（既有当地类型，也有例如上文提到的在南蒙古发现的亚洲内陆弯刀类型）、扁斧以及其他装饰用的小物件（Chang 1987: 314）。合金平均包含 5.55% 的锡和 1.2% 的铅，用于制造青铜刀、牌饰和盘，其中有一些还镶嵌着包括绿松石在内的宝石。玉器包括琮、大刀和斧。陪葬品包括陶器、贝壳、玉器和小青铜器；人与狗也会被殉葬，而且人骨上显现出暴力迹象。这些墓葬中青铜器的使用显然是为了展示入葬者的地位身份，而且仅限于在最精致华丽的墓葬中使用。虽然青铜工业已初步形成，而且可能被社会上层人士所掌控，可是在二里头文化遗迹的这些地层面中，金属物件依然很罕见。与墓葬相关的遗址显示出集群和大小的分化，证实了一个小型的、有交流的、有等级的酋邦社会。这样的证据材料表明二里头文化很可能是一个具有社会阶层和集权政体的复杂社会的中心（Liu 2004）。

该地区当时的经济是基于小米和小麦的生产，以及动物养殖业（包括饲养猪、狗、牛、羊和鸡）。三期和四期显现出一些地区发展的特点，尤其是范块铸造法制造的独特器皿——斝，以及外来习俗或物件的采用。比如，北方东区（区域 III）甲骨文的使用要早于二里头文化，所以有可能是从那里传入的（Shelach-Lavi 1994: 261–292; Linduff 1995: 133–145）。青铜弯刀和小型石器工具不是这一时期中原地区的典型器物组合，却在河南临汝的煤山遗址中发现（赵芝荃，郑光 1982：图片 22）；这表明该地区与西部和北部地区（区域 I 和 IIa）人群的交流互动可能为新兴的上层权贵阶层提供了稀有和外来的物品。

内蒙古自治区的朱开沟遗址发掘出了大量的青铜器，年代为公元前 2000 年（李秀辉，韩汝玢 2000; Linduff 1995）（图 2.9）。在总共发现的 43 件青铜器中，有 16 件产自三期和四期，其年代在公元前 2 千纪早期，比二里头早期文化略早或相当。在朱开沟遗址最早期发掘出的器物都是小型器件，例如针、小凿子、箭镞和耳环。林嘉琳在 1995 年提出在这些地层发现的齐家文化类型的单耳小陶杯说明青铜技术很有可能是从朱开沟以南和以西地区传播而来的。这一观点或许有待探讨，但蒙古南部遗址出土的更早期和同期的物品（陶器和金属器均有）揭示了另一种金属使用和生产群体的交流互动和交易途径。这给我们提供了一个没有任何孤立群体的画面，这些群体共享着技术、器物类型，也偶尔共享各种器物。

朱开沟遗址第五期出土的当地铸造的大型青铜器（爵和鼎）以及武器（戈）显示即使他们在铸造属于自己的青铜器（Han Rubin 1992），该地区与公元前 2 千纪中叶商代早期二里岗文化有着直接的联系（Linduff 1995: 142; Han Rubin 1992）。林嘉琳（Linduff 1995）解释了朱开沟文化的建立可能与该地区黄铜的开采有关；而作为商朝的属地，朱开沟有着所有中原王朝文化的特点（例如墙、夯土平台、青铜礼器和兵器等）。在一些墓葬中不拘一格的随葬物品组合（包括了仿商朝风格的青铜礼器和武器以及当地类型的青铜弯刀和锥子）可以确认死者的身份为外来的领主或统治者，或是被提升的负责维护地区统治的当地土著。到了商朝晚期，可能由于其他丰富多产的铜矿被开采和使用，使得这一地区更难维持

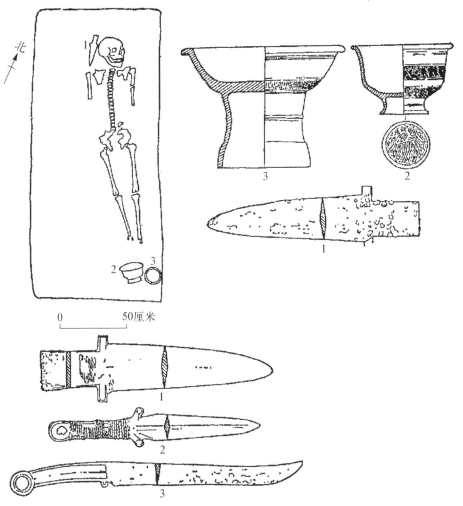

图 2.9　内蒙古自治区朱开沟遗址第五期出土青铜器、墓葬 M1052 平剖面图及其所出器物
上图：M1052 随葬器物　1. 铜戈　2. 陶簋　3. 陶豆
下图：朱开沟遗址第五期青铜器　1. 铜戈　2. 包柄匕首　3. 长弧刃刀
（图片来自 Linduff 1995：图 10，图 11）

中原王朝对其的统治，该地区就被舍弃了。

3. 区域 III　北方东区：内蒙古东部，河北北部和辽宁西部

这一区域的遗址中出现了一件早期的金属器物，其年代相当于新石器时代

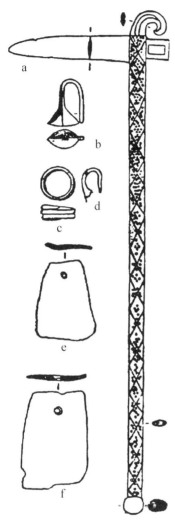

图 2.10　夏家店下层遗址出土青铜器

a. 辽宁锦州水手营子出土铜戈　b. 河北唐山小官庄出土耳饰　c. 北京房山琉璃河出土耳饰　d. 北京房山琉璃河出土耳饰　e. 河北唐山大城山出土牌饰（刀？）　f. 河北唐山大城山出土牌饰（刀？）

（图片来自 Linduff et al. 2000：图 2）

中期，可追溯到约公元前 3000 年的辽宁西部的红山文化（Linduff et al. 2000: I.1 部分）。在牛河梁的祭祀遗址中，中空的木制手柄内部，发现了一枚铜和玉的耳环，以及富含铜微量元素的孔雀石。作为该地区和该时期的单一性发现，它们并不能被当作是一个使用金属的复杂社会存在的证据，然而这个地区的考古发现清楚地证明了一个有着缜密的社会宗教习俗的社会的存在。

处于公元前 2000 年至公元前 1000 年间的夏家店考古文化发现了大量的金属器物（Linduff et al. 2002-2004; Linduff et al. 2000: IV. 17 部分、IV. 18 部分）（图 2.10），年代最早的、赤峰附近蜘蛛山遗址发现的金属器，其年代经过碳 14 测定为公元前 2350 年，以及年代最晚的、大甸子墓葬 454 号墓（公元前 1745 年 ±130 年）和 759 号墓（公元前 1775 年 ±130 年）出土的金属器。这些遗址的特点是坐落在河流附近高地上且被石墙围绕（夏鼐 1977；考古编辑部 1979），丧葬习俗十分特殊，未成年人被葬在房屋附近，成年人被葬在土坑墓中，使用木棺或石棺。这些墓中配备有一些玉器（呈武器的形状），一种烧制温度较高且有彩绘的陶器，青铜和红铜装饰品，以及用来殉葬的猪和狗的下颌骨和骨架。这些墓葬按照随葬品的数量和死者性别而有所区分（Shelach-Lavi 2009: 22-23）。陶器都和较早期一样，延续了多样性的彩绘特点。

墓葬随葬品组合中的工具以及在赤峰地区遗址考察中发现了小米的种植，显示了农业的重要性（CICARP 2011）。家养动物包括羊、猪（数量最多）、狗和牛。小型石器体现了为补充食物而进行的持续狩猎，也显示出对典型的不同于中原地区的北方类型工具的使用。甲骨都经过了打磨抛光和钻凿，体现出有关仪式过程的常规化要早于中原地区。在这些遗址中发现的金属物件最为典型的是工具——例如锥、凿和针等铜器以及喇叭口金耳环、手臂环带、戒指和挂件在内的个人饰品。这些物件大部分为铜制成，有些是含有10%锡的青铜器（Shelach-Lavi 2009: 图片 2.9, 29; Linduff et al. 2000: Ⅳ. 17 部分，图片 2.10）。这里还发现了用来铸造斧头的双阀石模具以及陶模具，体现出高度发达的陶器、石器、骨器和玉器制造业。

丧葬习俗表明夏家店下层文化存在职能、性别或身份的差异（Wu J. M. 2004: 47-91），并且是小村落聚集在大村落周边受其领导的复杂聚落模式（Shelach-Lavi 1999）。金属器没有在最精致华丽的墓葬中分组放置，也似乎不像玉器那样代表着特殊的身份。该区域人群对玉器的喜好遵循了一种长期的、至少始于公元前3500年的区域传统。金属制作技术包括冷锻、热锻，以及对敞口式或双阀式石模的少量使用。这种相当初级的冶金技术在单个的村落中并不普遍存在，在该考古文化的知名遗址中也不典型，因此应该由独立的家族所掌管。

然而，关于区域居住模式的研究中，村落集群、战争遗迹以及社会分化的证据资料表明，夏家店下层遗址的居民有着与当时同时代的中原地区多方面相似的社会组织（CICARP 2011）。他们的居住地点、经济和生活模式大约在公元前1000年有所改变，有学者认为当时他们转向了一种更为田园化的生活方式（Shelach-Lavi 1994: 261-292; Linduff 1994），或者与其南方的人群失去了交流（CICARP 2011）。

区域 III 的居民对最初形态的金属铸造技术有所了解，而且能够利用他们附近的矿石资源，进行了有限的金属冶炼。他们有可能完全靠自己开发了这种技术，没有受任何外来的影响；但有些迹象表明他们与其他区域有着交流联系，这种联系可能不是双向的。某些出土于区域 III 的器物显露出混合的文化传统。我们经常可以注意到，例如匜与盉具有中原地区的陶器形状，又如夏家店下层文化仪式彩陶上用于装饰的雷纹图案，以及商朝墓葬中最神圣的青铜器（Linduff et al. 2000: 图片 5）。该地区被称为鬲的三足状陶器在器型和设计上与相对较晚的远在北方的布里亚特地区（Buryatia）文化同类器相似，也与该地区西部相对较早的内蒙古中部文化同类器相似（Linduff 1997: 30; Linduff et al. 2000: 图片 3）。该地区还与其北部和西部文化共享金属块状耳环（Linduff et al. 2000: 图片 2, 4）。值得指出的是，我们对这些夏家店下层时期遗址墓葬中出土的外观相似的器物的断代并不准确。因为如果存在与外界的交流联系，我们还不完全清楚文化的传播方向。

不论我们如何理解这些交流，接触联系很显然是其中的一部分。夏家店下层文化墓葬中的金属器是偶然出现的，直到大约公元前 1000 年夏家店上层文化，它们一直没有担当任何丧葬的主要作用（CICARP 2011）。随着该地区南部西周封国燕国的建立，国家级社会以及其对青铜礼器（包括青铜容器和武器）的惯用就在这一地区的附近。包括武器在内的当地样式青铜工具的生产和使用的增加，必然受到了抵抗装备精良的周王朝殖民统治的影响（参见第四章）。制约和机会都可能塑造了当时区域 III 的生活和社会群体，这些也一定影响到了墓葬内随葬品的选择。由于这些新的随葬品组合通常既不在美学（风格）上也不在图案器型上与中原或其他地区相符，且在设计想法上非常地方化，这想必是一种保持独特性和独立性的选择。那些选择把这类物品（尤其是显著增加的金属器物）放入墓葬的人们，在我们看来，他们在当地规范的约束下协商了器物的使用，也同时抗拒着束缚或者纯粹挑战着或创造着自我和他人的身份定义。位于被周王朝视为对抗北方蛮族的战略缓冲地带的地区，区域 III 的当地社会群体显示出前所未有的雄心和金属生产技艺。这种在公元前 1000 年左右对中原王朝以及对更早期当地物品束缚的抵制，是引人注目的，却并不表明生活方式的变化，但可能是一种简单的显示其身份方式的转变。

4. 区域 IV 东部地区：山东半岛

这一地区最早发现的铜器属于著名的大汶口考古学文化（碳 14 断代约为公元前 3000 至公元前 2500 年），在属于大汶口文化的山东省胶州市三里河遗址（公元前 2300 年至公元前 1800 年）出土了一件铜器（通常叫作锥子）（中国社会科学院考古研究所 1988），这可能不是刻意制造的金属器，也可能没有如此早的年代（Linduff et al. 2000: I.1, I.4, I.6, I.7 部分）。该地区可确认发现大多数金属物件的地点可追溯到公元前 2500 年至公元前 1900 年间龙山文化和岳石文化分布区（Linduff et al. 2000: Ⅲ.16 部分）（图 2.11）。这些遗址共享同样的陶器类型和纹饰，其制作工艺十分精

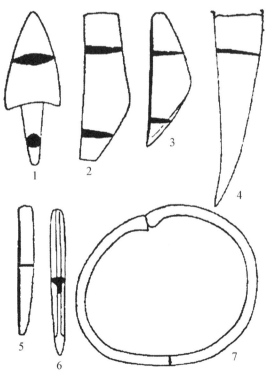

图 2.11 山东泗水尹家城遗址出土青铜器
1. 矛首 2. 刮刀 3. 刮刀 4. 刀刃 5. 矛首 6. 刀刃 7. 环
（图片来自 Linduff et al. 2000：图 Ia）

湛，这说明发现金属器（主要发现于居址遗迹内和偶尔发现于墓葬遗迹内）的社会已进入复杂发展阶段（Linduff et al. 2000: 图片 Ia）。冶金技术的运用仅限于小件饰品和工具一类的简单器件的生产。目前来说，出土的材料还不能在数量上或技术成熟度上证明制铜工业的存在，但它们应当被看作是一种可能由个别家族掌控的试验性工艺。然而，墓葬中发现的装饰物品体现出外来异域风格，可被认定为社会日益分化的标志。该地区很快被商朝所统治，这也使其发生了永久性的变化。

三、早期技术格局的结果：动态中的器物

以上各文化遗址位于亚洲东部北方的广阔区域，在这一区域内冶金技术的起源出现在大致相同的时间。所有出现冶金技术的地区都靠近金属矿源，特别是红铜的几种合金（Linduff et al. 2000: 地图 5-8）。例如，独特的砷青铜应当是利用当地的矿产资源制造的，这些资源在现今的甘肃依然可用（Linduff et al. 2000: 地图 1）。每个区域都显示出不尽相同的铜和铜合金制品的风格式样。金器只在区域 I 和区域 III 才有所发现。这些金器（耳环和一个鼻环）只是偶然发现，可能是从外地引进的，可能由于其罕见而价值连城，但它们的使用是源于它们的特殊形态——用来表示某种社会、礼仪、政治或其他特殊身份。这些耳环类型（包括从甘肃月氏遗址［区域 IV］和火烧沟遗址［区域 I］找到的鼻环；Xu 1989）是已知晓的类型，其在齐家文化和四坝文化（区域 I）遗址是由青铜制造的，也出现在夏家店下层时期文化遗址（区域 III）。

区域内独特的考古学文化，是由它的陶器来识别的，并结合体质人类学的数据（Shelach-Lavi 2009; Linduff et al. 2000: I.9, II.10 部分）。所有区域都是混合经济形式，被发掘的村落遗址出现了栽种农作物和饲养牲畜的证据，以及使用改良青铜箭镞和刀持续狩猎的证据。即便如此，很多早期的铜制品表现出彼此之间一种异乎寻常的相似性。这种相似性跨越了整个亚洲内陆的北方地区——从西面的甘肃地区，

北到蒙古中南部以及向南至山西和陕西地区，东北至夏家店下层文化地区，再到山东半岛的月氏文化地区（Linduff et al. 2000: 图片 4）。金属装饰品和简单工具可能无法展现这些中原地区以外的早期遗址中的社会阶层差异，比如在火烧沟遗址，将近一半数量的墓葬中含有金属物品。也就是说，这些器物的制造材料并不是严格限制的，而是新事物，不同于公元前 2 千纪中叶的中原地区，当时金属制品已成为社会不平等的标志。

整个亚洲内陆边疆地区类似的青铜工具和墓葬习俗表明了东西向和南北向均有较松散的联络网。技术一定是从工匠或使用者那里迅速地传播开来，这一过程我们今天也不难想见，就像我们去邻居家吃饭，发现了一道喜欢的菜，就会要菜的配方。如果我们有足够的手艺、合适的原料和展示的机会，那我们几乎可以马上复制这道菜。亚洲内陆北方地区的人群充当了这些冶金技术知识的代理人，而并非这项技术以及其他技能的被动接受者，这样器物类型和冶金技术的共享就能够简易而迅速地完成了。

公元前 2 千纪早期，甘肃（区域 I）及其周边地区范铸技术和合金工艺的使用不能作为一种政治标志——不同于中原地区制造和随葬铜礼器的例子，但是这些金属器体现了这一时期未知的年龄、隶属关系或社会角色的独特标识符号。这些遗址持续性的地方特色（陶器类型和样式）以及与青铜时代西伯利亚南部文化遗址类似的金属器的出现，都表明了进入河西走廊地区（区域 I）新居民的迁徙。这些新移民很可能曾经与养马放牧和制造青铜器的安德罗诺沃人共事过（Mei & Shell 1998; Linduff & Mei 2009）。另外值得注意的是南北向的迁徙或许也出现在整个蒙古中南部以及陕西和山西地区（区域 II），甚至也可能出现在更东部的赤峰地区（区域 III）（Shelach-Lavi 2009）。在这些亚洲内陆北方地区东部的人群中，动物殉葬通常标志了死者的社会地位，而工具、武器和个人饰品类金属物件的使用也许就表现了个体化的社会身份（Shelach-Lavi 2009）。与此相反，二里头文化使用的青铜礼器则显示了复杂的礼制系统，被用于代表同一政治集团中成员的不同身份。

中原地区最熟知的文化轨迹可追溯到公元前 2 千纪上半叶的二里头文化及其周

边（Liu 2004），其成熟的青铜产品成为社会上层人士的特有物品，与社会复杂性和社会等级仪式化共同发展（Liu 2004）。在二里头文化中，基于社会身份和社会角色的社会礼仪运作于宗教、社会以及政治范畴内（Keightley 1990: 42），这就对诸如青铜器皿和武器等仪式用品的生产和使用有了要求。人们在公元前3千纪晚期至公元前2千纪早期进行了金属制造的试验，但二里头文化的民众在公元前1750年前就已经迈入了与亚洲内陆边疆其他文化不同的发展轨迹。

边疆地带的每一个区域都在大约公元前1600年中原王朝建立之前尝试过家用金属。人们制造了实用或装饰用的黄铜或青铜器物，每个附属地区都遵循着各自当地的历史轨迹。作为亚洲内陆边疆附属区域的山东半岛（区域 IV）和东北部赤峰地区（区域 III）早在大约公元前1500年就积极参与并最终成为中原王朝社会的一部分。在那个时期，区域 IV 比之前对金属的使用更为显著和丰富——想必是因为社会复杂程度的某种显著变化（Underhill 2002; Underhill et al. 1998; CICARP 2011; Shelach-Lavi 2009）。区域 I 的当地文化似乎与其西面的文化联系更紧密，也从来没有建立过中央集权的国家级社会，而且一直处于中原王朝文化和政治统治之外，直至大约公元前5世纪秦朝征服了这些地域为止。这一区域从考古的资料来看似乎没有受到中原地区青铜冶金或很多其他方面的影响。该地区人们有关马类和某些金属工具的知识可能最终传入了中原地区（Linduff et al. 2000）。

亚洲内陆边疆地区的人们从事过新石器时代农业、畜牧和狩猎活动，但他们的经济策略、社会组织以及他们的政治系统、思想形态的重点都可能因为当地文化、经济、气候环境和地理环境而产生变化。许多地区一直处于中原王朝的直接统辖之外，甚至它们的文化在随后的几个世纪都摇摆不定。关于商周王朝与亚洲内陆边疆的直接文化交流和殖民统治的故事，还有金属器在区域性的北方边疆历史中的角色，将会在接下来的第三章和第四章中讲述。有些模式已经在新石器时代出现，比如在墓葬中使用合金金属的重要性，然而故事可以在有文字记录的情况下被解释得更为具体。

在所有我们以上讨论的地区中，我们看到青铜器在墓葬中既有实用功能，又担当特殊的礼仪化的角色。这是公元前 4 千纪晚期，尤其是公元前 3 千纪晚期至公元前 2 千纪间金属使用的第一个阶段，也是该地区社会文化进程的一部分。本书接下来的部分将探讨公元前 2 千纪后半叶直至公元前 1 千纪上半叶亚洲内陆边疆的东部和中部地区（第三章）以及西北部地区（第四章）。这个时段与中原地区商王朝和周王朝的出现相当，也与作为巩固集权措施的一部分的商、周大规模的金属工业的发展时间相近。我们在下面两章的任务是分析外来器物如何在亚洲内陆边疆各个区域环境中被重新利用，以及边疆器类的生产以及借鉴亚欧大陆东部的器物。我们需要回答的问题是亚洲内陆边疆内部当地人群在与东部和南部的中原王朝相互竞争的情况下青铜制品使用的意义。这些人群通常选择、制造和使用中原地区常见的器物类型，来标志一种通过殖民统治、婚姻或简单而刻意的模仿而形成的政治或亲缘联盟。此外，远在南西伯利亚的典型器物（例如，卡拉苏克［Karasuk］和塔格尔［Tagar］文化区域的米努辛斯克［Minnusinsk］）也被借鉴，且显然有助于体现在王朝政治疆域内，对该地区国家级政治军事管制的存在，婚姻联盟的建立，（像在朱开沟文化考古资料中发现的）提取盈余和贸易的存在，以及体现思想意识和复杂而有（个人）局限性的冶金技术（随着殖民统治或与有技能以及有创意的金属工匠的接触）的直接传输（Linduff 2006）。

亚洲内陆北方地区按照当地设计而铸造和发明的金属器物是独特的，也是混合的，即标志了当地的统治权，甚至体现了种族进化是边疆环境的一部分。这些议题将会引导接下来的几章来探讨和分析在公元前 2 千纪晚期至公元前 1 千纪间亚洲内陆北方地区金属的使用与制造。

对亚洲内陆边疆地区遗址的研究让我们认识到地域性遗址组群的复杂性和不均衡性。虽然这些遗址在之后的时间里不一定是不可或缺的中心，但是在新石器时代晚期，它们代表了非常独特的贸易群体，以及对特殊器物的选择性使用方式。亚洲内陆边疆在这章和以下几章最有特色的是视觉标识的发展和使用，以适合当地的人群和环境。这一选择的变化取决于多种变量，诸如贸易和交换，对金属技术在不同程度上的尝试，在地方社群中的器物制造，与王朝政权交流的愿望，王朝政权以及政治和经济系统的入侵。基于当地个人或社群的抱负以及鲜明的结果，我们提出亚洲内陆边疆的地域格局，个人格局或氏族格局。

这一情况直到秦汉时期外来的部族尤其是匈奴在紧接亚洲内陆边疆的地区建立了一定的霸权后继续存在。即使是匈奴占领了鄂尔多斯的部分地区，亚洲内陆边疆继续是一个渗透性很强的地区，与外界的交流再次改变了地方部族。

公元前 2 千纪至公元前 1 千纪上半叶中原王朝扩张时期亚洲内陆边疆中心区和东北区的器物和身份认同

孙　岩

本章主要讨论亚洲内陆边疆的中心区和东北区。中心地区指现今内蒙古南部至陕西北部和山西西北部；东北区则指从河北北部延伸至辽宁西部和内蒙古东南部，分别对应第二章讨论的 IIb 及 III 区（地图 3.1）。由于这两个区域地形地势的差异，公元前 2 千纪下半叶至公元前 1 千纪上半叶在这里生活的人群有着不同的生活方式。有关这一点我们会在下文中展开讨论。第二章讨论了公元前 3000 年至公元前 1500 年这两个地区早期金属制品的使用，并提出亚洲内陆边疆在这一时期形成了松散的南北和东西互动网络。在"技术格局"的框架下，冶金和铸造工艺知识和技术在互动网络中不断传播，促成共同的区域性文化特征；同时由于各地区的地理环境、经济和社会组织的不同，地方性文化特征也相继呈现。不同于中原地区，这些人群开始将金属制品视为地位和威望的独特标识。

公元前 2 千纪末至公元前 1 千纪初，这两个地区青铜器的用途都经历了剧变。在这个广阔的地域内，越来越多地个体和群体使用不同类型的青铜器。墓葬中的随葬品包括各式各样的容器、兵器、工具、饰品、车马器等，不再局限于小型器物。而是来源于不同地域风格构成的青铜制品组合，呈现出多样化的区域性特征，体现在有经过精心选择的中原商周族群所铸造的青铜礼器和兵器、具有当地风格和主题的青铜制品以及与更西更北的欧亚大陆西部和中部风格一致的青铜制品。随着其数量和器类的增长，青铜制品在塑造和界定丧葬仪式中财富、社会地位和文化特征中扮演越来越重要的角色。

公元前 1500 年左右，商周王朝在中原地区的崛起和扩张对亚洲内陆的北方边疆造成了深远的影响。商周王朝以黄河中游为政治中心，与亚洲内陆边疆生活的众多群体有着多方面的不同方式的接触。商人甲骨文称这些地方政权为"方"。这些方国与商之间的相互往来，有嫁娶、朝贡及军事冲突等形式（彭邦炯 1991；杨

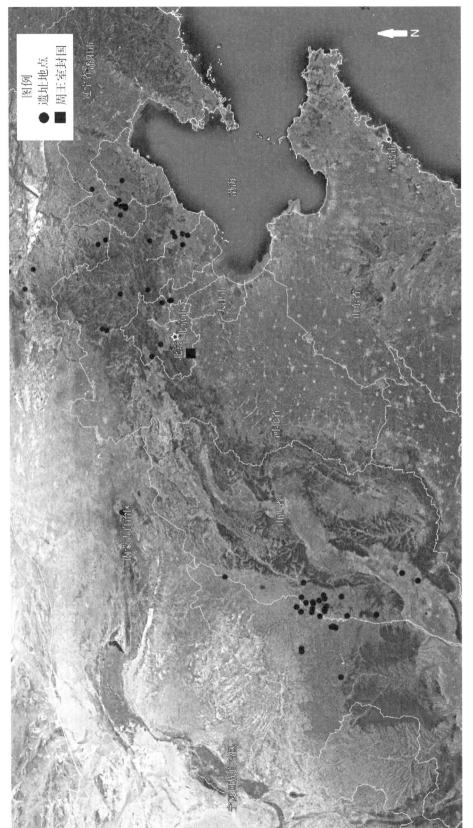

地图 3.1 亚洲内陆边疆中心区和东北区地形图
（来自谷歌地图）

升楠 1997；杜金鹏 1997）。而取代商的周王朝则采取了扩张主义的方式，通过在战略地点建立封国和军事哨所，扩大周的政治影响，其中就包括在亚洲内陆边疆地区的扩张。

分布在亚洲内陆北方边疆的中心和东北各区域的人群，是如何通过金属制品及墓葬礼仪来彰显身份和阐明文化、政治从属关系，又是如何对待中原商周政权，是本章讨论的重点。以往对这一地域的研究多依赖于传世文献，以商王朝或周王朝为中心的视角出发，强调中原王朝对边疆地区的政治和文化的主导地位。其结果是不可避免地将"边疆"的人群划入商周礼制文化系统中，把这些群体看作是中央王权扩张和对地方施加影响的"殖民"力量（例如陈光 1995；北京市文物研究所 1997；上海博物馆 2002）。在这个理论框架下，许多对甲骨文及文献记载的方国或集团的研究重点在确定其领土范围和对中央政权的依赖程度上（例如曹淑琴 1988；卜工 1989；吕智荣 1989；杨育彬 2006：189-196；邹衡 2001：233-270）。这些研究接受了曾经流行的中心—边缘模式的理论，而假定边缘的文化冲突主要是由中心权力操纵驱动而成。他们认为边疆的当地文化是中原先进和复杂的礼仪制度的被动接受者，边疆地区发现的物质文化与中原地区的物质文化的相似性，则反映了当地接受中原文化的程度。

本章在身份认同、地方能动性、边疆研究的理论框架下提出，土著社会群体在用物质文化表达自我文化身份认同的过程中扮演了积极的角色。我们同时还将讨论北方边疆活跃的内部机制中各地的地理、文化及人口环境等因素是如何影响土著群体的文化认同。丧葬仪式是土著群体自我定义的一个重要体现。因而，本章会重点讨论亚洲内陆边疆中心区和东北区随葬和窖藏青铜制品的风格特征、可能的来源及用途。本章用相关的文献记载、金文、甲骨文来重建当时的历史背景，以利于我们更深入地理解物质文化的能动性，和它们在表达文化认同中所扮演的角色。本章旨在揭示这一地区权力关系随着时间的变化而呈现出的多样化和复杂化，以及不同人群在不断协商的过程中，而建立起各自独特的身份认同。

一、亚洲内陆边疆东北区

亚洲内陆边疆东北区的地形主要由两座山脉界定：位于西边的东北—西南走向的太行山和位于北边的东西走向的燕山（地图3.1）。这两座山脉将东北区划分为四处环境独特的区域，由南向北分别是京津唐冲积平原、燕山山地、辽西地区（辽宁西部）及与其毗邻的内蒙古高原东南部。

平坦的冲积平原由北边的燕山及南边的黄河界定，称为京津唐地区。今属北京市、天津市以及河北省唐山市三地管辖。公元前602年之前，黄河向北流经太行山以东，然后转向东北至石家庄，到达天津注入渤海（吴忱，何乃华1991：132-148）。在公元前2千纪末到公元前8世纪的商周时期，京津唐地区和中原地区的交通主要沿着太行山东侧地带进行。再往东，由于黄河和其支流的冲积，在今天的华北平原上形成了大量沼泽地带（邹逸麟1987）。

燕山山地占地面积大，西有潮白河，东至山海关。燕山山脉是京津唐地区和以北地区交流的天然屏障，但横跨燕山的河谷地带则是两地交流的通道。燕山山脉的东北部是辽西地区，主要包括大凌河和小凌河流域以及周边山区。狭长而又相对平坦的渤海湾是辽西和京津唐地区联系的重要通道。位于燕山以北和辽西地区西北的是西拉木伦河和老哈河流域的今内蒙古东南地带。

亚洲内陆边疆东北区地理上的分区与地域文化上的差异相对应。这一点在东北区考古发掘出土的物质文化上有相当清楚的呈现。公元前2千纪晚期至公元前1千纪早期，这四个地区的物质遗存呈现了多样化的文化格局。东北区的经济发展仍以农业为主，而畜牧业则呈现上升趋势，甚至在一些适合放牧的地区，畜牧业还发挥着主导作用。过去，夏家店下层文化是该区域唯一确认的考古学文化（见第二章）。当时学者们虽然注意到夏家店下层文化区域内不同地域的物质遗存有明显的差异，但直到20世纪80年代初韩嘉谷，基于当时的考古资料，提出京津唐地区青铜时代的文化应为一个独立的考古学文化，即大坨头文化。韩先生进一步指出京津唐地区文化发展的三个阶段：大坨头、围坊上层（后来称为围坊三期文化）和张家园上层（后来称为张家园上层文化或张家园文化）。它们代表了公元前2千纪晚期至1千纪早期该地区青铜时代考古学文化连续发展的三个阶段（韩嘉谷1984：220-229）。

公元前2千纪末至公元前1千纪中叶，燕山山地发现的物质遗存主要包括燕山以南的几处青铜器窖藏和墓葬。正如过去中国学者们所讨论的那样，这些遗存中主要包含青铜兵器和工具，是北方边疆特有的器物组合，呈现出与京津唐地区张家园上层文化不同的文化传统（乌恩1985）。自公元前10世纪中叶以来，燕山以北，滦河中上游、潮河上游及其支流突然出现了大量的聚落。这些聚落遗址中出土的陶片与老哈河流域夏家店上层文化的陶片有着很强的风格上的联系。该地区墓葬中出土的青铜短剑、青铜刀及一些饰品，也与老哈河流域的夏家店上层文化墓葬中出土的同类器极为相似。这种物质文化上的相似性很可能是老哈河地区夏家店上层人口迁入的结果（洪猛，王聪2014）。

约公元前13世纪至公元前10世纪中叶或稍晚，辽西地区分布的是考古学上定义为魏营子文化的遗存（董新林2000）。而到了公元前10世纪中叶左右，这一地区的青铜文化，则以曲刃青铜短剑为特征。学者们认为曲刃青铜短剑文化是夏家店上层文化的一个类型或是一支独立的考古学文化。其命名繁多，诸如朝阳十二台营子类型、凌河类型、和尚沟类型等（靳枫毅1982；郭大顺1987：79-98；辽宁省文物考古研究所，喀左县博物馆1989；林沄1980；朱永刚1987：99-128；翟德芳1988）。该文化的早期阶段与内蒙古东南努鲁儿虎山西北的夏家店上层文化共存。位于内蒙古东南的夏家店上层文化（约公元前1000-公元前600年）则以銎柄式直刃青铜短剑和齿柄刀为代表（井中伟2012）。这些器类的使用最早应在西拉木伦河流域，之后出现在南部的老哈河流域。

本章讨论的东北区也与中原商周王朝有着不同程度的交流。这些交流被记录在殷商卜辞和西周金文中，例如在甲骨文中多有记载的匽（燕）国和竹国，一直是学者们的研究对象（彭邦炯1991：380-404；杨升南1997：97-103；杜金鹏1997：

211−217）。从甲骨文记载可知，公元前 2 千纪末，匽国与商王朝关系密切。匽国女子嫁于殷商王室，她们会参与占卜祭祀的准备工作，甚至有时还直接参与祭祀活动。匽国还将牛和豕进献给商王室，并代表王室向有关方面征集白马（杨升南1997：97−103）。

殷商卜辞中记载的竹国应是辽西喀左地区出土青铜器铭文上的孤竹国（李学勤1983a）。孤竹国与商王朝的姻亲关系在殷墟卜辞中有记载，可追溯到公元前 2 千纪的最后两个世纪。孤竹国女子嫁于商王室的有"妇竹"、"竹妾"、"母竹"等。商王武丁就迎娶了一位来自竹国的女子。竹国还送占卜人员给商王室，并参了商征伐召方的军事活动。孤竹还将石磬、卜甲和刍奴等礼物进献给商王朝（彭邦炯1991：380−404）。

以上甲骨文丰富翔实的记载是研究边疆人群弥足珍贵的资料。然而东北区已发现的考古学文化由于缺少文字资料，仍难以确认哪些是匽国或孤竹国的遗存。在商王朝统治的最后两百年间，东北区与商王朝的关系大体是合作和友好的。在这种背景下，我们在本章讨论安阳殷墟风格的青铜礼器在东北区当地贵族的身份认同中所扮演的角色。东北区与商王朝的往来是当地获取青铜礼器的重要渠道。但当地贵族可能赋予这些青铜器新的功能和意义。同时当地和商王朝的交流也促进了本地贵族阶层的崛起。这些贵族通过随葬外来的殷商青铜器或当地模仿的商风格青铜器来表明他们的身份和社会地位。

公元前 11 世纪晚期，周的政治势力通过分封在今房山琉璃河地区的燕国到达了京津唐地区。这是中原王朝首次在这一区域建立控制的证据。新建立的燕政权至少包含周王室召公一脉和曾经在殷商时期活跃的殷遗民。由燕国贵族和殷遗民铸造的青铜礼器也在辽宁喀左地区的几处青铜器窖藏中发现（喀左县文化馆，朝阳地区博物馆，辽宁省博物馆1974；1977），这说明燕国的政治和军事势力或曾经一度扩张到辽河流域，在当地青铜文化的地域内建立军事或殖民据点（李学勤1975；朱凤瀚2009：1428−1431；Sun 2003）。周王朝试图通过燕国的建立来统治东北边疆，并积极参与到该地区的地理文化和政治环境中。

面对外来的政治和文化势力，当地人群则在与燕的不断角逐中努力地界定和争取自己的身份认同。

从广义的地理范围上说，东北区是中原与欧亚大草原东部的一个缓冲地带、接触地带和交叉路口。来自南北的民族和文化在这一地区碰撞融合。东北区对中原的认识体现在当地对典型的商周风格青铜礼器的使用上；而与此同时，当地使用的金属饰品和兵器则与出土于欧亚大陆东部更北和更西地区的同类器物的风格高度相似。东北区青铜制品风格的多样性将是本章讨论的一部分。由于欧亚大陆东部和古代中国北方东区互动的方式尚不明确，本章将集中讨论这些青铜制品如何被用来构建当地的文化身份认同。这些讨论也会揭示边疆东北区内不同区域的身份构建的多样性和复杂性。

1. 京津唐冲积平原

大约公元前 2 千纪的最后 300 年里，京津唐地区主要分布着两个考古学文化：围坊三期和张家园上层文化（或称张家园文化）。学界对这两种考古学文化的关系长期以来争论不休。但自 20 世纪 90 年代末以来，学界的主流观点认为围坊三期文化早于张家园上层文化（韩嘉谷 1984：220-229；韩嘉谷，纪烈敏 1993；李伯谦 1994：143-157；北京市文物研究所 1999：175-194；刘绪，赵福生 2001：146-152；蒋刚 2008b：173-197）。这一观点被北京市西南房山镇江营与塔照遗址以及天津蓟县张家园遗址出土的材料所证实。在这几处遗址中，张家园上层文化的遗存均叠加于围坊三期文化遗存之上（北京市文物研究所 1999：175-194；天津市历史博物馆考古部 1993）。而到目前为止，其他已发现的遗址中多只包含围坊三期或张家园上层一种考古学遗存。这暗示在京津唐地区的不同区域内，文化格局变化的步伐和轨迹有很大的不同。

这两种考古学文化的居民都过着以农业为主的定居生活。镇江营和张家园遗址中张家园文化的居址都是小型的圆形半地穴式房屋（北京市文物研究所 1999：135-404；韩嘉谷，纪烈敏 1993）。镇江营的居民制作石制或骨制的镰、铲、锄、杵、镞、刀等各式各样的农具，用于耕种、收割和食品加工。根据孢粉分析和动物骨骼分析可知，该遗址的其他经济活动还包括以养牛为主的畜牧业，和以捕鹿为主的狩猎（北京市文物研究所 1999：135-404）。

这两种文化的制陶业继承了大坨头文化的制陶传统，但同时也吸收了"外来"的南部中原及燕山以北的文化因素。源自内蒙古中部朱开沟文化的高领花边鬲，在这一时期开始在本地区广泛使用（田广金 1988；Linduff 1995）。比如，镇江营—塔照遗址出现的高领花边鬲，虽然这类鬲的形制和制作都反映了当地陶器传统的延续，但高领、花边、粗糙的粗绳纹等特征则表明了对朱开沟文化因素的吸收。陶器类型学研究进一步说明，高领花边鬲在本地区最初由永定河流域的居民开始使用，并随着时间的推移逐渐向东推进（蒋刚 2008b：173-197）。

这一时期本地居民对于外来的商周风格陶器的使用相当有限。当地遗址中很少见到商风格的陶器（李伯谦 1994：143-157；北京市文物研究所 1999：175-194）。当地对周风格陶器的使用相对增加，但它们只占陶器组合的一小部分。在镇江营遗址中，具有典型商风格特征的陶片不早于公元前 12 世纪中叶（安阳殷墟文化第三期），具有周风格特征的陶鬲和陶簋到公元前 10 世纪中叶才日渐流行（北京市文物研究所 1999：282-285；蒋刚 2008b：183-189）。该遗址这些典型的周风格陶器应是通过与位于其东 35 千米的琉璃河燕国交流而传入的（北京市文物研究所 1999：402-404）。虽然如此，围坊三期文化的陶器传统在西周时期继续在当地占主导地位（蒋刚 2008b：183-189）。事实上，有的遗址并没有吸收安阳或周中心的陶器风格，如永定河流域以东卢龙县的蔡家坟遗址，其陶器风格和组合几乎完全延续了围坊三期和张家园上层的文化传统（佘俊英 2015）。

京津唐地区目前发现的遗址规模不大。根据居址规模和内部结构推断，这一地区并没有显著的社会或政治等级（陈平 2006：232-234）。本地区发现的其他考古遗存有陶器、灰坑、居址、墓葬等。一些地点还出土了小型金属饰品，以金属耳饰为主（北京市文物研究所 1999：262；佘俊英 2015：18-19，27）。然而，墓葬中随葬品数量和种类不同，表明墓葬中存在着等级差异。有些墓葬未出土任何随葬器物，有些只有陶器，有些则包括各种金属制品。迄今至少有 16 座墓葬中发现了金属制品，包括青铜礼器、金饰品、青铜饰品，偶尔还有青铜兵器（表 3.1）。这些墓葬集中在潮白河上游和滦河流域。这些材料是我们分析当地贵族的身份认同的主要证据。

表 3.1　京津唐地区出土青铜器的墓葬

滦河河谷出土青铜器的墓葬							
墓葬	年代	方向	青铜容器	装饰品	青铜武器和工具	陶器	殉牲
陈山头村	商末周初	不明	鼎 1，簋 1		管銎斧 1，弓形器 1		
马哨村	晚商	不明	鼎 1，簋 1				
小山东庄	西周?	不明	鼎 3，簋 1（明器）	金耳环 1，金臂钏 2，喇叭状金耳环 1，绿松石 35	有銎戈 2，斧 4，铜扣 124		
东阚各庄		不明	鼎 1，簋 2	金臂钏 1	弓形器 1		
后迁义村 M3	晚商	不明		金耳环 1		陶鬲 1，敛口钵 2	羊肩胛骨
后迁义村 M8	晚商	不明		金耳环 1		敛口钵 1	
后迁义村 M6	晚商（殷墟二期）	不明	鼎 3，簋 1	金耳环 2，金箔数片	管銎斧 1，弓形器 1	陶鬲 1，敛口钵 2	牛头 7
后迁义村 M7	晚商（殷墟二期）	不明		金耳环 2，金项圈 1，绿松石项链 1		陶鬲 1，敛口钵 4	
后迁义村 M2	商末周初	不明	鼎 2	金耳环 2，玉玦 1		陶鬲 1，敛口钵 2	牛头 1，羊头 3
后迁义村 M5	商末周初	不明	鼎 1，簋 1	铜镜 1，金耳环 2，绿松石项链 1		陶鬲 1，敛口钵 2	牛头 2，羊头 2

潮白河河谷出土青铜器的墓葬							
墓葬	年代	方向	青铜容器	装饰品	青铜武器和工具	陶 器	殉牲
张家园M1	商末周初	东		金耳环2，绿松石珠2			
张家园M2	商末周初	东	鼎1	绿松石珠2	纺轮1		
张家园M3	商末周初	东	鼎1，簋1	金耳环2，绿松石珠11	石镞1		
张家园M4	商末周初	东	鼎1，簋1	金耳环2，绿松石珠1			
刘家坟M1	西周中期	东	鼎1，簋1				
刘家坟M2	西周中期	东	鼎1，簋1				

（1）刘家河墓葬：商风格青铜礼器的早期使用

刘家河墓葬的年代可追溯到公元前1400年至公元前1300年间，是目前该地区发现的最早随葬青铜容器的墓葬（北京市文物管理处1977）。墓主人应是当地的一位方国国君。但具体是蓟国、燕国、肃慎或是史料未载的古国，学界目前还未有定论（参见中国社会科学院考古研究所1984：240；曹淑琴1988；卜工1989；邹衡2001：233-270；杨育彬2006：189-196）。墓葬中出土了各种各样的青铜和黄金制品，标志着墓主人的社会地位和财富。随葬品的风格既体现了本地的传统，又吸收了中原商文化的青铜风格，表明了当地贵族与中原的联系或对中原殷商贵族文化的了解。这种当地与中心文化的混合使用成为当地贵族文化的显著特征，并在这一地区得以延续。

刘家河墓葬为南北向，长方形竖穴土坑墓，青铜礼器出于椁室外的南二层台上。该墓的北部已被破坏，但尽管如此，墓中还出土了40余件器物，包括青铜器、金器、玉器等，为我们探讨当地土著群体的贵族如何在墓葬礼仪中展现个人身份提

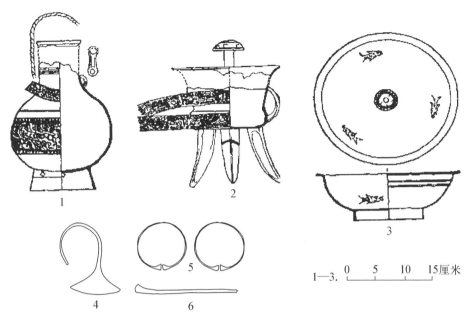

图 3.1　刘家河墓葬出土青铜器和金饰品

（1-3. 北京市文物管理处 1977：5，图 6.1-6.3　4-6. 北京市文物管理处 1977：6，图
13、17、18；青铜器大小：4.实宽 2.2 厘米　5.直径 12.5 厘米　6.长 27.7 厘米）

供了重要证据。该墓出土青铜器共计 16 件，包括食器 7 件（鼎 5 件、鬲 1 件、甗
1 件）、酒器 7 件（爵 1 件、斝 1 件、卣 1 件、罍 1 件、瓿 1 件、盉 2 件）、水器 2
件（盘 2 件）（图 3.1，1-3）。这批青铜礼器的组合中包含了食器、酒器、水器等，
形制、纹饰与中原的郑州和安阳地区商贵族墓葬中出土的同类器非常类似。

　　这些青铜礼器可能来源多样。有些可能由中原传入，有些如出土的一对云
雷纹方鼎可能是当地仿照中原器物而铸造（参见张展 1990：334-337；杨建华
2002；陈平 2006：214-217）。首都博物馆对这批青铜器的 X 射线分析显示，刘
家河墓葬的青铜器多使用了垫片（首都博物馆 2013）。未来沿着这条线索进行深
入研究，我们可能会发现更多关于刘家河青铜礼器来源的信息。刘家河墓葬中青
铜礼器的使用反映了当地对中原商王朝青铜文化的深刻理解。值得注意的是该墓
葬并没有采用中原商王朝的一些流行葬俗，比如在殷墟墓葬中流行的腰坑、人

殉、狗殉等。

除青铜礼器外，墓主还使用了引人注目的绿松石饰品和金饰品，包括金笄1件、两端呈扇形的金臂钏1对、喇叭形金耳环1件（图3.1，4-6）。京津唐地区居民对首饰的偏爱由来已久。大坨头文化早期青铜时代墓葬（公元前16世纪至公元前1300年）中发现了喇叭形金耳环及铜耳环。房山刘李店、唐山小官庄、昌平雪山和张营、房山镇江营、蓟县张家园等遗址也都发现了金属耳环（安志敏1954；琉璃河考古工作队1976；北京市文物研究所1999：262；北京市文物研究所，北京市昌平区文化委员会2007：97；天津市文物管理处1977）。这些遗址时间上均早于刘家河墓葬。在这个地区之外，公元前2千纪前半叶，亚洲内陆边疆发现的早期青铜时代遗址，如新疆哈密、青海齐家文化尕马台、甘肃四坝文化的几处遗址（如见第四章；乌恩2008：21-26），也出土了喇叭形铜耳环或金耳环。西伯利亚南部阿尔泰地区的安德罗诺沃文化遗址出土了同类型的耳饰，时代大致可追溯到公元前2千纪中叶（第二章）。这种类型的耳饰在这一广阔地区的分布，暗示京津唐地区和其以西的地区间可能有交流和联系。但这种交流的具体机制以及这些出土器物的关系目前还难以确定（Linduff 1997：20；乌恩2008：21-26）。

首饰的使用，尤其是刘家河墓葬出土的喇叭形耳环，反映了公元前2千纪中叶当地传统的延续。事实上，刘家河墓葬出土的各类首饰，绿松石珠、金耳环、金臂钏等为该地区贵族个人身份的物质界定提供了蓝本。当地贵族从公元前1300年至公元前10世纪一直使用这些饰品。金属饰品的长期流行，如喇叭形耳环和两端为扇形的臂钏，标志着当地礼俗的延续（Linduff 1997: 27）。

（2）潮白河上游和滦河流域的墓葬

在之后的公元前1300年至公元前10世纪间，青铜和黄金制品主要出土于西部潮白河上游的蓟县和东部滦河流域发现的墓葬中（地图3.2）。在出土青铜器的16座墓葬中，潮白河流域发现6座，张家园4座，邦均2座（两遗址间仅距19千米）；其余分布在滦河流域的 5 处地点，分别是马哨村 1 座、迁安市小山东庄 1 座、卢龙县东阚各庄 1 座、滦县陈山头村 1 座、滦县后迁义遗址 6 座（表 3.1）。

判定这些墓葬的年代是一项非常困难的工作。传统的相对年代断代法主要基于陶器类型学，然而这些墓葬出土陶器甚少。张家园墓葬中未出土陶器，滦河流域的几处墓葬虽然出土陶器，但这些陶器的时代性很不明显，无法用于断代。因而青铜礼器的风格特点成为判定墓葬年代的主要依据。虽然器物年代不一定等同于墓葬年代，但墓葬出土的铜礼器是目前判定这些墓葬年代最好的证据。

我们通过分析青铜礼器的风格可知这些墓葬的年代大概处于公元前 1300 年至公元前 10 世纪之间。后迁义遗址 6 座墓葬中的 M8 和 M6 应处于公元前 13 世纪中叶至公元前 12 世纪初，相当于中原殷墟文化二期；其余四座墓葬 M2、M3、M5、M7 处于公元前 2 千纪末，即商末周初（张文瑞 2003：2-3）；张家园和小山东庄发现的墓葬可能处于公元前 11 世纪中叶至公元前 10 世纪中叶，即西周早期（陈雍 1999：28-39；梁宝玲 2001；朱凤瀚 2009：1426-1627）；小山东庄墓葬处于西周早期的前段（朱凤瀚 2009：1437-1439）。张家园 M4 出土铜簋的（87M4：2）时代可早到商末，铜鼎（87M4：1）的时代为公元前 11 世纪中叶至公元前 10 世纪中叶；M3 铜鼎（87M3：1）的时代是公元前 11 世纪初至中叶，铜簋（87M3：2）西周初期常见的盆簋的形制，M3 的时代已到周初（朱凤瀚 2009：1426）。可见这两座墓葬的时代已到西周早期。邦均刘家坟的两座墓葬稍晚一些，根据器物风格和碳十四测年数据可知墓葬大约处于公元前 10 世纪中叶（中国社会科学院考古研究所 1988）。最近的一项研究指出，除邦均的两座墓葬外，其余墓葬都可定于公元前 11 世纪中叶周灭商前，青铜鼎簋的使用是灭商前周人势力向这一地区扩张的结果（蒋刚 2008b：187-189；蒋刚，赵明星，李媛 2012），我们认为这一观点目前还缺乏足够的证据支持。

潮白河和滦河流域发现的墓葬有一定的差异性。潮白河流域的贵族墓中通常不见或少见陶器和青铜兵器，但滦河流域的贵族墓中多出土当地风格的三足鬲与敛口钵，以及北方系青铜管銎斧和鹤嘴斧（表 3.1）。以动物头部随葬的葬俗在张家园

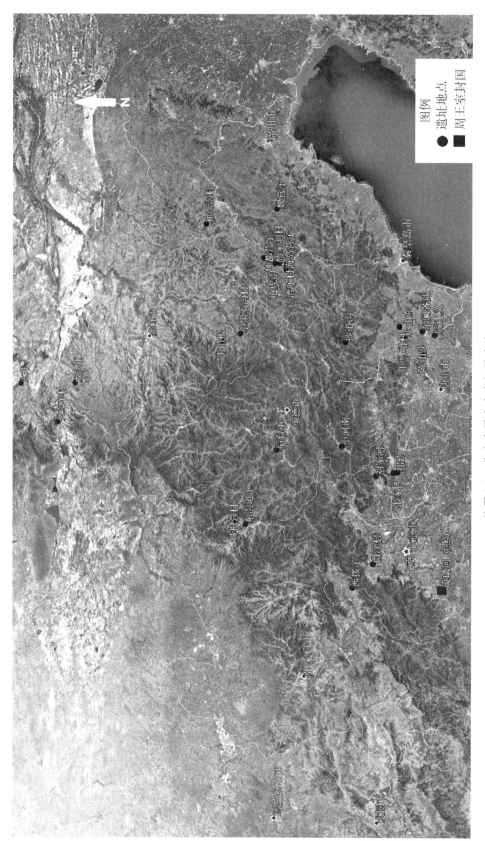

地图 3.2 北方东区出土青铜器遗址
（来自谷歌地图）

图例

遗址地点 ●

周王室封国 ■

文化的墓葬中很少见，只在滦县后迁义发现的七座墓葬发现有羊头骨和牛头骨，这可能与当地的经济活动有关。孢粉分析表明滦河流域是一处温带气候区，拥有草原和森林混合植被，适宜蓄养牛羊等动物（张春山，张业成，胡景江 1996：28-33）。墓葬中随葬牛羊头骨说明当地居民不仅饲养这些动物作为食物，还在墓葬中用它们来表现当地的身份认同。

以上的这些葬俗上的地区性差异并不妨碍我们看到整个京津塘地区埋葬习俗上的共性。这些墓葬的随葬品往往结合当地、商周王朝及北方边疆等多种文化传统的不同风格器物。它们也继承了本地的墓向朝东及使用金属饰品的丧葬传统。白早期的刘家河墓葬以后，这一地区墓葬中的随葬青铜容器明显趋向于鼎簋组合，这显示了一个地区性的贵族身份正在逐渐形成。

a. 本地传统在墓葬习俗中的延续

潮白河上游和滦河流域墓葬出土青铜器的共同特点是个人饰品的使用。通常是一对两端呈扇形的环状金耳环、金臂钏或是两者取其一，再搭配绿松石珠组成的饰品（图 3.2，6-8）。正如上述刘家河墓葬的分析所显示的那样，该地区的人群从青铜时代早期以来就偏爱使用个人饰品。刘家河墓葬首次发现金饰品，包括金笄 1 件、金臂钏 1 对、喇叭形金耳环 1 件。在此之后，即公元前 1300 年至公元前 11 世纪之间，当地墓葬中多随葬两端呈扇形的金耳环（表 3.1）。比如张家园遗址出土青铜器的四座墓葬中有三座就发现了形制极为相似的金耳环。张家园遗址地层中和小山东庄的一座墓葬则出土了青铜喇叭形耳环。与扇形金耳环搭配的是绿松石饰品有时还有金臂钏。这些个人饰品在京津唐地区贵族墓葬中的广泛使用，说明它们已成为当地贵族身份的物质标识。这些饰品同时也使当地贵族与当地平民和商周贵族得以区分。它们不仅是"个人"的装饰品，也是当地文化的连续性和京津唐地区贵族身份形成的重要物质象征。

京津唐地区墓葬的墓向进一步体现了当地文化的延续性。中原商周文化墓葬的墓向绝大多数为南北向（张明东 2005：94-103）。西周封国燕国在琉璃河

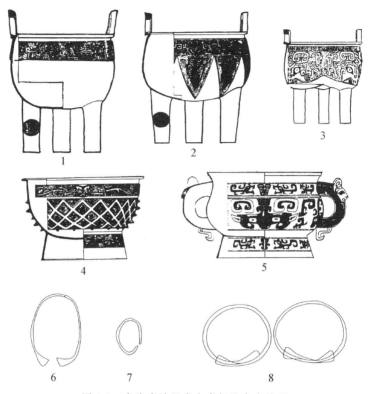

图 3.2 京津唐地区出土青铜器和金饰品

（1-5. 出自韩嘉谷，纪烈敏 1993：320-321，图 11.1、13.1、13.2、14.1、14.2，实高 22
厘米、26 厘米、18.4 厘米、26.5 厘米、20.8 厘米 6-7. 线图出自唐山市文物管理处，
迁安县文物管理所 1997：61，图 6，分别是左上左下，实际大小未报告 8. 出自韩嘉
谷，纪烈敏 1993：321，图 13.3，直径 4.7 厘米、5.2 厘米）

的墓葬也遵循了南北向这一传统。然而，迄今在京津唐地区发现的当地墓葬绝
大多数为东西向。张家园遗址发现的男女墓葬为俯身葬，镇江营未出土青铜器
的墓葬都是头向朝东。而滦河流域大多数墓葬的墓向未知。东阙各庄一座出土
青铜器的墓墓向不明，但其他五座同时期的未出土青铜器的墓墓向均朝东（河
北省文物研究所 1985）。大坨头文化早期出土青铜器的墓葬也以东向为主（张
家口考古队 1984）。这些墓葬表明公元前 11 世纪晚期燕国分封之前，该地区的
墓葬以东向为主。这一墓葬东向的传统显然在西周时期燕国建立以后得以继续。

b. 以鼎簋为主的青铜器组合

京津唐地区商末和西周时期的墓葬随葬既有当地风格的金属和绿松石饰品，也有以鼎簋为主的中原商周风格的青铜器。与刘家河墓葬出土青铜礼器的多样性不同，这些墓葬主要出土鼎和簋这两种青铜器。该地区七处地点发现的 12 座墓葬，共出土 27 件不同风格的青铜器，包括鼎 16 件，簋 11 件（表 3.1）。这个现象说明当地贵族在青铜礼器的选择上已经集中在鼎簋上，而摒弃了商晚期西周早期贵族墓中流行的其他各类食器和酒器（图 3.2，1–5）。墓葬中使用一对或数量不等的鼎簋组合的做法在该地区保持了至少两百年，说明它是当地贵族阶层的共同性选择，也是地区性文化认同形成的新标志。

选择青铜鼎簋的组合而摒弃商周王朝其他典型的丧葬习俗，是当地贵族根据自己的丧葬仪式和需求进行的有意选择，这与当地群体是中原先进礼乐文化的被动接受者的中原论模式不同。我们认为选用商周风格的青铜器是当地区分贵族与平民身份地位的重要标志。事实上，除了商周风格的青铜礼器，当地的贵族和平民墓葬在规模、葬具和其他随葬品上基本没有差异。

这些商周风格青铜器的来源可能多样，目前还没有关于这些青铜礼器金相组织或铸造工艺的科学检测报告，少数青铜礼器上的铭文或族徽说明它们来源于中原地区。比如，小山东庄出土的青铜礼器鼎（QXM1：4）盖上铸有铭文"作尊彝"，簋（QXM1：1）内底部铸有铭文"屰爵作宝尊彝"；张家园 M4 青铜簋（87M4：2）铸有"天"的族徽标志（唐山市文物管理处，迁安县文物管理所 1997；天津市历史博物馆考古部 1993）。根据青铜器的风格特征可推测一些器物有可能是本地铸造。例如，小山东庄的鼎（QXM1：7）承袭了中原青铜鼎圆柱形腿的特点，但鼎身铸有一些不见于中原商周青铜器上的装饰纹样（唐山市文物管理处，迁安县文物管理所 1997）。

目前我们还很难推断当地贵族是如何获得这些青铜容器的。一个原因是由于墓葬年代的不确定性。大部分墓葬年代处于商代晚期（接近安阳殷墟文化四期）至西周早期之间。但由于这一时段内青铜器特征的高度相似性，学者们还无法确定墓葬是属于商代晚期还是西周早期。如果这些墓葬时代跨越了商代晚期至西周早期，那么中原商周王朝政权的更替并没有打断该地区文化传统的延续。不管是中原的改朝换代，还是燕国政权在该地区的建立，当地贵族始终使用鼎簋这一组合（Sun 2006）。如果随葬青铜鼎簋的墓葬年代都晚到西周时期，那么很可能是西周的封国燕国促成了鼎簋组合在当地的广泛使用。但显而易见的是，当地人群对中心王朝的"典型"礼仪进行了调整和选择性的吸收，这应是该地区自我意识不断增长的标志。

2. 燕山山地：北方边疆身份认同的仪式化展示

京津唐冲积平原以北的燕山山地的文化面貌截然不同。亚洲内陆边疆各地青睐的土著风格的青铜兵器和工具是该地区文化面貌的主导。本地区发现的出土商和西周时期青铜器的遗址主要有青龙县抄道沟青铜器窖藏、兴隆县小河南青铜器窖藏、昌平白浮村 3 座墓葬、延庆西拨子青铜器窖藏（地图 3.2）。这些遗址均位于燕山南侧的山地，其时代主要是通过与其他地区同类的武器和工具风格的比较，或同出的中原风格的商周青铜容器来判定。河北怀安县狮子口村和围场县贺家营村各出土兽首刀 1 件（刘建忠 1988；彭立平 1993），年代应为公元前 1200 至公元前 1000 年。这一时期该地域的居址遗存少有发现，表明公元前 2 千纪的最后几百年该地区人口稀少。

（1）抄道沟和小河南青铜器窖藏

北方系青铜兵器和工具出土于抄道沟和小河南的青铜窖藏，包括直刃式青铜短剑、兽首弯刀、蘑菇铃首弯刀、銎内钺（图 3.3，1-6）。这些青铜器是迄今燕山山地发现的最早的具有北方系特征的青铜器。其中短剑和刀的铸造工艺精湛，有明显的使用迹象。柄端的设计采用了环、铃、蘑菇等形状或鹿首、羊首等兽首形象。兽首眼中镶嵌绿松石，柄上铸有斜的或平行的条纹等北方传统的装饰纹样。

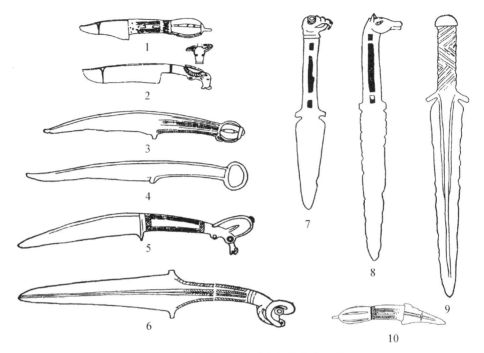

图 3.3　燕山地区北方系青铜兵器和工具

（1-2. 小河南村出土铜刀，出自王峰 1990：58，图 2，1&2　3-6. 抄道沟出土铜刀及短剑，出自河北省文化局文物工作队 1962：图版伍，1、3、5、6　7-10. 白浮出土短剑，出自北京市文物管理处 1976：253，图 9）

小河南窖藏出土 1 件有铭器盖，说明当地人群在燕国建立之前可能与商王朝有过直接或间接的接触。器盖刻有商人的祖先名号"祖乙"二字。同出的还有 1 件三角形青铜戈（许多学者称这类戈为戣）。此类戈在公元前 1100 年至公元前 1000 年（商朝晚期至西周早期）在陕西城固和宝鸡弜国墓地中广泛使用（卢连成，胡智生 1988：431-446；唐金裕，王寿芝，郭长江 1980）。小河南窖藏出土的铜戣表明，公元前 2 千纪末至公元前 1 千纪初，河北北部的人群与太行山以西文化的人群可能有联系。

这两处青铜窖藏所出土的北方系武器和工具，在欧亚大陆的东部也有发现。类型学分析表明，这些青铜器有着不同的来源，而且可能是以不同的方式传入亚洲内陆边疆（杨建华 2002）。早期的兽首短剑发现于燕山、晋陕高原、蒙古和西伯利亚贝加尔湖等地的墓葬。蘑菇首短剑可能是通过欧亚东部，或西伯利亚南部传入该地区的。兽首刀可能是借鉴这类短剑而衍生来的。而铃首刀应起源于亚洲内陆边疆。根据杨建华的研究，蘑菇首刀应起源于米努辛斯克盆地。

总之，燕山山地发现的青铜兵器和工具与太行山以西的晋陕高原、外贝加尔的布里亚特和米努辛斯克盆地的卡拉苏克遗址发现的兵器和工具风格相近（公元前 1500 至公元前 800 年）（Linduff 1997: 29-32；乌恩 2008：57-77）。但目前的发现不足以说明这些兵器在不同地区间是如何传播的。最近的一项研究提出，中原商周王朝与蒙古中北部的青铜时代文化之间的贸易往来把这些器物类型介绍到了中国北方边疆地区，并促进了晋陕高原和北方东区不同群体的崛起（Cao 2014: 260-296, 319-336; Shelach 2009: 114-145）。如果是这样的话，我们还需进一步研究蒙古中北部社会对中原商周文化的需求是什么，反之亦然。比如，究竟是中原精湛的铸造工艺技术还是铸造出的青铜器激发了亚洲内陆边疆各地区文化的变化？

抄道沟和小河南的青铜器窖藏出土的器物表明，公元前 2 千纪的最后两百年，在燕山山地活跃的人群以北方系青铜兵器和工具来界定它们的文化属性。这一点与京津唐地区的人群明显不同。正如前文所述，京津唐地区的居民使用青铜、金和绿松石等制成的首饰。鉴于发现有限，目前还不清楚燕山山地使用这些兵器的群体之间在经济、社会或政治上的关系。

（2）昌平白浮墓

昌平白浮的墓葬是丧葬仪式中大量使用北方系青铜兵器和工具的少有的一个例子。白浮村位于燕山的延伸山脉龙山脚下，其地理位置优越，南连京津唐地区，北接燕山山地。发现的三座墓（M1, M2, M3）结构相似，均为长方形竖穴土坑木椁墓。M2 和 M3 的椁室与墓坑壁间填有一层白膏泥，作为密封剂使用。死者均头北足南。M1 墓主经鉴定为老年男性，无随葬品。M2 墓主为中年女性，M3 墓主为中年男性，均随葬青铜兵器和容器。墓葬年代大约为公元前 10 世纪中叶（北京市文物管理处 1976）。

白浮墓的一个突出特点是对中原商周墓葬习俗和北方系青铜兵器、工具的结合使用。M2 和 M3 出土的北方系青铜兵器和工具，在表现墓主的军事权力上发挥了重要的作用。两墓共出土七件青铜短剑（M2 两件，M3 五件），长度在 25 至 45 厘米之间，剑首有蘑菇首、铃首、马首、鹰首（图 3.3，7-10），与抄道沟和小河南出土的年代略早的兵器风格相似。例如，M3 短剑剑柄与小河南出土的铜刀的刀柄几乎一模一样（图 3.3，1、10）。两者都是蘑菇形柄首，柄与刃部末端出两翼，柄上有几何形纹样。这种装饰纹样常见于欧亚大陆东部出土的铜器上（Linduff 1997: 29; Sun 2006）。

这些青铜短剑都放置于墓主人头部的右上方（图 3.4），这种摆放方式还见于山西吉县太行山以西发现的时代相当的一座墓葬中（吉县文物工作站 1985）。青铜短剑是近距离作战的主要兵器；而铜刀功能丰富，可用来切、刮、刺、削等。综合起来，这两类铜器应为成套设计，是北方边疆生活的基本工具（Csorba 1996）。它们在墓葬中的使用以及与墓主亲密的摆放位置暗示了这两类铜器在墓主生前和死后都具有不可缺少的作用。此外，白浮墓 M2 的女性墓主左手边放置一把曲刃鹰首刀（M2：40），右手边放置一件石器。这件石器最初被判断为一把石锤，实际上应为权杖头，是欧亚大陆地区常见的一类武器（M2：28）。其他典型的北方系青铜兵器，如有銎戈（M2：20）、管銎斧（M3：17），与短剑放在一起，或与其他兵器、车马器、青铜器放在墓室的不同部位。

M2 和 M3 墓主的穿着打扮进一步说明了其军事贵族的身份。M2 女性墓主佩戴了一件铜头盔，腿部到脚部散落有 125 件铜泡（图 3.4；图 3.5，2）。根据铜泡的大小、位置和摆放，我们推测它们应是腿甲和皮靴上的装饰；M3 男性墓主周围也散落着 145 件铜泡，另有一件铜盔置于椁室的右上角。铜泡和铜盔很可能因墓顶的塌落而移动，并不在原来的摆放位置。有学者认为两位墓主生前应是军事首领（北京市文物管理处 1976）。值得注意的是，M2 墓主为女性，但她的军事化着装以及

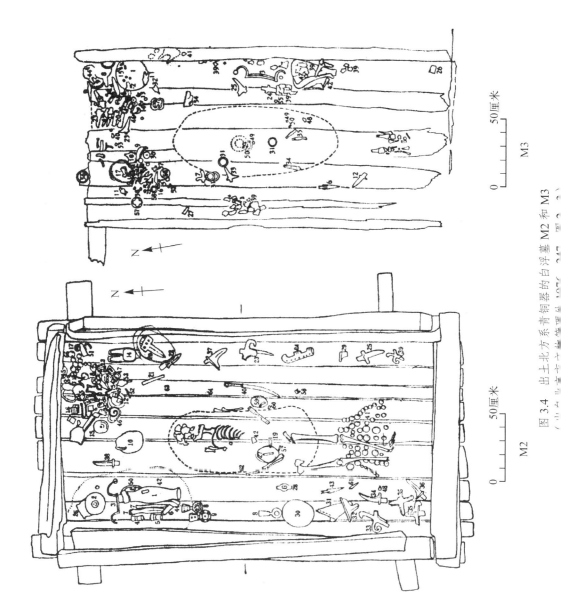

M2　50厘米

M3　50厘米

图 3.4　出土北方系青铜器的白浮墓 M2 和 M3

随葬各式青铜兵器，与周文化圈内女性贵族的墓葬习俗截然不同。在周文化圈内，贵族女性墓多随葬青铜礼器和玉器，但极少见青铜兵器，如山西南部临汾盆地发现的晋侯夫人墓中所见（Yong 2004：161-202）。这一现象说明北方边疆文化和中原周王朝中，女性在社会中的角色有较大的差异。

M2 和 M3 也吸收了中原商周王朝的一些葬俗。M2 有腰坑和殉狗，而且出土数十片残碎卜甲，其中两片有文字；M3 出土数百件卜甲和牛羊肩胛骨，其上的文字颇具商代晚期安阳甲骨文特征。白浮出土的青铜戈（M2：36）和戟（M2：35）有明显的周文化特征，刻有氏族标识。M3 出土鼎簋各 2 件，均有西周早期风格特征；M2 出土 3 件青铜器：鼎、簋、壶各 1 件，均显示西周中期早段风格特点（北京市文物管理处 1976；朱凤瀚 2009：1410-1411），除 M3 的 1 件簋之外，其余青铜器均为素面。M2 和 M3 共出土约 200 件铜车马器。它们的风格和在墓葬中的使用与中原周王朝及其封国墓葬中的车马器相似。

过去有关白浮墓的研究主要集中在其墓主的族属上。然而这些墓葬葬俗和随葬品文化上的多元性使得这一问题难以解决。有学者强调白浮墓和西周燕国贵族墓的相似性，认为墓主是有姬周文化背景的燕国贵族，被派往燕山山地开展军事防御（李维明 2000；韩建业 2011：36-38）。也有学者认为白浮墓属于北方草原或张家园文化，这意味着墓主来自北方或京津唐地区（韩金秋 2008；董新林 2000）。

综上所述，白浮墓是北方边疆地区一个有趣而又复杂的文化认同的案例。这个遗址是我们了解和研究河北北部包括燕国、殷商遗民、张家园文化、太行山以西青铜文化等不同群体间互动的一个窗口。白浮位于通往居庸关以及太行山以西的交通要道上。南距燕都琉璃河仅 80 千米。它的战略地位使其成为燕国以及京津唐和燕山山地的各群体之间的必争之地。

如果墓主为姬周背景的燕国贵族，那么白浮墓的多元丧葬文化就成为来自燕国的"殖民者"被"当地化"的一个例子。白浮墓葬中可看到周王朝贵族墓的丧葬习俗，但墓主身穿铠甲，随葬北方系青铜兵器。尤其是 M2 的女性墓主的武士形象，显然与周文化的传统墓葬制度格格不入。作为由燕国派往白浮镇守的将领，竟如此大胆地"违反"周文化的丧葬礼制。这一点是非比寻常的。

另一方面，如果墓主为当地居民，那么白浮墓所反映的就是对中原商周丧葬仪式有选择性的吸收。中原墓葬尤其是中原商周墓葬中常见的腰坑、青铜器、卜甲、车马饰等在白浮墓葬中均可看到。而随葬的北方系青铜兵器和墓主的穿着打扮则体现了当地葬俗。这种对商周贵族文化的效仿可能是燕国在这一地区文化和政治扩张的结果，也是当地群体与燕国政权间互动日益加强的体现。外来的商周文化可能会提高墓主的社会及政治地位，而北方系青铜兵器的使用则体现了墓主的文化认同。

虽然白浮墓本身随葬器物丰富，但不足以让我们确定墓主的族属和社会身份。尽管如此，白浮墓的发现再一次说明了身份构建的灵活性及边疆关系的多变性。器物可以被改变和随意组合来反映不同的身份认同。白浮墓随葬器物所体现的多元文化和身份认同记录了在各种势力多变的燕山山地，白浮人群试图在多个群体活跃竞争的情况下力争固守的愿望。

（3）西拨子窖藏

白浮墓是公元前 11 世纪末至公元前 10 世纪中叶代表周王朝势力的燕国政权与边疆人群竞争和角逐的一个缩影。该地区之后的物质文化则体现出不同人群在边疆地带以器物来界定其文化身份。距白浮村西北约 46 千米的延庆西拨子发现了一处青铜器窖藏，在古河滩的沙窝地里。53 件器物都放在一件青铜釜内。有些器物饰有中原周系青铜器上流行的重环纹，也有几件器为夏家店上层文化（约公元前 1000 年至公元前 600 年）典型器物的风格。通过与其他地区同类器物的比较，我们可知西拨子窖藏青铜器的大体年代为公元前 10 世纪中叶至公元前 8 世纪（靳枫毅，王继红 2001；乌恩 2007：259-60）。

西拨子窖藏的青铜釜是亚洲内陆边疆这一类铜釜的早期代表之一，器体呈椭圆形，两个环状立耳，顶端有小乳突。类似的釜在这一地区还见于公元前 8 世纪初至公元前5世纪初的玉皇庙文化，表明这一类器在该地区被延续使用。西拨子还出土了11件形制独特的三足器（图3.6，1），其制作粗糙，铸缝可见。器物都为素面，风格和形制完全相同，而大小递减。这些三足器，浅腹，空足，与中原周文化中鼎的特征不同，也不像是模仿当地陶器的形制。它们或是当地人群对中原周文化中的"列鼎"的创造性模仿。与三足器同出的还有六块铜渣，为这组三足器有可能为当地铸造提供了佐证。

西拨子窖藏出土的两端为扇形的铜耳环可追溯至京津唐地区的大坨头及其后的张家园文化（图3.6）。出土的1件铜匙、7件环首刀、7件斧、1件猎钩、8件铜泡等器物与内蒙古东南部的夏家店上层文化的南山根遗址出土铜器的类型和风格相似（图3.6）（杨建华2002）。西拨子青铜器窖藏也预示了燕山山地的玉皇庙文化的兴起。以军都山墓地为代表的玉皇庙文化青铜器铸造工艺精湛，以青铜兵器为主。

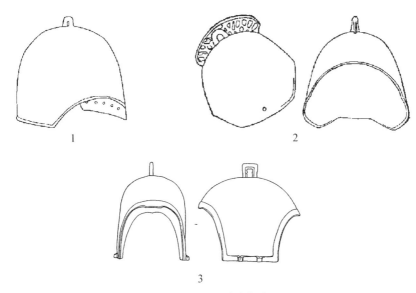

图3.5　北方系青铜盔
（1. 出土于山西柳林，高19.5厘米，出自杨绍舜1981a：图版肆，5　2. 发现于白浮墓M2，高23厘米，出自北京市文物管理处1976：253，图2:3　3. 发现于小黑石沟M9601，出自内蒙古自治区文物考古研究所，宁城县辽中京博物馆2009：378，图306.1；得到曹建恩授权）

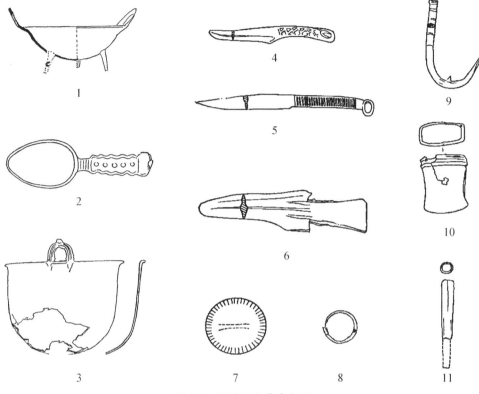

图 3.6　西拨子窖藏青铜器
（出自北京市文物管理处 1979：228-229，图 2、4）

主要兵器有直刃式青铜短剑、首部和柄部饰有动物纹样的环首刀以及铜或金质的动物牌饰（北京市文物研究所 2007）。这一考古学文化所代表的人群是燕国的竞争对手。公元前 5 世纪之后，随着这些群体的兴起，燕山以南地区在战火笼罩的状态下，迎来了文化和政治格局的新篇章。

（4）燕山以北

从公元前 10 世纪中叶开始，在燕山以北，滦河中上游和潮河上游及其支流等地区，聚落急剧增加（地图 3.2）。这些遗址大多分布在滦平、丰宁、承德及平泉县。滦平后台子、丰宁城根营等遗址出土的陶器与老哈河流域的夏家店上层文化出土的陶器风格上有密切关系。已发现的墓葬主要分布在平泉东南沟、丰宁东沟道下、丰宁皮匠沟、平泉柳树沟、平泉西南沟、围场东家营子、丰宁牛圈子梁（河北省博物馆、文物管理处 1977；河北省文物研究所 1998：127‑132；郑绍宗 1993；丰宁满族自治县文物管理处 1999；王为群 2008）。这些墓葬群通常毗邻夏家店上层文化的聚落遗址，年代约为公元前 900 年至公元前 600 年。

这些墓葬特点明显。有些墓葬墓室由石板堆砌而成，又称石板墓。同一墓地常常既有土坑墓也有石板墓。随葬青铜器包括兵器、工具和饰品，大部分与夏家店上层文化墓葬出土器物相似，如銎柄式短剑、齿状刀等（洪猛，王聪 2014）。燕山以北的青铜器、陶器以及丧葬传统和老哈河流域的青铜文化有强烈的相似性，说明夏家店上层文化的人群可能由北向南移入到燕山北部山地了（洪猛，王聪 2014）。丰宁东沟道下的石棺墓出土两件石范，一件用来铸造铜斧，而另一件则是一范多用，用来铸造铜刀、铜锛、铜锥及连珠状饰品（丰宁满族自治县文物管理处 1999）。石范的发现，证明了该地区对青铜铸造技术的尝试（见第二章）。

3. 大、小凌河流域：魏营子文化及文化政治格局的转变

燕山山地的东北为传统意义上的辽西地区，即辽宁以西。这里地形以丘陵为主，有大、小凌河两大河流。其北部有零星发现的北方系青铜器，主要有在朝阳一处的偶然发现、建平烧锅营子受损严重的 M1 以及建平二十家子和朝阳波罗赤等地的发现（郭大顺 1993；建平县文化馆，朝阳地区博物馆 1983；许玉林 1993）。辽西走廊的南部发现三处青铜器窖藏，分别位于兴城杨河、绥中冯家和东王岗台（锦州市博物馆 1978；王云刚，王国荣，李龙飞 1996；成璟瑭，孙建军，孟玲 2016）。这些遗存所归属的考古学文化尚未确定。与其他地区出土形制风格相似的器物对比可知，这些地点出土的青铜器的年代大约处于公元前 2 千纪最后二百年或略晚（杨建华 2002）。青铜器包括管銎斧、啄戈、兽首刀、蘑菇首刀、铃首刀、环首刀或三凸钮环首刀、铃首及兽首匕、铃首短剑等。从风格上看，这些

青铜器与燕山南坡山地的青铜器非常相似（见本章前面燕山山地），但是两地人群之间的关系尚不清楚。

（1）魏营子文化墓葬出土青铜器

公元前 2 千纪后半叶，大凌河流域发现的物质遗存大部分都归于魏营子文化（郭大顺 1987；董新林 2000）。魏营子文化的年代是基于对十几处遗址的小规模发掘而建立起来的。特别是喀左南沟门和义县向阳岭的文化层，为推断魏营子文化为介于夏家店下层和上层间的考古学文化提供了重要的地层依据。可以推断，魏营子文化的年代介于两者之间（董新林 2000），大体为公元前 2 千纪末至公元前 1 千纪初。在有些地区可能延续到公元前 13 世纪中叶至公元前 8 世纪初（安阳殷墟文化二期至西周晚期）（郭大顺 1987；董新林 2000）。考古资料显示魏营子文化的人们过着定居生活，但其农业水平却比夏家店下层文化有所衰退（林沄 2003）。典型陶器有高领罐及三足鬲。陶鬲鼓腹、高实足根、口沿或领部饰附加堆纹（董新林 2000）。目前对魏营子文化既没有大规模的考古发掘，也没有较系统的区域调查。由于资料有限，对该文化仍难以展开深入研究（赵宾福 2006），其社会政治的复杂化程度尚不清楚。

魏营子文化墓葬已发掘 15 座，其中喀左和尚沟四座、喀左道虎沟一座、朝阳魏营子九座、喀左高家洞一座（郭大顺 1987；辽宁省博物馆文物工作队 1977；辽宁省文物考古研究所 1998；辽宁省文物考古研究所，喀左县博物馆 1989）。魏营子遗址的九座墓葬中有七座未出土器物，和尚沟四座墓葬中有三座只出土陶器，其余五座墓葬出土各类金属制品，因而是我们讨论的重点（表 3.2）。总体而言，这五座墓葬出土当地传统器物和商周中心地区风格的青铜器。已公布的资料显示，这些墓葬与京津唐地区的铜器墓相似，均为东西向，常见首饰为两端是扇形的金臂钏，和同样风格的金或铜耳环及绿松石珠（图 3.7）。墓葬中常见当地风格的陶器，以饰绳纹的红褐陶钵最为典型。魏营子 M7101 及和尚沟 M1 均出土绿松石珠和金臂钏。魏营子九座墓葬的形制与白浮墓相似，均为长方形竖穴土坑木椁墓，椁室与墓坑壁间有一层作为密封剂使用的白膏泥。据此有些学者认为辽西地区魏营子文化与燕山以南的青铜文化有着密切的关系（董新林2000）。

表 3.2　魏营子文化出土青铜器的墓葬

墓　葬	年代	方向	青铜容器	青铜武器和工具	装饰品	陶器	其他
喀左高家洞 M1	殷墟二期	东	瓿1			陶钵1，陶碗1	
喀左和尚沟 A 点 M1	商末周初	东	卣1 壶1		金臂钏2，绿松石珠多枚	陶钵2	
喀左道虎沟（墓葬已毁）	晚商	东			铜镜1，铜耳环5	陶钵1	玉玦1
朝阳魏营子 M7101		东	铜容器残片		绿松石珠11，金臂钏1		
朝阳魏营子 M7606	西周早期	不明		铜盔1，兽面当卢2			

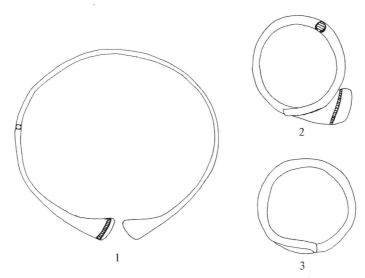

图 3.7　魏营子文化出土金臂钏和铜耳环
（出自郭大顺1987：图5.3、7.2、7.3）

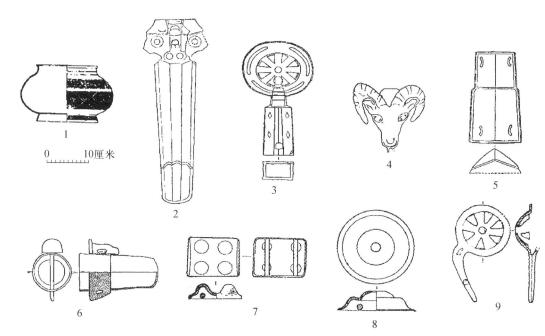

图 3.8　魏营子文化青铜容器和车马器

（1. 出自辽宁省文物考古研究所 1998：41，图 6:3　2-9. 出自辽宁省博物馆文物工作队
1977：307-308，图 3-5）

　　魏营子文化墓葬出土的中原商周风格的青铜器数量很少。器物类型与京津唐
地区墓葬出土的明显不同。高家洞 M1 出土铜瓿 1 件，属于商代晚期（图 3.8：1）；
和尚沟 M1 出土铜卣和铜壶各 1 件（郭大顺 1987：79-98；辽宁省文物考古研究所
1998）。日本学者广川守认为和尚沟铜卣属于商末周初，并推断在西周早期由熟悉
中原青铜铸造工艺的外来工匠所铸（广川守 1996）。铜壶表面铸有铭文"丙"，应
为丙族之器。丙族铜器还出现在太行山以西山西省晋中市灵石县旌介村商末周初的
墓葬中，这表明和尚沟的铜壶很有可能是由外地传入的器物。这件铜壶里盛放约
一百个贝壳，说明这件来自中原的铜礼器在此地区的功用可能与中原不同。魏营子
M7101 和 M7606 已被破坏，随葬青铜器的全貌不得而知。M7101 残存的青铜器主
要是车马器；M7606 出土铜盔 1 件、当卢 2 件（图 3.8：2-9），与白浮墓出土的同
类铜器相似。这两座墓葬与白浮墓大体处于同一时期，大约在公元前 11 世纪中叶

至公元前 10 世纪中叶。

辽西地区在魏营子文化之前未发现青铜车马器。魏营子文化墓葬中车马器的使用可能是对姬周贵族墓大量使用车马器的丧葬仪式的效仿。然而，辽西地区的墓葬中少有青铜礼器。这一现象表明中原商周礼器的来源有限，或是当地对外来商周青铜文化采取了有限的、选择性的接受。魏营子文化墓葬出土青铜器组合缺乏统一性，既不符合商王朝觚、爵、斝的青铜酒器组合，也不符合周王朝以鼎、簋为主的青铜食器组合。由此可推，当地贵族可能更多地使用外来器物来提升自己的威望或社会地位，而不是全面地接受商周墓葬制度及其贵族礼制文化。

（2）喀左青铜器窖藏

大凌河流域与魏营子文化遗址和墓葬同时期的遗存还有喀左发现的青铜器窖藏（地图 3.2）。喀左发现的六处青铜器窖藏分布在五个地点：小城子乡洞上村咕噜沟一处、海岛营子村马厂沟一处、北洞村二处、山湾子村一处、坤都营子乡小波汰沟一处（喀左县文化馆，朝阳地区博物馆，辽宁省博物馆 1974；1977）。这些地点相距较近：北洞村位于洞上村以南约 20 千米、山湾子村以北约 7 千米处；山湾子村位于海岛营子村以东约 4 千米处。小城子乡窖藏仅出土铜鼎 1 件，其余几处各出土 6 至 28 件铜礼器。这些窖藏共出土青铜器 69 件，包括鼎、簋、罍、甗、盂、尊、卣、罍、盘、瓿、壶、钵等 12 种。这些青铜器的风格显示它们的铸造年代约为公元前 11 世纪末至 10 世纪中叶（朱凤瀚 2009：1428-1431）。青铜器铭文显示一部分青铜器的铸器者为燕国贵族，如匽侯（燕侯）、圉、伯矩、冀亚夨等。这些贵族的青铜礼器还出土于房山琉璃河燕国墓地（Sun 2003）。

喀左与琉璃河燕国墓地出土同一个人或家族的青铜器的现象使得一些学者们认为喀左地区西周早期已受燕国势力控制（李学勤 1975；朱凤瀚 2009：1428-1431）。而另一些学者则根据魏营子文化遗址与喀左青铜器窖藏位于同一地域的情况推定，这些窖藏属于魏营子文化（郭大顺 1987；董新林 2000；熊增珑 2008）。这两种观点谁是谁非，目前还难以定论。在窖藏附近没有周文化的遗址或陶器，不能给燕国势力扩张到辽西喀左地区的观点提供更多的证据。而关于窖藏是魏营子文化的观点，还需要进一步解释为何在窖藏中有大量的商周风格的青铜礼器，而同时期的魏营子文化的墓葬中却不见。事实上喀左窖藏与魏营子文化遗址非常近，例如，马厂沟窖藏位于喀左后坟遗址以南仅 2 千米处；在山湾子窖藏 1 千米的范围内，有三处魏营子文化遗址（郭大顺 1987）。如果魏营子文化将商周青铜礼器视为当地贵族的身份标志，那么就很难理解为什么大部分青铜礼器不用于丧葬礼仪中，因为墓葬是当地贵族展示拥有外来器物的重要机会。

（3）文化面貌的转变

我们认为对该地区魏营子文化之后的文化面貌的分析是更好地认识喀左青铜器窖藏的关键。物质遗存表明公元前 10 世纪中叶这一地区的文化开始发生显著的转变。董新林将建平县水泉遗址的中层文化遗存分为两类：甲类以魏营子文化的陶器为主；乙类以 18 座墓葬为主。从已发表的水泉 M8 可知，墓中出土了銎柄式直刃青铜短剑、齿柄刀、连珠铜饰、双翼铜饰等一组青铜器。这些青铜器与魏营子文化无关，但却是内蒙古东南部夏家店上层文化的典型器物（约公元前 1000 至公元前600 年）（董新林 2000）。

和尚沟墓地出土的物质遗存反映了随着时代的变化物质文化也发生了明显的转变。在遗址东西约 1 千米的范围内发掘了 A、B、C、D 四个地点，清理了22 座墓葬。A 点墓葬出土当地陶器和商周风格的青铜器。根据此地发现的商周风格的青铜器，可知 A 点遗存约处于公元前 1 千纪初。墓主戴着一对两端为扇形的金臂钏，这种金属质地的臂钏常见于夏家店下层文化和同时期张家园文化的墓葬中。

B、C、D 三个地点的墓葬也出土了相似的器物，它们的时代约处于公元前 10 世纪中叶至公元前 8 世纪初。有几座墓出土一类风格独特的青铜兵器——

短茎式曲刃青铜短剑。最初有学者认为这样的短剑属于夏家店上层文化的凌河类型（郭大顺 1987）。其他的研究则认为短茎式曲刃青铜短剑与夏家店上层文化銎柄式直刃青铜短剑的形制截然不同，应代表一种独立的考古学文化，但它们仍沿用凌河类型的命名（王成生 1981：74-79；赵宾福 2006：32-69）。南沟门遗址也有类似的物质文化转变，魏营子文化的文化层被出土曲刃式青铜短剑和带钩的石棺墓叠压，其中最早的石棺墓为公元前 8 世纪中叶左右（郭大顺 1987：79-98）。

综上所述，这些证据清楚地表明，从公元前 10 世纪中叶开始，大凌河流域活跃的人群使用短茎式曲刃青铜短剑重新界定了他们的文化身份。与此同时，我们可以看到燕山山地南麓也出现了新生力量，这一力量以白浮墓青铜短剑文化为代表。这些新生力量的崛起，促使了亚洲内陆边疆东北区政治地理格局的变化。喀左青铜器窖藏是我们了解燕国与当地人群之间相互角逐的证据。如果像一些学者所说，喀左出土的这些青铜器属燕国贵族所有，它们反映了燕国的势力已延伸至大凌河流域（诚如《左传》所载"肃慎、燕亳，吾北土也"），那么这些铜礼器在窖藏中的掩埋，则标志着燕国和周王朝势力对辽西地区控制的终结。大凌河流域和燕山山地的青铜短剑文化的崛起可能是迫使燕国从这一地区撤离的直接原因，也可能最终迫使燕国在公元前 9 世纪中叶从琉璃河撤离而迁都他处。

4. 内蒙古东南部：夏家店上层文化（约公元前 1000 年至公元前 600 年）

大凌河流域青铜短剑文化的兴起并不是东北区一个孤立的文化现象。大凌河流域北部内蒙古东南部地区在公元前 1000 左右出现了夏家店上层文化。现有的物质遗存表明夏家店上层文化最初分布于西拉木伦河流域，然后向南扩展至老哈河流域，兴盛于公元前 9 世纪至公元前 8 世纪（井中伟 2012），或可以早到公元前 1000 年左右（赤峰中美联合考古研究项目 2003, 2011；Linduff et al. 2002-2004）。夏家店上层文化为该地区带来了许多新的变化，包括制陶工艺、新的经济模式、青铜器的生产和随葬习俗。

夏家店上层文化虽与夏家店下层文化使用的陶器器类相同，包括鬲、甗、鼎及豆等，但是其陶器大都是手工制作，且火候低。陶罐均为素面，颜色不均，最常见的装饰是口沿上附加泥条。夏家店下层文化流行的彩陶已非常少见。

夏家店上层文化有些地区继续农业生产，但逐渐向为以羊、马为主的畜牧经济转变（如赤峰地区），有些地区可能主要以狩猎、畜牧业为主（吉林大学边疆考古研究中心，内蒙古考古研究所 2003；Linduff et al. 2002–2004；Shelach 2009：54–62）。这种混合经济模式一直持续至公元前 600 年夏家店上层文化末期。夏家店上层文化遗址规模小，缺少大规模防御系统和见于夏家店下层文化的公共建筑。尽管如此，在有些地区发现了聚落群。例如，赤峰西部就有几处大型聚落遗址群，表明有些区域存在着多等级的复杂聚落组织（Linduff et al. 2002–2004；Shelach 2009: 37）。

夏家店上层文化的青铜铸造和金属制品在墓葬中的使用有显著的增长。林西县大井古铜矿在西拉木伦河以南 20 千米，该遗址的发现证明了当地存在青铜产业（辽宁省博物馆文物工作队 1983：39–48）。碳十四测年测定遗址距今 2900 至 2700 年。考古发掘发现了采矿、工房、12 座炼炉、石制工具（主要是各种类型的砸和钻）、炉渣、陶模（青铜合金的残渣）、陶器（三足鬲、盆）等遗存。炉渣的科学检测说明冶炼温度高于 1 000℃。夏家店上层文化其他遗址也发现了采矿、冶炼、铸造等遗存（李延祥，祝延平 2003），这表明夏家店上层文化的青铜生产规模较大而且分布广泛。

夏家店上层文化的墓葬为了解青铜器的使用提供了主要依据。出土铜器的墓葬主要发现在西拉木伦河和老哈河流域，包括克什克腾旗的龙头山和关东车、宁城县南山根和小黑石沟等遗址（地图 3.2）（内蒙古自治区文物考古研究所，克什克腾旗博物馆 1991；吉林大学边疆考古研究中心，内蒙古考古研究所 2003；辽宁省昭乌达盟文物工作站，中国科学院考古研究所东北工作队 1973；项春松，李义 1995；内蒙古自治区文物考古研究所，宁城县辽中京博物馆 2009）。这些墓葬大致呈东—西向或东南—西北向，墓主头朝东。墓葬形制有石椁木棺墓、石棺墓、长方形或圆形竖穴土坑墓。在随葬品丰富的墓葬中，夏家店下层文化常见的陶器已被各式的青铜器取代。

墓葬中出土各式各样的铜容器、兵器、工具、车马具、首饰等。随葬青铜器的多样性和丰富性与墓葬形制密切相关。小黑石沟墓地的大型石椁墓，如M8501 和 M9601，随葬品中青铜器最为丰富；石棺墓主要出土青铜兵器和工具、车马器和饰品；土坑墓无随葬品或仅有少量的青铜工具、装饰品及其他器物（内蒙古自治区文物考古研究所，宁城县辽中京博物馆 2009：458–60）。墓葬形制的不同和随葬品的丰富程度的不同都证明了夏家店上层文化人群内部社会经济地位的等级化（Linduff 1997）。同样的情况也见于南山根遗址，如M101，为一座石椁墓，其随葬品在整个墓地中最为丰富，出土了周文化和当地风格的青铜器。在各类墓葬中，这种墓室四周、顶部及底部以石板搭建的石椁墓需要的劳动力资源最多。

（1）共同文化身份认同的兴起：龙头山类型

夏家店上层文化早期阶段为龙头山类型，主要分布在西拉木伦河流域，已发现墓葬三座。根据聚落和墓葬遗存可知这一类型大约处于公元前 1000 年至公元前 9 世纪中叶。克什克腾旗关东车遗址编号为 02KGDM1 的墓葬时代最早，可追溯至公元前 1000 年左右；其次为克什克腾旗龙头山遗址的 M1，约处于公元前 1000 年至公元前 10 世纪中叶（即西周早中期之间）；接下来为翁牛特旗大泡子墓葬，处于公元前 10 世纪中叶（即西周中期）（贾鸿恩 1984；内蒙古自治区文物考古研究所，克什克腾旗博物馆 1991；吉林大学边疆考古研究中心，内蒙古考古研究所 2003；井中伟 2012）。这些墓葬出土的青铜兵器（尤其是短剑和刀）是夏家店上层文化的典型器物。这类青铜兵器在不同遗址的使用表明了在该地区活跃的人群开始建立共同的文化身份认同。

墓葬 02KGDM1 为小型土坑墓，随葬铜刀 1 件、铜斧 1 件、铜扣 1 件、弹簧式铜耳环 1 对、铜坠饰 1 件、陶壶 1 件。根据遗址出土的九件青铜器（墓葬 6 件，采集品 3 件）金相组织检测分析可知，这批铜器为铸造和热锻而成，而矿石应来自铜锡砷银共生的大井铜矿（李延祥，杨菊，朱永刚 2013）。墓葬中还发现三个动物头骨，一狗二羊。据遗址地表采集的兽骨可知对羊的驯养是当地经济的重要组成部分（吉林大学边疆考古研究中心，内蒙古考古研究所 2003）。东北区除这座墓葬外，只在燕山以南滦河流域张家园文化的后迁义遗址的墓葬中发现随葬兽骨，其中有四座公元前 2 千纪末至公元前 1000 年的墓葬中发现有牛羊头骨。后迁义遗址和关东车遗址均使用兽骨的葬俗可能与两地经济均依赖家畜，特别是羊的饲养有关。

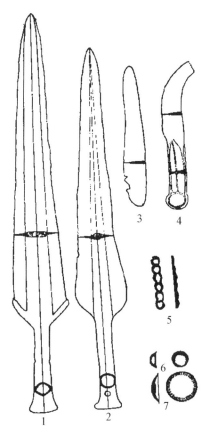

图 3.9 龙头山遗址出土青铜器（出自内蒙古自治区文物考古研究所，克什克腾旗博物馆 1991：709，图 11、12）

龙头山遗址 M1 位于祭祀坑和居住区之间的墓地中，为石椁木棺墓（内蒙古自治区文物考古研究所，克什克腾旗博物馆 1991）。墓内出土了夏家店上层文化早期风格的青铜器，如銎柄式短剑（IIM1：15）、銎口出凸边的管銎斧（IIM1：6）、木柄齿状刀以及双联或三联的联珠扣饰（图 3.9），其中一件联珠扣饰背面有残留的麻线说明这些扣饰可能是附缝缀在衣服上的。

大泡子墓葬出土的青铜制品有銎柄式短剑 2 件、刀 2 件、六珠形饰品 18 件、泡 16 件，陶器有鬲、豆、罐、壶等 8 件（图 3.10）。这些陶器与嫩江流域以北及以东地区青铜时代文化的出土器物相似。随葬的铜短剑和刀与龙头山出土的同类器相似，说明这些青铜已成为西拉木伦河流域各个群体在文化上共同的物质象征。

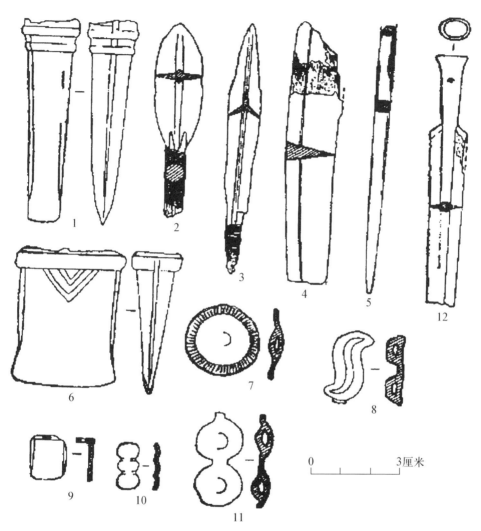

图 3.10　大泡子墓葬出土青铜器
（出自贾鸿恩 1984：52，图 2）

（2）区域性文化身份认同的形成：南山根类型

公元前 9 世纪中叶至公元前 8 世纪，夏家店上层文化流行于老哈河流域。属于这一时期的重大考古发现主要有两处：宁城县的南山根遗址和小黑石沟遗址（包括房址和墓地）。南山根遗址位于坤都河上游的南岸山下，包含夏家店下层和上层文化的遗存。该遗址发现的墓葬资料并未完全报道。迄今发表的材料包括 1958 年的考古调查（李逸友 1959）、1961 年发掘的 M101（辽宁省昭乌达盟文物工作站，中国科学院考古研究所东北工作队 1973）和 1963 年发掘的 M102（中国社会科学院考古研究所东北工作队 1981）的部分材料。小黑石沟距南山根遗址东南 30 千米，位于老哈河上游支流上，分别于 1985 年、1992—1993 年、1996 年、1998 年进行了考古发掘，发现房址 10 座、灰沟 7 条、灰坑 240 处、墓葬 72 座（项春松，李义 1995；内蒙古自治区文物考古研究所，宁城县辽中京博物馆 2009）。这两处遗址发现的物质文化遗存统称为南山根类型。

小黑石沟和南山根发现的墓葬继承了西拉木伦河流域龙头山类型的一些丧葬传统。石椁墓是龙头山类型最常见的墓葬建筑形制。小黑石沟夏家店上层文化 72 座墓葬中有 61 座（85%）采用了这种建筑形制（内蒙古自治区文物考古研究所，宁城县辽中京博物馆 2009：458-487）。早期墓葬中使用的青铜兵器和工具，如銎柄式直刃青铜短剑、齿刃刀、銎口出凸边的管銎斧等，都见于小黑石沟和南山根的墓葬中。同样地，弹簧式耳环、连珠的青铜饰品继续得到这两处人群的喜爱。这些物质遗存的相似性反映了西拉木伦河流域和老哈河流域之间文化上的连续性与相关性，但更重要的是体现了这两个流域在物质文化上日渐形成的共性。

除了以上所述的青铜兵器、工具和饰品外，南山根和小黑石沟的墓葬还出土了其他青铜器。这些青铜器的风格来源多样，包括不同风格和类型的兵器、周文化和当地类型的青铜容器、车马器和工具等。两处墓地均发现了这些青铜器，表明当地贵族使用同样的青铜器来界定共同的区域文化认同并予以传播。值得注意的是，大部分青铜兵器和几乎所有容器都集中出土于两个群体的几座大墓中，反映了个别贵族对财富和权力的高度集中。这种高度集中的财富和权力并未见于这一时期东北区的其他群体中。

a. 青铜兵器和马饰的丰富性和多样性

这两处墓地均发现了许多新型的青铜兵器和马饰。比如这里发现的铜盔，前后为对称的半圆形开口，顶上有方钮，钮上穿孔为佩系之用。这类铜盔衍生于早期的北方系青铜器，可追溯到公元前 2 千纪末至公元前 10 世纪中叶山西柳林墓和北京地区白浮出土的铜盔（图 3.5）（乌恩 2008：72）。

南山根和小黑石沟墓葬也将马饰作为随葬品。马衔形式多样，两端造型新颖，有圆形、三角形、半圆形呈蹲状或横卧状的猫科动物造型、三钮状条形和齿状凸钮帽形等。马衔数量多，风格多样，说明了两处人群对马匹的驾驭能力有深刻的了解。此外，南山根墓葬 M3 出土 1 件马蹄状铜环，环外侧铸有两个骑马人像，一匹马前铸有一只奔跑的兔子，是对狩猎场景的少有的描绘；M102 出土 1 件骨器上刻有狩猎和马车的场景（图 3.11）。这两个场景都表明早在公元前 9 世纪，骑马和狩猎已经为夏家店上层文化人们日常生活的一部分。

但在这些墓葬的随葬品中最不寻常的是数量丰富和风格多样的青铜兵器和工具，尤其是青铜短剑和刀。至少有 5 种不同风格的青铜短剑在墓葬中使用：銎柄式直刃短剑、T 形柄直刃短剑、兽首柄直刃短剑、曲刃短剑、銎柄式曲刃短剑（图 3.12）。銎柄式直刃短剑是夏家店上层文化的标志性器物。类型学研究表明，这类短剑的设计灵感来自北方系蘑菇首銎柄式直刃脊柱短剑（朱永刚 1992），这一类短剑的早期样式见于燕山以南的白浮墓中。不过，目前尚不清楚两地之间是如何交流传播的。

曲刃青铜短剑是努鲁儿虎山东南大、小凌河流域的标志性兵器。銎柄与曲刃的结合产生了夏家店上层文化独特的銎柄曲刃短剑。兽首或动物纹样的装饰是夏家店上层文化短剑的新颖设计。这些设计最早见于白浮墓中的青铜武器和工具上马匹或猛禽的造型，夏家店上层文化中此类短剑的大量出现表明了这种造型设计的持续性。小黑石沟和南山根出土的短剑的剑鞘使用了青铜几何纹镂空工艺。剑鞘主要有两种：一种是单体的，另一种是双连的。青铜刀有各式各样的刀柄和刀首造型。刀柄有齿柄、动物和几何纹样装饰；刀首有铃首和环首，展现了其多样化的特征。有些铜刀放在可挂在腰带上的青铜或皮制的鞘中，如小黑石沟 M8501 出土鞘饰所示（图 3.13）。

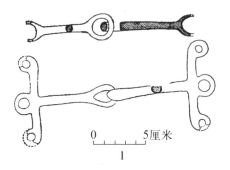

1

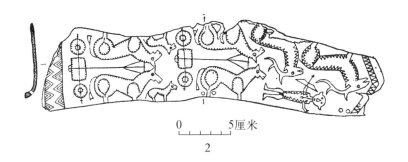

2

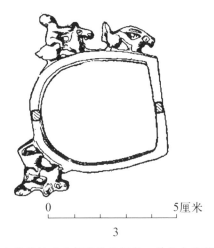

3

图 3.11　南山根遗址出土铜衔以及铜器、骨器上的狩猎场景
（1. 中国社会科学院考古研究所东北工作队 1981：306，图 4.6　2. 中国社会科学院考古研究所东北工作队 1981：307，图 6　3. 中国科学院考古研究所内蒙古工作队 1975：137，图 19.4）

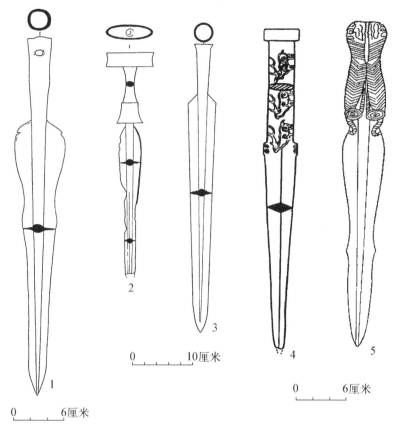

图 3.12　夏家店上层文化青铜剑

（1-4. 出自内蒙古自治区文物考古研究所，宁城县辽中京博物馆 2009：263，图 209：1；275，图 221：3-4；277，图 222：2　5. 出自乌恩 1978：327，图 3：13；得到曹建恩授权）

　　随葬品最丰富的墓葬中青铜短剑和铜刀样式也最为多样。例如，南山根 M101 出土了 7 件不同风格的青铜短剑，一件曲刃短剑（M101：37）为木制剑柄，其他几件短剑的柄与刃合铸一体。而剑柄纹样的多样性则说明了夏家店上层文化工匠铸造艺术灵感来源多样：M101：36 的剑柄上饰有一对对卧的双虎；M101：33 柄上铸有三条蛇纠结缠绕的图样；M101：35 的剑柄为镂空设计，饰中原常用的夔龙纹，剑首和剑格饰兽面纹，此剑可能是由中原地区传入的（图 3.14）。小黑石沟 M8501 出土的 5 件青铜短剑，可分为 3 个类型：3 件銎柄式

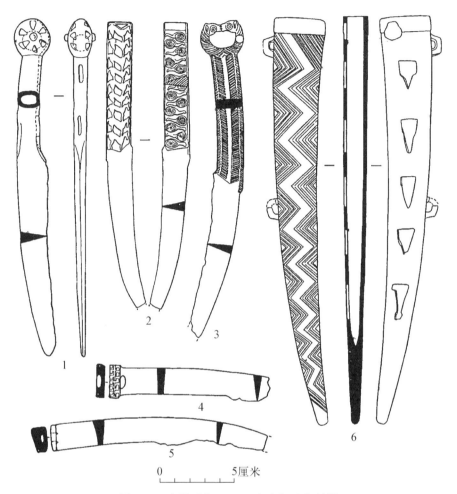

图 3.13　小黑石沟 M8501 出土铜刀和剑鞘
（出自内蒙古自治区文物考古研究所，宁城县辽中京博物馆 2009：281，图 225；得到曹建恩授权）

直刃短剑；1 件为 T 形柄曲刃短剑；另 1 件为剑柄饰有三头浮雕雄鹿的 T 形柄曲刃短剑。

　　M101 出土 9 件铜刀，根据刀柄可分为 5 式（图 3.15）。M101：53 的柄为镂空扭辫状，（发掘报告中 II 式铜刀）（图 3.15，5）。M8501 出土 17 件铜刀，10 件刀柄向内弯曲，刀刃也轻微向外弯曲，其中 1 件刀柄上部有一对镂空兽首（图 3.13，

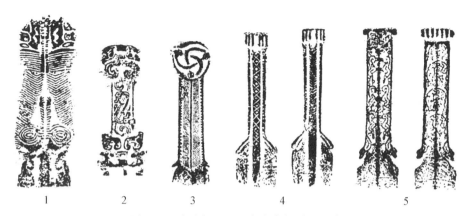

图 3.14　南山根 M101 出土青铜剑柄拓片

（出自辽宁省昭乌达盟文物工作站，中国科学院考古研究所东北工作队 1973：33，图 5）

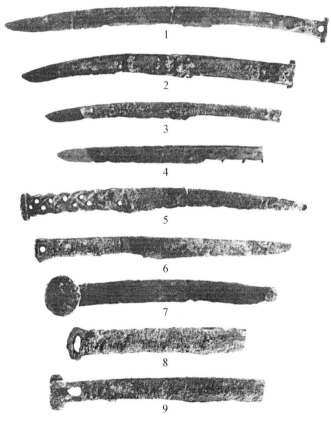

图 3.15　南山根 M101 出土铜刀

（出自辽宁省昭乌达盟文物工作站，中国科学院考古研究所东北工作队 1973：图版玖）

3）；一件直柄铜刀（M8501：96）的刀柄上一面为几何纹样的鸟纹，而另一面有10个仁立状的马匹纹样，这是蒙古和西伯利亚南部发现的早期"鹿石"或岩画的图像传统（Bunker et al. 1997: 154）（图3.13，2）。目前在蒙古、俄罗斯的图瓦和东北外贝加尔地区等地均发现有相似设计的动物纹样的铜刀，是公元前1千纪前半叶欧亚大陆东部共同享有的"技术格局"的表现。还值得注意的是M8501出土一把铃首铜刀（M8501：95），铃首早在公元前13世纪就见于亚洲内陆边疆出土的铜短剑和铜刀上（图3.13，1）。而这件铜刀上的铃首则呈圆形，与小河南窖藏出土的细长椭圆形的早期铃首铜刀形成鲜明对比。

在讨论"北方地区"（即本书中亚洲内陆边疆东北区）不同群体的文化认同时，吉迪·施拉赫指出夏家店上层文化最富有的墓葬中出土的青铜短剑和铜刀不可能是一个人在一个时间段内使用的物品，它们可能是墓主一生中某个时刻使用或拥有的物品（Shelach 2009: 85）。根据这一观点，我们可以说青铜短剑和铜刀为夏家店上层文化晚期墓葬随葬的主要兵器和工具，其多样性展示了贵族一生的富贵奢华。这些铜器是不是专门为该地区某个贵族铸造尚不可知，但它们的多样性确实强调了其主人独立选择兵器装饰纹样和种类的能动性。可见在夏家店上层文化中兵器种类和装饰纹样的整合和统一并不是必需的，至少在丧葬习俗上是这样的。多种风格的铜剑和其他武器在墓葬中的集中展示说明，无论墓主是如何获得这些武器的，它们都显示了墓主的尚武精神。

南山根和小黑石沟的物质遗存表明两处人群通过多样来源和风格的青铜器来呈现和界定墓主的身份。以南的周王朝、以西和以北的亚洲内陆边疆地区及大小凌河流域等地的青铜器种类和风格与当地器类，共同构成了当地多元的核心青铜文化。夏家店上层文化中形式多样的铜短剑、铜刀甚至马衔一方面凸显了人群的文化活力及其与外界之间的频繁互动；另一方面则呈现了以精心选择的多元物质文化来界定墓主身份的松散性和可变性。

b. 周风格青铜器的使用

周风格的青铜器只见于这两处墓地的三座随葬品丰富的墓葬中。南山根M101

出土这类青铜器 4 件，值得注意的有鼎 1 件（M101：6）和簋 1 件（M101：11）。鼎大口、浅腹、三蹄形足；簋与公元前 9 世纪中叶至公元前 8 世纪初常见的簋的形制和纹饰相似。小黑石沟 M9601 出土周风格青铜簋 2 件、盘 1 件，师道簋铸有铭文 94 字，记录了师道在康宫受到周王的赏赐，其时代可准确追溯到公元前 9 世纪初周懿王早期（李朝远 2007：243-250）。

然而，大多数周风格青铜器出土于小黑石沟 M8501，共计 15 件：鼎 1 件、簋 2 件（方座和圜座各一件）、罍 1 件、壶 1 件、盉 1 件、尊 1 件、匜 7 件、盨盖 1 件（图 3.16）。根据青铜器的风格特征可知这些青铜器处于西周的不同时段。从方座簋（M8501：2）的铭文可知其属于周封国许国一位名为季姜的贵族女性，时代应为公元前 9 世纪中叶至公元前 8 世纪初；另一件簋（M8501：3）敞口，肩下部饰一周鸟纹，时代应为公元前 10 世纪中叶至公元前 9 世纪。尊（M8501：7）腹内底铸有族徽且为"父丁"而作，时代应为公元前 11 世纪左右。不同时段的周系青铜器出土于同一座墓葬，表明这些青铜器可能是在不同场合，通过不同的渠道获得的。它们有可能是战利品、礼品和联姻时的赠品。

这三座墓葬中周风格青铜器的组合并没有遵循公元前 8 世纪初至公元前 7 世纪中原地区的以"鼎簋"随葬为主体的丧葬仪式传统。显然，它们与夏家店上层文化和中原周文化墓葬中的使用并不一致。小黑石沟和南山根墓葬随葬的青铜容器很有可能是根据入葬时所拥有的器物种类所决定。青铜容器被当地人群看作是稀有的外来贵重物品，因而只在极少数贵族墓葬中使用。

c. 当地青铜器生产

M101、M8501 及 M9601 还出土一些形制未见于中原周王朝的青铜容器。有些器型的设计可能来自当地的陶器或是其他没有保存下来的器物。鼎状釜、鬲、豆、束颈无底的鼓形器是从夏家店上层文化典型陶器演变而来的（图 3.17）。这些铜器的原型均可见于小黑石沟和南山根两处遗址的灰坑中。铜罐是当地形制最新颖的青铜器之一，铸成有盖或无盖的单体罐（M8501：23，M8501：24，M8501：25，M8501：21），或铸成两个（图 3.18：3，M8501：26）、四个（图 3.18：4，M8501：27）、

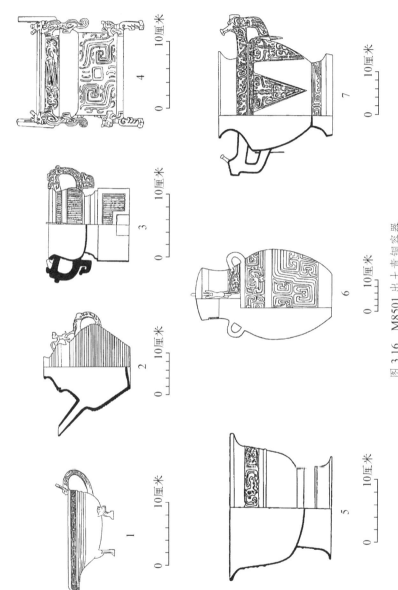

图 3.16 M8501 出土青铜容器

（出自内蒙古自治区文物考古研究所、宁城县辽中京博物馆 2009: 269，图 215.2; 268，图 214; 266，图 211.1; 265，图 210; 266，图 211.2; 267，图 213; 266，图 212; 得到曹建恩授权）

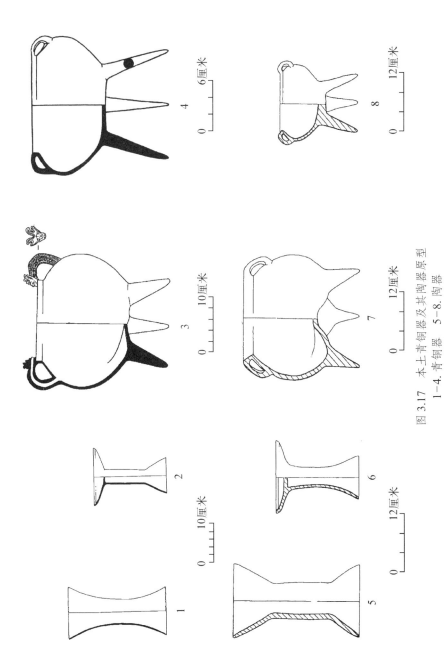

图 3.17 本土青铜器及其陶器原型
1–4. 青铜器 5–8. 陶器
（出自内蒙古自治区文物考古研究所，宁城县辽中京博物馆 2009: 272，图 218.1, 218.2; 271，图 217; 389，图 314.4; 94，图 69.3, 69.2, 69.7; 67，图 48.2; 得到曹建恩授权）

119

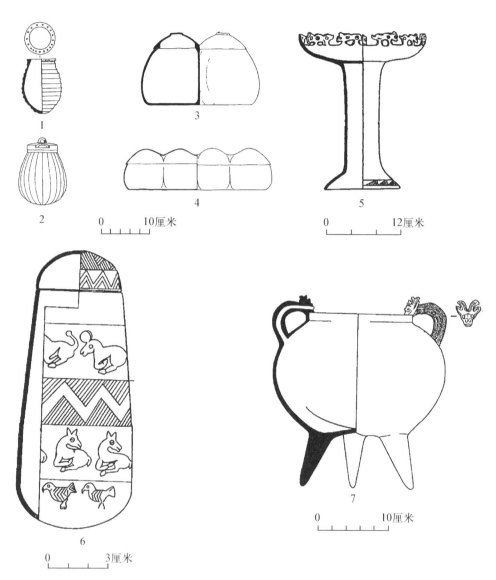

图 3.18　本土风格青铜罐

（出自内蒙古自治区文物考古研究所，宁城县辽中京博物馆 2009：272，图 218.5、218.6、218.7、218.8；274，图 220.5；372，图 302.3；271，图 217；得到曹建恩授权）

六个（M9601：14）连在一起的有盖联体罐。当地创新的器型值得一提的还有一件正中为一圆形平底罐，罐腹部一周连铸有六个形制大小相同的豆状器（M8501：20）。这种多组同一器型的连体设计在纹样设计上也有体现，是夏家店上层文化青铜器的标志性特征。青铜容器器表装饰为素面，几何纹样（如菱形凸棱［M101：12］和瓦棱纹［M8501：25］），或马、狗、鸟、鸭等动物纹饰（图3.18：5-6）。青铜器上偶尔也会看到当地器型与中原纹样结合的例子。比如，M8501出土的一件鬲式器的拱形耳上饰有夔纹装饰（M8501：16）（图3.18：7）。

这些当地风格青铜器的重要性不仅在于它们的特殊形制和颇有趣味的动物纹样，还在于铸造时投入的财力、人力、时间和精力等。众所周知，夏家店上层文化陶器为手制，与其前身夏家店下层文化器物相比显得粗糙。但夏家店上层文化贵族把常用的陶器器型铸成青铜器，把这些器类提升成了奢侈品，体现了他们对当地器类的青睐以及对青铜制造业的掌控。大井铜矿丰富的矿石资源，加上铸造工匠的冶金知识，使得把当地风格的陶器铸造成铜器的想法得以实现。少数贵族混合使用当地和外来器物，以彰显他们对这些器物的拥有权和他们显赫的社会身份和权力。

值得注意的是，仅有几座墓葬同时随葬中原周文化及当地风格的青铜器。事实上，两处墓地最富有的3座墓葬中不仅集中出土铜容器，还有兵器、工具、马饰等。根据南山根M101及小黑石沟M8501和M9601出土的周风格的青铜器，这3座墓的时代处于西周晚期至春秋早期。M101、M8501和M9601分别出土512件、462件、939件青铜器。以小黑石沟墓地为例，其他墓葬出土青铜器数量从1件到62件不等，远远少于M8501和M9601。三座墓随葬大量的青铜器表明当地人群建立了一个有等级差异的社会政治或经济体系。

5. 东北区身份构建的不同模式

亚洲内陆的东北区在地理上不仅是一个缓冲区，而且还处于中原地区和亚洲东北部地区文化的交汇接触带。早在公元前4千纪，作为亚洲内陆边疆的组成部分，该地区的人们就已经尝试青铜铸造工艺。正如第二章所述，公元前3千纪至公元前2千纪之间，金属制品尚未成为个人或群体的身份象征，但约在公元前1000年这一地区显然开始赋予了金属制品特殊的意义。

公元前2千纪下半叶末至公元前1千纪上半叶，东北区发生了相当大的文化变迁。生活在东北区的人群进一步改进了铸造工艺，扩大了当地青铜器的生产规模。所生产的青铜制品在形制、设计及功能等方面变得多样化，包括兵器、工具、饰品、马具、战车配件，偶尔还有容器。亚洲内陆的东北区与较远的欧亚大陆的东北部的一些青铜制品在风格上的密切关系说明了工艺和理念的南北交流跨越了亚洲内陆边疆。这种传播的出现不晚于公元前4千纪末，并持续至公元前8世纪。太行山东西两侧，亚洲内陆边疆的东北与中心地区间青铜制品和墓葬制度的相似性，说明两地区间铸造工艺的传播，青铜制品的流动，甚至是人员的迁徙。这一地区出土的青铜制品中最值得一提的是对商周风格的青铜礼器的使用。这种变化是商末到西周早期这两个区域与中原政权关系日益加深的结果。

青铜器在东北区各人群贵族身份的构建过程中发挥了积极的作用。这种现象并不孤立存在于东北区，在亚洲内陆边疆的其他地区也迅速兴起。根据年代和地理位置，东北区各地的人群有意识地建立了不同的身份构建模式。京津唐冲积平原地区，青铜首饰，偶尔还有环状和喇叭形金耳环、金臂钏、绿松石项链等，均成为贵族身份的独特物质标识。贵族墓出土当地饰品与从商周王朝传入的青铜容器，如鼎簋组合，构成了当地的丧葬习俗。当地墓葬中金属制品使用的一致性，与当地人群和商王朝以及之后的西周封国燕国的频繁互动有着密切的关系。这些当地人群很有可能是中原商周王朝的联盟。

在广阔的燕山山地内，以燕山以南抄道沟和小河南窖藏为代表的北方系青铜兵器是展示当地人群武力化的物质标识。这一地区是中原王朝与活跃于山地人群间的接触或竞争地带。两者间的互动从白浮墓中对北方边疆和中原王朝的青铜器和丧葬传统的混合使用可见一斑。白浮墓之后，燕山山地的文化以南坡玉皇庙墓地（公元前8世纪至公元前5世纪）为代表，而在北坡则以夏家店上层文化地方分支为代表。

辽西地区与燕山以南地区的文化发展轨迹略同。当地贵族身份主要是通过各种金属首饰来界定的，这些首饰与京津唐冲积平原地区出土的首饰风格相似，包括两端为扇形的金臂钏和环状金耳环或铜耳环，而且也是常与绿松石项链配套使用。虽然商周风格的青铜器在墓葬中也有发现，但数量少，而且组合杂乱，说明它们的来源可能不稳定，或是当地人群有意地摒弃了商周青铜文化。喀左大量商周风格青铜器在窖藏中的埋葬与凌河类型曲刃短剑文化的同时兴起预示了边疆群体力量的崛起。

内蒙古东南夏家店上层文化（公元前 1000 年至公元前 600 年）的物质标识是北方系青铜兵器、工具和饰品等。夏家店上层文化人群的墓葬中出土的铜銎柄式短剑、齿刃刀、管銎斧、弹簧状耳环、螺旋状耳环、连珠饰品等均是当地的典型器物。随着大井铜矿的开采，从公元前 9 世纪开始，当地人群能够大量生产各种当地风格的青铜器。但墓葬中随葬的青铜器缺乏一致性，这表明每个人群具有较强的自主性。南山根和小黑石沟的个别墓中的随葬品极其丰富，这表明各人群中首领个人权力和财富的极度膨胀。这些贵族的身份以当地风格的铜器和外来中原周文化的礼器的结合来界定。

无论各地之间的交流方式如何，这些墓葬和别具一格的随葬器物组合都采用了多种具有象征意义的"文化符号"。例如，北京昌平白浮墓和山西保德林遮峪墓均包括中原王朝的青铜礼器，和被称为"斯基泰或游牧人群的三要素"的青铜兵器、马具和经常在武器柄端出现的"动物"纹样装饰。这些文化符号源于不同地区的审美、丧葬和宗教仪式，但在东北区多地都被使用，说明对它们的接受是当地不断军事化的人群中的贵族们有意的选择。这些标志性的器物，无论它们的分布，组合，或数量如何，与当地器物一起展示着边疆人群使用者的意图。

二、亚洲内陆边疆北方的中心地区

亚洲内陆边疆北方中心地区主要包括北面的晋陕高原和南面的临汾盆地。地理上晋陕高原指陕北黄土高原和晋西北吕梁山区，最北端延伸到内蒙古南部。黄河由北向南穿过晋陕高原，将其分割成两半，以河为界，西面是今陕西北部，即陕北，东面是山西西北（地图3.1）。

　　该地区地貌可谓千沟万壑，主要由大型黄土塬，黄土梁和黄土丘陵组成。对陶器分布的研究表明，公元前2千纪末，高原地区和其东部地区的交流可能是通过南面的沁水和北面的三川河河谷而进行的（Cao 2014: 167-168）。向西主要是通过洛河和石川河河谷到达关中平原，向东交通比较方便。临汾盆地位于晋南吕梁山以东，处于晋陕高原和商周文化政治中心所在的中原地区之间。盆地较平坦，汾河由北向南流过，是农业和定居的理想场所。

　　晋陕高原已发现的公元前2千纪末至公元前1千纪初的人类活动的物质遗存，位于现今晋陕高原最北端的内蒙古南部，出土的属于这一时期的物质遗存比较有限，被命名为西岔文化。陕北和山西地区黄河两岸的物质遗存相对丰富，有墓葬、居址、陶器和青铜器（商王朝和北方边疆风格的礼器、兵器和工具），这些遗存大多归属于李家崖文化。在临汾盆地，当地人群大量使用安阳风格的青铜器和丧葬习俗。周的封国晋国位于现今天马—曲村地区，迄今已发掘数千座晋国墓葬。晋国周边还新发现一些非姬姓周人的遗存，如倗国、霸国的墓地等。这些物质遗存表明该地区对商周贵族文化的大量接受，以及它们与周王朝紧密的政治联系，但同时还揭示了当地有别于商周文化的墓葬制度。

　　接下来将介绍该地区不同人群是如何通过各种形式的物质文化来展示他们的文化认同。讨论从北方的西岔文化开始，然后到李家崖文化和陕北和山西的其他青铜遗存，最后讨论临汾盆地倗国的遗存。

1. 西岔文化

　　西岔文化位于黄河几字大转弯东部的内蒙古中南部，以清水河县的西岔遗址命名（内蒙古自治区文物考古研究所，清水河县文物管理所 2001：60-78；地图3.3b）。清水河县还发现了其他三处西岔文化遗址，但只有西岔遗址经过科学发掘（曹建恩 2001：79-80）。西岔遗址目前缺乏碳十四测年的数据，为推定其年代带来

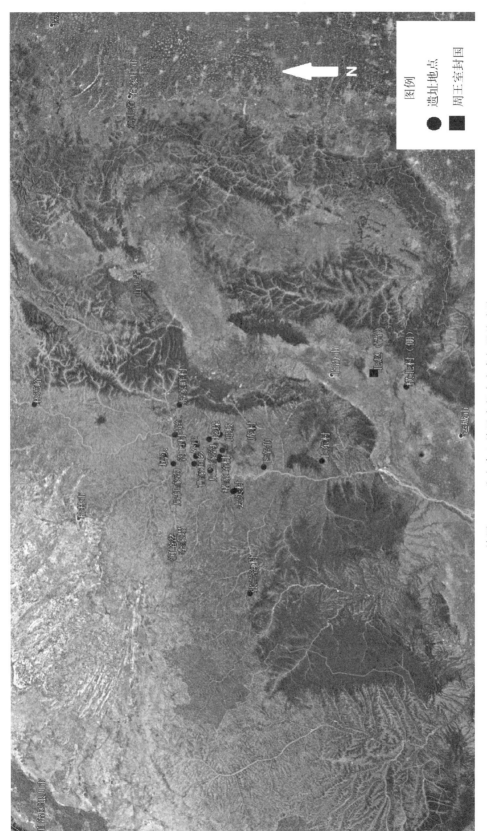

图例
● 遗址地点
■ 周王室封国

N

地图 3.3a 北方中心地区南部出土青铜器的遗址
（来自谷歌地图）

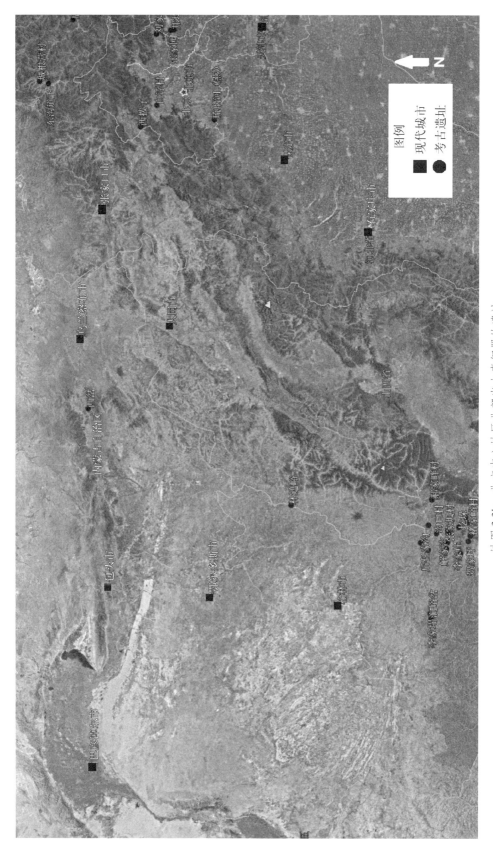

图例

现代城市 ■

考古遗址 ●

N

地图 3.3b　北方中心地区北部出土青铜器的遗址
（来自谷歌地图）

一定困难。但根据陶器器类和纹饰，西岔文化延续时间大约从公元前 11 世纪至公元前 10 世纪中叶，即殷墟文化四期至西周中期（曹建恩 2003：8）。

西岔遗址出土了大量的农业生产用具，包括长方形石刀、斧、石铲、骨铲等。当地的人们已过着定居生活。陶器均为手制，以鬲、罐等器物上的小型双錾最有特色。陶器以鬲最为典型，高领，尖根袋形足，颈部饰双錾。炊具以鬲和甗为主。许多陶器的器类应源于该地区早期的朱开沟文化（曹建恩 2003：12-14；马明志 2009）。

西岔遗址一项最重要的发现是出土了铸造青铜工具和兵器的陶范。这些陶范是当地已经铸造青铜器的重要证据（曹建恩 2003：8-12）。从这些陶范可辨别的青铜器类有管銎斧，铃首刀，装饰有贝纹或有凹槽和凸棱的直柄短剑（图 3.19）。

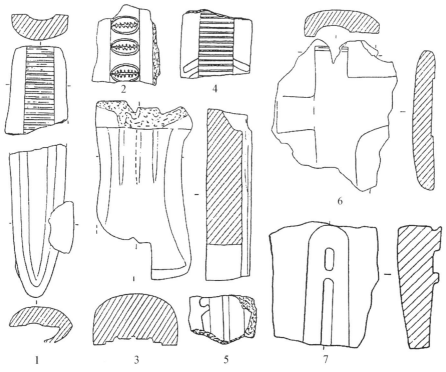

图 3.19 西岔遗址出土石范
（出自曹建恩 2003：图 2；得到曹建恩授权，尺寸尚未公布）

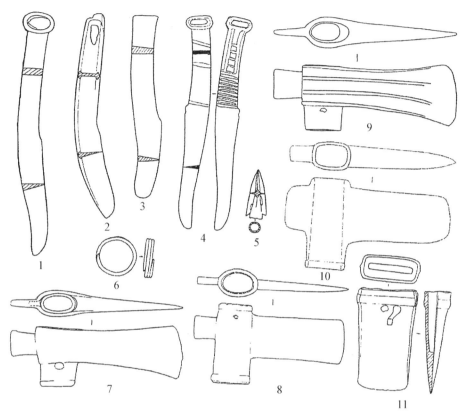

图 3.20　西岔遗址出土青铜兵器和工具
（出自曹建恩 2003：图 3；得到曹建恩授权）

西岔出土的短剑颇为独特，剑柄纹样多样，称为"西岔式剑"。发掘者提出，西岔式短剑年代应晚于内蒙古中南部出土的环首剑、铃首剑，但与昌平白浮墓（北京）、兴隆小河南（河北）、建平烧锅营子（辽宁）等出土的北方系青铜短剑年代相近。另外在西岔遗址的居址区和清水河县其他地点都有青铜制品出土（或采集）。器类有空首刀、环首刀、管銎斧、銎内镞、泡饰、锥等（图 3.20）（曹建恩 2001：79-80；曹建恩 2003：8-9），其中管銎斧与晋陕高原出土的铜斧形制相似（朱凤瀚 2013）。

迄今为止，在西岔遗址没有发现大规模的公共墓地。已发现的墓葬比较分散，数量不详。根据考古简报，墓葬为北向或东南向的土坑墓，随葬品较少。葬式为侧身直肢或屈肢葬，与亚洲内陆边疆北方东区的墓葬葬式不同。

与东北区其他边疆人群一样，个人装饰品是西岔文化随葬品的重要组成部分。西岔遗址 M2 为一座女性墓，墓主头部周围散落着玛瑙珠。M3 墓主性别不明，耳部戴有一对弹簧状耳环。其他墓葬还出土了玛瑙珠、绿松石珠或石珠等制成的项链（内蒙古自治区文物考古研究所，清水河县文物管理所 2001：60-78）。这些饰品种类和风格缺乏一致性，说明它们不是群体身份的物质标识，而更多的是体现了个人的身份。另外，北方系青铜兵器也传入了西岔墓葬。M10 出土了一把管銎斧，放置在男性墓主胸部左侧，与晋陕高原吉县墓葬所见葬式相同（内蒙古自治区文物考古研究所，清水河县文物管理所 2001：68）。这标志着兵器在表现个人的身份和地位上有一定的作用。

西岔文化的遗存以当地风格的器物和习俗为主体，商周文化和欧亚大陆东部文化的因素很少。当地不见象征中原商周文化的青铜礼器。虽然出土了北方系青铜兵器，但西岔出土的陶范却表现出这里独特的兵器风格。当地的陶器和葬俗与邻近地区的陶器和葬俗差异较大。从约公元前 11 世纪至公元前 10 世纪中叶，即黄河中游晚商和西周早期，即便在距西岔文化地区不远的朱开沟有中原王朝建立的殖民地（见第二章和 Linduff 1995），西岔文化受中原和周边地区文化的影响却很小。这说明中原商周王朝对内蒙古中南部地区的扩张是非常有限的，而且当地人群对中原文化也可能有所抵制。

2. 李家崖文化聚落遗址：李家崖和高红

李家崖考古学文化（约公元前 1400 年至公元前 1000 年）以陕西省清涧县李家崖遗址命名。根据小规模区域调查和之前公布的数据可以看出，李家崖文化的遗存可分为三期，而且李家崖文化地区的人群可能建立多个不同的政治集团。李家崖文化的重要聚落遗址通常位于黄河两岸或主要河流及其支流汇合处（Cao 2014：68-79）。最大的两处遗址为李家崖和高红。其他发现的遗址位于陕北的绥德县（薛家渠、田庄、三十里铺）、子长县、延川县、洛川县等地，但这些遗址的规模和遗存尚不清楚（吕智荣 1989）。无定河流域清涧县李家塔镇辛庄村的梁峁上发现了一处面积为 10 万平方米的遗址，时代为商代晚期（中国新闻网 2014a；2014b）。虽然整体规模比李家崖遗址小，但是在该遗址发现了一组 4200 平方米回廊式的夯土建筑。根据这些聚落遗址的规模变化，以及出土青铜兵器和容器的墓葬，我们可以看到李家崖文化表现了一个共享的文化区域，在这一区域中没有像商周王朝那样的集权国家，而是分布着由不同人群建立的多个政体。

我们对李家崖文化的了解大都源于李家崖古城址的考古发掘。该城址面积约 7 万平方米，修建在山梁上，西、南、北三面环河。东、西侧筑有土石结构的城墙。南北侧利用悬崖峭壁为防御屏障。城内建筑基址的夯土围墙内发现了一座房址和两边的厢房。基址附近和城址西北部还发现方形房址和半地穴房址多处（戴应新 1993：219-233；吕智荣 1993：356-359）。

李家崖古城的居民从事农业生产。对考古出土的炭化农作物的检测表明，粟和大麦已在公元前 2 千纪末广泛生产（Cao 2014：56-60）。石斧、石刀、石磨棒、磨石和骨铲等生产工具用于耕种、种植和加工。家养动物牛羊骨的大量出土说明畜牧业在经济活动中占有重要地位（吕智荣 1993：356-359；胡松梅，吕智荣 2013：352-353）。遗址还出土了外来的海贝。

李家崖陶器以泥质灰陶为主，器类有鬲、甗、簋、豆、三足瓮、盆、罐、钵等。纹饰以绳纹为主。李家崖采用了商文化因素的纹饰。中原商文化陶器和青铜器上常见的云雷纹、弦纹、乳钉纹等纹饰均出现在李家崖的陶器上。簋、鬲、豆等许多陶器形制和纹饰具有强烈的当地文化特征，但有些也与中原的器物形制相似。而长颈、鼓腹、陶蛋形三足瓮则与内蒙古北部出土的同类器相似。

李家崖已发掘墓葬 61 座，其中 40 座位于城址内，21 座位于北墙和东墙外。墓葬多为小型土坑墓，随葬品较少。在 48 座可辨别墓主头向的墓葬中，33.3% 朝西南，23.3% 朝西，13.3% 朝西北。大部分葬式为仰身直肢葬。29 座有随葬品的墓葬中仅有 4 座（86CM1，86CM9，86AM3，86CM3）出土青铜工具或兵器。墓葬和遗址出土的青铜器有：戈 2 件、匕 1 件、銎内钺 1 件（扇形刃）、管銎斧1件（长方形刃）、曲刃铜戚2件及箭镞（图3.21）（陕西省考古研究院2013：162–164）。铜匕柄端饰有鳄鱼首，舌头可活动，为晋陕高原独特的设计。

　　李家崖墓葬随葬青铜兵器很有限，但兵器不仅在男性墓中（86CM1∶1和86CM9∶1），而且也在女性墓中发现（86AM3∶1和86CM3∶2）。由于发现的墓葬有限，我们难以了解青铜兵器在男女墓中的使用情况和社会含义。然而，女性墓中出土青铜兵器可能是墓葬礼仪中对女性在战争中活跃的角色的记录和纪念。灰坑中出土一块梯形石块，上刻画了一个高约42厘米的骷髅像。发掘者认为这一形象应是在某种仪式上使用的（张映文，吕智荣1988）。

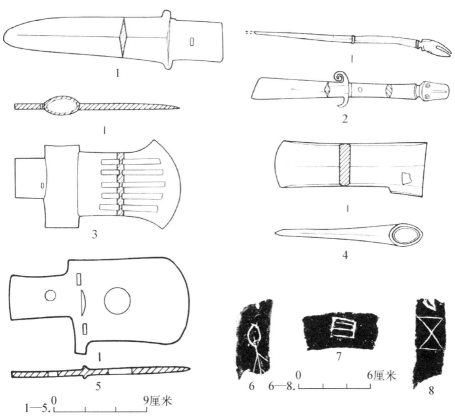

图3.21　青铜兵器与工具及刻划文字陶片
（出自陕西省考古研究院2013：162，图153及163，图154.1；得到孙周勇和吕智荣授权）

李家崖古城出土一些三足瓮残片，有些上有文字和占卜符号。两个已公布的文字分别识别为"祖"和"鬼"（图3.21：6–8）。文字书写风格与商甲骨文和西周金文相似。李家崖古城的发掘者之一吕智荣认为，"鬼"是李家崖文化先民的自称，进一步推断这一群体应与文献中记载的鬼方有关（吕智荣1987）。如果是这样的话，文字的使用及其内容则提出了两个不同的问题：书写文字在李家崖的出现，是否表明了商王朝对当地控制的日益加强（因而促使了当地对文字的使用）？还是反映了李家崖文化先民主动借用商书写文字和占卜文化来表现自己的身份认同（因而与商王朝是否控制此地无关）？迄今为止发现的文字很少，说明当地居民对商书写文字的掌握程度似乎非常有限。但是应该引起我们注意的是，当地人群用外来的文化（商书写文字）来表达自我的身份认同（他们自称为"鬼"）。

另一处令人欣喜的发现是，2004年在黄河东岸的山西柳林高红发现的面积为2万平方米的聚落遗址（山西省考古研究所2006）。遗址的北、南、东三面环水，西面临峭壁。聚落可能依靠这些天然屏障保护，因而没有修建城墙。在遗址内的山梁高处，发现了20余处夯土基址。考古发掘揭露了4 000平方米，夯土建筑中最大的7号基址位于建筑群的中心，长约50米，宽11米。8号夯土基址的一部分被揭露。碳十四测年说明两处基址处于公元前1200年左右即安阳殷墟文化二期早段（马昇，王京艳2007）。夯土基址的建造技术与中原商王朝的一样复杂精细。遗址出土的陶器主要有花边鬲、袋状三足瓮、小口广肩罐、簋等，与李家崖出土的同类陶器非常相似。

公元前1200年左右，高红遗址可能是商时期该地区某方国的政治权力中心。根据商甲骨文的记载，发掘者认为高红是舌方或舌方领导的政治联盟的中心。该方国活跃于晋陕高原一带（马昇，王京艳2007）。甲骨文记载舌方常与商王朝间有军事冲突，尤其是公元前13世纪中叶至公元前12世纪初商王武丁统治时期。公元前12世纪初左右，即殷墟文化二期到三期的转变时期，可能由于商王朝的沉重打击，高红作为当地政治中心的地位有所下降。这一假设有一定的道理，但我们目前还不能下定论，因为迄今为止还没有发现证明高红遗址与舌方有关的直接证据。

（1）晋陕高原青铜遗存——中原和边疆贵族文化身份认同的融合

迄今为止，黄河两岸发现的青铜器大多是采集品或是出土于残损的墓葬中（地图 3.3a）。由于缺乏共出的陶器，这些青铜器的年代大多根据商中心地区出土的同类器来判别。它们的年代大约是公元前 1300 年至公元前 10 世纪中叶（张长寿 1979；郑振香，陈志达 1985：27-77；杨锡璋，杨宝成 1985：79-102；李伯谦 1998：167-184）；邹衡 2001：233-270；蒋刚 2008a：68-84；沃浩伟 2008：56-67；朱凤瀚 2009：1092-1102）。这些出土青铜器的地点多与 20 世纪 80 年代发现的李家崖文化的遗址分别重合（约公元前 1400 年至公元前 1000 年）。虽然长期以来李家崖文化陶器很少与青铜器一起出土，但学者们一直将这些青铜器与李家崖文化联系起来。最近的一个研究指出，有六处发现青铜器墓葬的地点都在李家崖文化的遗址上（Cao 2014: 68-69），这为这些青铜器与李家崖文化的联系提供了证据。

晋陕高原黄河两岸发现的青铜遗存一直是中原以外地域性青铜时代文化研究的一个重点。李伯谦先生首先认识到这些商时期青铜器独特的地域特色，并提出使用"石楼（山西）—绥德（陕西）类型"来界定这个与商王朝同时但又独立的青铜文化。这些青铜器与汾河流域灵石县旌介村丙国墓葬出土的青铜器形成鲜明的对比。丙国的物质文化除自身的文化习俗外，还强烈地体现出对商王朝礼乐文化的接纳（李伯谦 1998：167-184）。李伯谦先生进一步将石楼—绥德类型的青铜器划分为三型，B 型是青铜器的主体，器物均有地域特征，且多为当地铸造。最近的三个研究延伸了李先生的方法，把讨论的重点除风格外还放在各群青铜器的组合上。根据青铜器的出土地点，这些研究把晋陕高原出土的青铜器分为石楼和绥德两种类型（朱凤瀚 2013），或是根据青铜器组合的文化特征，称其为石楼—绥德类型和保德类型（蒋刚 2008a:68-84；沃浩伟 2008：56-67）。这些研究主要依赖器物风格而试图分析这些青铜器的来源。

对该地区的另一个研究重点是这些青铜器所有者的族属及相关物质文化。甲骨文的研究指出在商的西边特别是武丁时期有舌方和土方两个族群。但学术界在这两个方国与晋陕高原发现的物质遗存的关系问题上还没有达成共识（戴应新 1993：219–233；李伯谦 1998：167–184；曹玮 2009：303–328；朱凤瀚 2013）。最近的一项研究就否定了这样的联系，并指出舌方和土方应该活动在距安阳商王朝更近的太行山以西的长治盆地；晋陕高原的人群不是商的敌人，而是贸易伙伴（Cao 2014：162–259）。

本章研究的目的不在于将物质遗存与商卜辞记载的某方国联系起来，也不在于依据物质遗存对某方国与商王朝的关系进行假设。历史文献的记载为研究该地区公元前 2 千纪最后几百年间亚洲内陆边疆的地缘政治格局提供了重要的信息。在此期间，无论舌方和土方的政治中心在哪里，它们都在商王朝的北部和西部边疆与商王朝有着频繁的军事冲突，也是在这同一时期及之后，很多北方系青铜器进入了中原地区和东北燕山山地，并开始出现在安阳的墓葬和祭祀遗址中（朱凤瀚 2013）。这说明战争有可能是商王朝与中原以外北部和西部各个方国互动的一个主要形式。

在这里"石楼铜器群"和"绥德铜器群"分别用来指黄河东岸和西岸发现的青铜器遗存。这些青铜器大多数为典型的商安阳风格的青铜器，因而可参考中原地区同类器物进行断代。北方系青铜器主要依据共存的安阳青铜器进行断代。"石楼铜器群"从殷墟文化一期末持续至二期（公元前 13 世纪初至公元前 12 世纪初），"绥德铜器群"从二期至四期（约公元前 13 世纪中叶至公元前 11 世纪中叶）。青铜器首先出现在黄河东岸的各个遗址中，在殷墟文化二期后消失。相比之下，安阳风格的青铜器在殷墟文化二期出现在黄河西岸，并在那里持续到殷墟文化四期。

公元前 2 千纪最后的几百年间，晋陕高原各地区的青铜器器类和用途既有明显的相似性，也有不同的变化。我们的研究除了辨别每个地区的地域性特征外，还将特别关注黄河两岸每个小区域范围内的遗址出土的青铜器的共同特征。这样不但可以揭示整个地区青铜遗存的相互关联，而且还不会忽略每个次区域独特的青铜器特征。

（2）安阳风格青铜器的选用

晋陕高原青铜器的一个显著特点是大量使用安阳风格的青铜器。青铜器合金成分和铅同位素的研究表明，这里几乎所有的青铜器，包括安阳和其他地区风格在内的青铜器，可能都是从商王朝直接输入的。科学检测表明，这些青铜器的铜料与安阳铸铜遗址使用的高放射性铜料一致（Cao 2014：80-161）。这些青铜器上的族徽显示了它们来自至少 14 个不同的氏族，其中的 11 个族徽也出现在安阳出土的青铜器或甲骨上。显然，这些氏族与商王朝关系密切（李伯谦 1998：167-184）。尽管我们还无法弄清楚这些有铭青铜器是如何出现在晋陕高原的墓葬中，但这些铜器反映了公元前 2 千纪末安阳和晋陕高原之间的某种联系。

该地区墓葬中青铜器的组合与商墓中出土青铜器的组合相似。已发现的 18 座墓葬中，主要器类为食器鼎、簋和酒器觚、爵、斝，其中有 16 座墓葬中出土的酒器器类组合主要为觚、爵、斝或觚、爵（蒋刚 2008a：68-84）。这些墓葬中觚、爵、斝组合的规模大体与安阳低等级贵族墓的酒器数量相当。伴随酒器一起随葬的还常常有食器，如鼎、簋、甗等。该地区墓葬与安阳商墓青铜器组合的高度相似性，说明当地贵族对安阳风格青铜器和商王朝礼乐文化在一定程度上的采纳。除了青铜容器之外，安阳风格的青铜兵器如戈、钺和兽面纹的铸工具等也在晋陕高原得以使用。

然而，黄河两岸不同地区的人群在选用青铜器方面有明显的不同。斝只见于黄河东岸的青铜器组合中，而罍、尊只见于黄河西岸陕北清涧县的解家沟、张家坬等地。此外，饰有乳钉纹的簋及盘，偶尔出现在黄河西岸的青铜器组合中。例如，石楼县后兰家沟、二郎坡、桃花庄各发现一座墓葬，并出土不同的青铜器组合。同样的模式还见于绥德县的墕头村和后任家沟。因当地青铜器的生产规模十分有限，这些不一致性可能是因为每个地区器物来源的不定性造成的，或是使用者个人对商礼制文化的不同解读的结果。即便如此，礼制文化上缺乏一致性的现象，暗示了当地人群是相对独立的，且缺乏对中原王朝持久的忠诚。

（3）北方系青铜器："石楼铜器群"和"绥德铜器群"的相似性和差异性

晋陕高原青铜器另一个显著特点是引入了北方系兵器和工具，如三銎战斧、鳄鱼首铜匕。但这些器物在不同地点的墓葬中摆放和用途各不相同，显示了黄河两岸各人群居民在墓葬中使用这些器物上具有很大的灵活性。

比如黄河西岸出土的青铜斗和勺，其器型可能受安阳器物原型的影响，其上羊的形象只见于黄河西岸。柄上的蛇蛙纹、虎噬羊或人的形象则是亚洲内陆边疆的典型纹饰（图3.22）（林沄1987：129-155）。与京津唐地区的贵族一样，黄河东岸的贵族也用金耳环来显示个人的身份。耳环呈螺旋状，由金箔制成，环钩上

图 3.22　晋陕高原青铜器动物纹饰
（上、中：出自曹玮2009：251、257；经曹玮同意　下：图片由韩炳华提供）

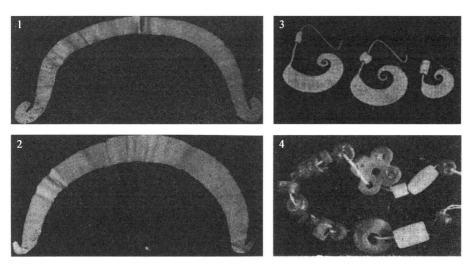

图 3.23　金饰品、项链及耳环
（1、2 为饰品，4 为项链，均出土于林遮峪遗址，引自吴振录 1972：图版拾陆；3 为耳环，出土于后兰家沟遗址，引自郭勇 1962：34，图 10）

饰有绿松石珠。金质弓形饰也仅见于黄河东岸的桃花庄（图 3.23）。它被放置于墓主头部附近，可能用来区分墓主高贵地位和身份，但我们还不能完全诠释其象征意义（谢青山，杨绍舜 1960；邹衡 1980：297–355；梅建军，李明华 2007；洪猛 2011）。

3. 身份认同的转变：林遮峪的墓葬

黄河东岸山西保德北部发现的一座墓葬为晋陕高原的身份构建提供了一个有趣的案例。这一墓葬还预测了这一边疆地区鲜明的军事特征的崛起。该墓葬位于黄河西南 35 千米处林遮峪村以南的山梁上（地图 3.3b）（吴振录 1972）。墓主头部朝东，与安阳墓葬中流行的东北向不同，但与临汾盆地㢓介村三座稍晚的贵族墓及太行山以东京津唐地区围坊三期张家园文化同时期及稍晚的墓葬墓向朝东是一致的。

这座墓葬与众不同之处在它的随葬品中既有安阳风格的青铜器，也有北方系

图 3.24　林遮峪墓葬出土青铜器
（出自吴振录 1972：图版伍，1、3、4；图版陆，5）

青铜兵器、工具以及车马器。墓葬出土铜鼎 2 件、瓿 3 件、卣 1 件，风格与公元前 13 世纪后半叶安阳青铜器相似，很可能是从商王朝传入的器物。出土的 2 件高柄带铃豆，融合了中原和当地风格（图 3.24），其原型为南部汾河流域的陶豆（Cao 2014：117–118）。

　　公元前 2 千纪末，车马器很少发现于安阳以外的地区。2003 年，在临汾盆地浮山桥北发现的墓葬中出土了车马器。M1 与 M18 的墓道摆放有完整的两辆车（桥北考古队 2006）。墓葬年代约为公元前 1200 年。车马器与安阳出土的车马器风格非常相似，是目前已知在安阳地区以外发现最早的车马器。林遮峪墓出土的车马器的年代则大约在公元前 1200 年之后，稍晚于桥北墓葬中的发现。该墓出土铜车軎 2 件、舆栏饰 4 件、单球铃 2 件及双球铃 2 件。车马器的摆放位置象征性地表现了马车的形象。

安阳车马器上常饰的兽面纹和夔龙纹也出现在桥北出土的车马器上，但却不见于林遮峪墓出土的车马器上。林遮峪墓出土双球铃球内中空，方形銎口，饰有抽象的几何纹，风格上不同于桥北和安阳出土的铃器（黄铭崇 2007：20-24；Wu 2013：67-68）。林遮峪墓出土的铃器，不管是从外传入还是当地制作，应是受北方的艺术传统所启发（Cao 2014: 141）。

林遮峪墓的马具还有铜质圆泡 3 件，应是马辔的一部分（黄铭崇 2007）。圆泡表面饰有边疆风格的螺旋纹。该墓还出土了海贝 112 枚和铜贝 109 枚，是中国境内现今出土最多的公元前 2 千纪末的铜贝。一般而言，铜贝或金属贝是非常罕见的，如安阳大司空村一座墓葬中仅出土铜贝 3 枚。大甸子一座夏家店下层文化墓葬出土铅贝 1 枚，青海大通出土金贝 1 枚。林遮峪发掘报告指出，这些海贝应是马缰绳上的装饰品。海贝因需长途贸易才能获取，所以当地居民将其视为地位的象征（Li 2003）。

除车马器外，林遮峪墓还出土了北方系青铜兵器，有管銎斧 2 件、铃首短剑 1 件、一端尖状一端饰铃首的角形器（有学者判定为文献中的觿）1 件（图 3.24）。类似的兵器还见于其他几处墓葬，如柳林高红和吉县城关镇上东村等，这两件战斧为长方形刃、管状銎口及平柄，放置在墓主胸部右侧，确切地表明其作为军事武器的意义。铃首剑和角形器的铃首向柄身一侧弯曲，为中空球状，内置铃器，这是晋陕高原一种独特的铸造工艺，与西伯利亚南部的发现相似。类似的角形器在安阳和桥北的墓葬有，也与车马器一起出土，传统上称为觿。这些器物应是战车兵器和工具的一部分（Wu 2013: 3-6）。安阳和桥北的车马器纹饰为商王朝典型的兽面纹，但车马器其他构件，如青铜弓形饰、箭镞等，却不见于林遮峪，这进一步说明车马器在林遮峪墓葬中具有强烈的象征意义，而不一定反映了实际使用的情况。

首饰是林遮峪墓中的又一重要发现（图 3.23）。两件金质弓形饰叠放在墓主的胸部。黄河东岸后兰家沟、桃花庄的早期墓葬中也有这类首饰的发现。金质弓形饰质地薄，捶打而成。这种制作工艺可以追溯至草原地区，甚至到西部的甘肃地区

（第二章）。黄河东岸地区出土的螺旋状耳环应是由同样的工艺制作而成。由玛瑙、绿松石、玉石等制成的项链应是北方边疆装饰品的另一个鲜明特征。林遮峪墓出土珠子 18 枚，形状有管状、珠状、圆盘状及梅花状。

综上所述，林遮峪墓是晋陕高原北部一个有趣的案例。一方面，墓主效仿安阳的贵族以青铜礼器随葬；另一方面，铃首剑和管銎斧的出现则展现了对北方边疆草原地区器物的使用。这两种类型的器物共同出现于同一座墓中，则预示了晋陕高原新身份构建的崛起。林遮峪墓最值得注意的是出土了草原风格的车马器。马车及相关北方系兵器和工具传入殷商王朝在近年有广泛的讨论。除晋陕高原的林遮峪墓以外，其他地区还未发现车马器，所以太行山以西可能是马车传入安阳的主要路线（Wu 2013: 37–45）。而且，林遮峪墓年代应为公元前 1200 年之后，晚于安阳和桥北发现的遗存。在那时，马车已成为商王朝贵族地位和文化特征的标志物。晋陕高原的崎岖地形并不适合使用马车，因而林遮峪墓出土的车马器可视作墓主的地位和当地与外界互动的象征。

4. 青铜兵器和工具组合：独特的边疆身份认同的兴起

北方系青铜兵器中的铃首短剑、管銎战斧最早出现在晋陕高原的林遮峪墓。其他几座墓葬也有发现，从北到南有柳林高红、石楼曹家垣、吉县上东村。这些墓葬均位于黄河东岸（地图 3.3a）（杨绍舜 1981a；杨绍舜 1981b；吉县文物工作站 1985）。除兵器外，曹家垣和上东村还出土带环勺 2 件，功用不明（杨建华，林嘉琳 2008; Cao 2014）。与石楼和绥德青铜器相比，高红、曹家垣、上东村三处地点的墓葬未见商系青铜礼器，而是以北方系青铜兵器和工具来展现其丧葬仪式和墓葬礼仪。

吉县上东村发现 1 座残墓，为北方系青铜兵器提供了实物资料（吉县文物工作站 1985）。该墓出土管銎斧 1 件和铃首短剑 1 件，分别放置于墓主头部左右两侧；根据带环勺的摆放位置可知其位于腰部左侧（图 3.25）。墓主的军事身份在高红墓中进一步展现出来（杨绍舜 1981a），该墓出土一批草原风格的青铜工具和兵器；

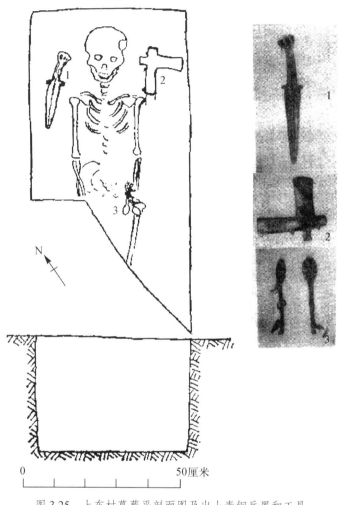

图 3.25　上东村墓葬平剖面图及出土青铜兵器和工具
（出自吉县文物工作站 1985：848、849，图 2、3）

铜盔 1 件、铃首短剑 1 件、管銎战斧 1 件、矛 1 件、双环削刀 3 件（图 3.26）。铜
盔置于头部，其他器物于腰部和腿部。这些典型的北方系青铜器进一步展现了一
名武士和其武器的密切关系。

　　曹家垣的北方系青铜兵器和工具伴随人骨出土，原来摆放位置已不详（杨
绍舜 1981b）。曹家垣的铃首短剑与稍早的林遮峪墓及大体同时期的高红和上东

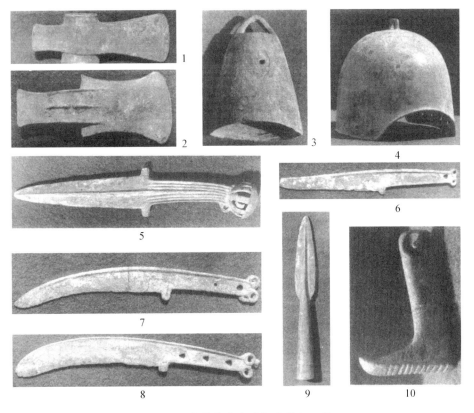

图 3.26　柳林墓出土青铜兵器和工具
（出自杨绍舜 1981a：图版肆、伍）

村墓中发现的短剑十分相似，而类似的长銎斧仅在晋陕高原和新疆西北部出土
（图 3.27）。

　　以上三处遗址出土的青铜器年代可追溯至商代晚期，即公元前 1200 年至公元
前 1000 年。最近的研究依据高红墓和白浮墓出土的青铜兵器的对比指出，高红墓
的年代应早于燕山山地的白浮墓（蒋刚 2008a：68-84；乌恩 2008：56-67）。由于
白浮墓年代处于公元前 10 世纪左右（西周早期后段至西周中期前段），这些研究认
为高红墓年代应为西周早期至西周中期，北方系兵器有可能先出现在太行山以西地
区，随着时间的推移才传入燕山山地。如果是这样的话，曹家垣和上东村的墓葬年

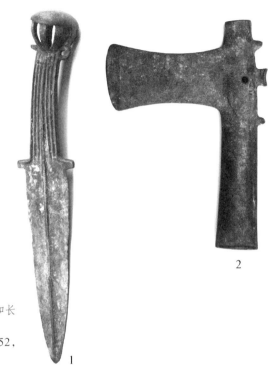

图 3.27　石楼曹家垣出土铃首短剑和长
銎斧
（出自杨绍舜 1981b：51，图 13；52，
图 25）

代也应该早于白浮墓，但应不迟于公元前 11 世纪。不管怎样，这三地的墓葬中广泛摒弃中原的青铜礼器，而只用北方系青铜兵器的做法则表明当地贵族对中原商文化的态度有所转变，越来越注重对军事化身份的表现。引起当地态度转变的原因是什么？是因为与中原相互交流的中断，还是因为北方草原文化日益向南的扩张？这一点，目前尚不清楚。

5. 重新界定的身份认同：进入周政权系统的临汾盆地的佣国

考古调查收集的数据显示在公元前 2 千纪末，临汾盆地的遗址数量明显减少（谢尧亭 2010：7–9）。不过，灵石旌介村墓和浮山桥北墓的发现表明安阳殷商王朝在临汾盆地可能设了一些据点，以保卫吕梁山以南地区的交通要道及抵御来自北方的威胁（何景成 2008；Cao 2014：169–177）。西周早期，周王室在临汾盆地分封晋国，对当地进行治理，意在将该地区并入新建立的王朝。随后，临汾盆地变成了周王朝防御北方人群入侵的前沿。这些敌对的人群包括西周金文及后期文献记载的"戎"族。铭文和文献对这些人群的记载非常简单，缺乏具体的地理位置、社会背景和政治组织等方面的信息。但这些记载揭示了周王朝对临汾盆地的土地和居民的认识，为更好地理解这一边疆地带身份构建的复杂性提供了一个历史框架。

《左传·定公四年》记载了周成王对晋国首任国君叔虞的嘱托"启以夏政，疆以戎索"（李梦生 1998：1221-1222），这句话不仅表明周人对当地历史和居民的看法，也表明周人对这片土地采取了安抚政策。晋侯家族墓中出土的属于北方文化传统的陶三足瓮是晋侯家族与北方文化背景的族群联姻的物证（陈芳妹 2002：57-196）。这种联姻很可能主要是用来平息晋国与北方族群的冲突和敌对关系。即便如此，与"戎"的军事冲突也时有发生。出土于翼城霸国墓地M1017 的一件有铭铜盘记载了公元前 10 世纪后半叶从属于周王室的霸国国君参与了对抗"戎"的军事行动，并斩杀多名敌方成员（国家文物局 2011：71）。虽然铭文中记载的"戎"来历不明，但说明晋国及其邻近的国族在该地区长达近一个世纪的统治后，依旧面临着来自"戎"的骚扰。正是在这一复杂动态的地理政治环境下，倗国构建了其身份认同。

如青铜铭文所示倗国为媿姓，应与商时期甲骨文记载的北方方国鬼方有关（王国维 2001：296-306；陈公柔 1989）。倗氏也可能是分封给晋国的"怀姓九宗"的一支。倗国的墓地发现于山西省绛县横水镇的横北村（地图 3.3a）。倗国的墓葬资料和青铜铭文为我们提供了很重要的物质证据，以便研究这一有北方文化背景的人群是如何积极吸收商周礼乐文化，参与西周王室的政治活动，进而重新界定自己的身份认同。

尽管倗氏可能为北方文化背景的一个氏族，但倗国墓葬的物质文化中却鲜有北方文化背景的遗存。只是在墓向上与姬周墓葬有明显差别。遗址的主要发掘者之一谢尧亭先生在他的博士论文中指出，204 座墓葬中的 198 座（97%）墓的墓向为东西向（谢尧亭 2010：126）。灵石旌介村的三座晚商墓葬为东西向，大河口倗国遗存东部的霸国墓葬墓向也多为东西向。东西向的墓葬葬俗应该是当地人群的丧葬传统（Sun 2013）。相比之下，中原的姬周墓葬和周封国的墓葬（包括邻近倗国的晋国）以南北向为主。

倗国墓葬的青铜器组合和墓葬制度进一步显示了倗国大量吸收采纳了中原商周的丧葬传统，包括腰坑、狗殉、人殉，俯身葬（尤其是在男性墓中）。腰坑、狗殉、人殉等葬俗在贵族墓中非常流行，这表明在西周时期倗国贵族依旧保持使用安阳商文化的墓葬习俗。而俯身葬则在贵族和平民墓中都有使用（Sun 2013）。倗国遵循了中原商周墓葬的青铜器组合习惯。青铜鼎、簋的组合在随葬青铜器组合中占据核心地位，有些器物铸造工艺精湛，并刻有铭文。高级贵族墓中的一个有趣现象是商和周青铜礼器文化的并用。这一点在 5 座西周中期倗伯墓中反映得很清楚。5 座墓葬中出土了各种酒器，有觚、爵、觯、尊、卣、壶等。更令人惊讶的是，其中 2 座墓还出土了觥、方彝。这两种酒器经常出现在晚商高级贵族墓中，但自从西周早期后段以来，以觚爵组合为代表的酒器在西周中心和封国中不再流行。这五座倗伯墓中酒器的使用说明西周中期酒在倗国祖先祭祀和丧葬仪式中继续扮演着重要的作用。这一礼俗与倗国贵族大量使用腰坑、人殉的丧葬习俗如出一辙，反映了倗氏贵族对于商礼制文化的坚持。周风格的陶三足瓮是倗国墓葬中最常见的陶器类型。事实上，物质遗存表明倗在很大程度上被商周文化同化，并且主要依赖商周风格的青铜器和葬俗来界定其身份认同（Sun 2013）。

我们从墓葬及博物馆藏品中有铭文的铜器可知，倗国与周王室交流密切，同时与各大氏族也建立了联姻关系。例如，M1 出土的一件有铭铜簋（M1：205），记载周王室成员益公赏赐倗伯再马车和锦旗。M1 及 M2 出土的青铜器铭文显示，倗伯迎娶毕公高的后裔毕姬为其夫人。同样，正如倗仲为其女准备嫁妆所铸造的一件西周中期青铜鼎铭文所载，倗国将宗室女子嫁给毕国。倗还与毗邻的姬姓晋国、芮国建立姻亲关系。西周中期，倗国将其联姻和关系网扩展至其他宗族，有姬姓郏氏、姜姓眞氏、姒姓虎氏等（陈昭荣 2009：329-362）。

伽国与其他宗族的联姻和互动可能是出于政治动机，但它们之间的联姻和互动对伽国的影响并不限于政治领域。晋、芮、毕均为周王朝政治和礼乐文化中心的一员。伽国与它们的联系为其直接接触和引进周青铜礼乐文化创造了机会。显然，伽国充分利用这些机会来吸收周文化和加强其自身的政治势力。

6. 亚洲内陆边疆中心地区身份构建的不同模式

亚洲内陆边疆中心地区是南北交流和贸易的重要通道。这条路线正如在第二章所提到的也是冶金技术及原料南传到中原地区的通道。公元前 2 千纪末至公元前 1 千纪，内蒙古中南部、晋陕高原、临汾盆地三处次级区域使用不同的青铜器、金饰品和墓葬制度，见证了各地独立的身份构建。地处偏僻的内蒙古中南部西岔文化发展了当地的青铜生产。西岔文化的人们通过随葬青铜兵器和绿松石、玛瑙、石珠等饰品，来区分界定各自的身份。

与内蒙古中南部不同，晋陕高原从公元前 12 世纪中叶至公元前 11 世纪中叶一直与中原商王朝保持着联系。虽然外来的安阳风格的青铜礼器、兵器和工具，在各地墓葬中的使用不尽相同，但它们已成为这一地区贵族身份的物质标识。黄河两岸的人群都在使用数量有限的北方系青铜兵器和工具，如铜三銎战斧、翘尖刀等。黄河以东各地区的人们则以使用镶有绿松石珠的螺旋状金耳环和弓形饰最有特色。在黄河以西，商风格的青铜工具与欧亚大陆东部典型的器类和艺术主题在同一墓葬中的出现，则传达了多重的信息。黄河以东的地区在公元前 1200 年之后身份构建有明显转变。北方系青铜兵器，如铃首短剑、管銎战斧、带环勺等，成为当地墓葬中唯一的随葬青铜器类。这说明当地贵族对武力的重视，以及他们重建与商的关系。当地贵族开始大量使用代表"武士的符号"的北方系武器来定义自我身份，这同时也是当地对外来中原王朝的政治统治或文化传播的有意识反抗的体现。

周王朝向亚洲内陆边疆中心地区的扩张主要限于山西南部的临汾盆地，而且主要是通过分封晋国来得以实现。该地区发现的倗国是研究一个有北方文化背景的氏族如何有意识地将自身转变为周文化政治圈中的一员的一个很好的案例。这一文化身份的转变是通过与周王室关系密切的氏族联姻，和对商周墓葬制度和礼制文化的积极接纳而实现的。

公元前 2 千纪至公元前 1 千纪上半叶中原王朝扩张时期亚洲内陆边疆西北地区的器物与身份认同

曹 玮　刘远晴　林嘉琳　孙 岩

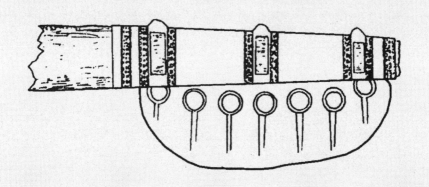

本章的研究区域包括现今的新疆维吾尔自治区、青海省、甘肃省、宁夏回族自治区南部和陕西省的西北部等地区。这一区域坐落在两个地理和文化区域之间，其东面是中原腹地，为早期中国王朝的核心区域；其西北是欧亚草原东部，包括现今的蒙古和西伯利亚。区域内的环境气候多样，包括开阔的草原区、针叶林草原区、森林草原与沙漠区等，地形地貌多为高原和山岭，少数区域为平原与谷地。不同的气候环境也造成了居民不尽相同的生活习俗。复杂多样的聚落形态在这一区域也得以形成，并延续发展。

与亚洲内陆边疆中部和东部地区相比较，西部地区的疆域要更加广袤，其东是中原腹地，商周王朝的核心区域；其西是多样的草原文化，包括阿凡纳谢沃文化、安德罗诺沃文化和塞伊玛-图尔宾诺文化的分布区域。[1] 在第二章中我们阐述了公元前 3000 年至公元前 1600 年左右，网络状的、松散的金属技术交流在亚洲内陆边疆西部地区的发展。其后，在公元前 2 千纪下半叶至公元前 1 千纪初，商王朝和西周王朝在中原地区的崛起。西部地区继续经历了与中原王朝中心及其邻近地区的交流。我们这里的讨论将遵循中国和俄罗斯考古学者已经建立起来的文化和年代框架；尽管没有确凿的证据可以将区域内的考古学文化与历史文献记载的族群或政治势力相联系，但这些区域内的考古学文化是连续发展的，尤其在物质文化上更是如此。在埋葬习俗和随葬品的使用上呈现出一致性的地区，我们将做进一步研究，并指出物质遗存，在作为群体个人或文化标识中的重要价值。

面对国家层级政治势力的崛起，商周青铜礼器的使用对亚洲内陆边疆的群体产生了影响。一些人群甚至有意识地模仿中原商周礼制中铜礼器的使用，以此

---

[1] 我们在这里再次强调，这些考古学文化并不是由一个政治组织统一起来的人类文化，而是用陶器以及其他物质文化来命名的。这些考古学文化名称经常使用，我们在这里重复使用的目的是为了指明一个地区。

来彰显财富或强调威望和地位。这些人群可能通过随葬品上的族徽或其他标识来表现个人或群体身份。尽管目前没有青铜铭文揭示出远离中原王朝中心区域的群体，但我们仍可以从相近风格青铜制品的明显集群上观察到地方人群身份认同的形成。这些青铜制品是在了解中原的青铜器类型或制造技术的基础上进行的试验与探索。毫无疑问，这意味着这些人群有选择地借鉴中原的商周或与其互动的其他文化中器物的形态或是功能。西周晚期，周王朝对其西北族群的慢待，对其统治产生了不利的影响。在公元前 8 世纪，这些来自西北方族群的侵扰导致了西周王都的东迁。

第四章讨论的核心问题是生活在西北边疆区域的人群是如何利用金属制品来表现自我和群体身份的。除物质文化之外，商人和周人对北方人群的记录和观察还呈现在甲骨文和金文中。这些资料也将有选择地用于分析公元前 2 千纪下半叶至公元前 1 千纪早期的边疆各群体的大体位置，以及他们与中原王朝的关系。这些古文字和可靠的文献资料将为我们描绘出一个大的文化背景。在这一背景中，我们来进一步解释北方人群的行为与活动。我们将讨论一些群体和商周王朝建立联系后，如何利用器物重新表达和构建他们的身份认同；而另一些群体尽管邻近王朝的中心，却坚持自身传统，与王朝政权保持一定的距离。

一、泾河和渭河流域的北方人群

公元前 2 千纪下半叶的泾渭流域是当地群体内相互交流，以及地方群体与商周融合的主要区域（地图 4.1）。陕西中部的渭河下游谷地，曾是商势力分布的最西界。在克商之前这里是周人的故乡，也是周人的政治中心。谷地西部的宝鸡地区，其西有南北向的六盘山脉为天然屏障。晚商时期，这里是刘家文化的分布范围。公元前 2 千纪下半叶（晚商至西周时期），泾河流域和渭河谷地是北方群体与商周文化互动和融合的重要地带。逾六盘山向西，是以天水为中心的渭河上游，这里地势

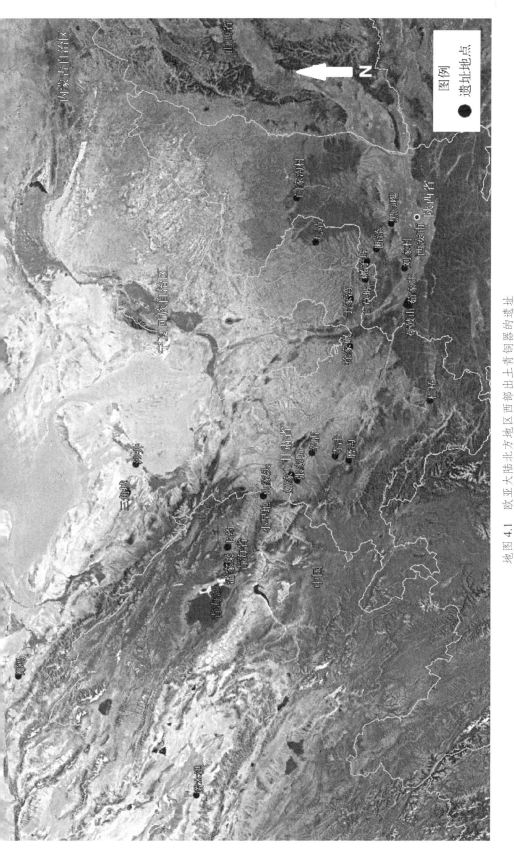

地图 4.1 欧亚大陆北方地区西部出土青铜器的遗址
（来自谷歌地图）

平缓，降水量丰沛，刘家文化最早的遗存就集中分布于谷地东侧的庄浪地区。自渭河上游向西的洮河流域，孕育了齐家文化、寺洼文化等诸多西北青铜文化，当是西北群体受商周文化影响较多的区域。

尽管历史上泾河流域与渭河谷地的联系最为密切，但渭河谷地的北侧有许多重要的支流，如汧河、泾河和北洛河。关中平原与北山相接，南部为泾水下游。从政平到泾阳县张家山为泾河的中游地区，这一地区的考古发掘资料目前主要来自彬县的孙家和断泾遗址，以及淳化县境内的黑豆嘴、赵家庄、西梁家等遗址，发现了一批青铜墓葬。[1] 甘肃宁县政平乡以上为泾河上游，地势高峭险要，考古学上的先周时期（公元前1300-公元前1000年），这里分布着以碾子坡遗址为代表的一类文化遗存。

周人克商之后，上述的诸多文化逐渐融入西周时期的文化中。作为西周王畿的边疆，泾河上游和宝鸡地区分布有许多采邑和军事重镇，活跃着以弢国墓地为代表的非姬姓氏族。从青铜铭文、周与当地的墓葬材料以及文献来看，这些群体与西周文化的关系是活跃和多变的。他们与周的政治关系也在不断的变化。考古学资料记载了这些群体有选择，且有规律地借鉴西周王畿地区的周文化，寺洼文化，刘家文化等多种文化。物质文化的变化暗示这些群体随着时间的变化与周边多变的关系，并展示了社群构建身份认同的过程。

泾河流域和渭河谷地经发掘的考古资料十分丰富。下面，我们将通过对物质材料的梳理，并结合古文字和文献资料，讨论在这两个地域活跃的地方人群如何采用地方和外来的物质标识，在塑造自身身份的同时建立与商周的关系。

泾河流域的长武、彬县、旬邑一带，通常被认为是文献记载的公刘所居之豳地。这一地区发现有诸多大约11世纪中叶商末期的考古学遗存，是研究北方民族与周人居豳时期活动的重点。渭河下游谷地西部的宝鸡地区是刘家文化的分布区，这一文化属于非姬姓群体，但与周人的联系很密切。考古资料表明，泾河流域和宝

---

[1] 陕西淳化县枣树沟脑遗址商时期遗存是近年泾河流域商时期遗存研究中重要的新资料，由于发掘资料发表不全面，且铜器极少，故本文暂不讨论这批资料。

鸡地区广泛分布着从事农业和畜牧业的人群。在公元前 1400 至公元前 1046 年左右的晚商时期，这些群体先后选择逐渐接受了商周的政权，最终融入西周的政体中。从以上区域向西逾六盘山脉，是渭河上游开阔的河谷地带，也是寺洼文化的核心分布区。活跃在这里的寺洼文化见证了商的灭亡和西周政治势力对其西北边境的扩张与控制。通过观察铜器、陶器和刻划文字使用的变化，我们发现西周时期（公元前 1000–公元前 700 年）周王朝的入侵可能使在这里生活的社群的社会政治和文化发生转变。

1. 泾河上游碾子坡遗址（公元前 1300–公元前 1000 年）——商周礼制的模仿与使用

长武碾子坡遗址是先周文化研究中最受关注的遗址之一。关于该遗址的年代学研究，学者众说纷纭（牛世山 1993；张天恩 1983；刘军社 1994；胡谦盈 1986；雷兴山 2000：210-237）。发掘者胡谦盈先生将遗址的商时期遗存分为早、晚两期，早期包括居址和墓葬，晚期仅有墓葬（中国社会科学院考古研究所 2007）。雷兴山通过分析指出，该遗址早期遗存的年代可能比晚期墓葬早得多，时代大概在殷墟一、二期。该遗址的 7 组 C14 数据，差异较大，根据雷兴山的观点，碾子坡遗址晚期遗存的时代为商代晚期，相当于公元前 1300–公元前 1000 年（雷兴山 2000：210-237）。

该遗址的早期阶段发现有数量丰富的房址、灶址、灰坑（窖穴）、陶窑等居址遗存和大量的墓葬。房屋基址除地面建筑和半地穴式建筑外，还有具有地方特色的窑洞建筑，反映了当地居民特殊的居住方式。墓葬均为土圹竖穴，墓葬面积差别不大，长度在 2-3 米之间。以单人葬为主；葬具以木质棺具为主，也有少量石椁或木椁、石棺以及席子为葬具。部分墓葬内由大石板构成。有趣的是，葬式与墓主人性别的关系明显，说明居民通过葬式来区分男女。墓葬中仰身直肢葬 40 座，能辨认墓主性别的 17 座墓葬均为女性；而俯身直肢 35 座，能辨认墓主性别的 12 座墓葬均为男性。

遗址居民以农业生产为主，兼顾养殖牲畜。遗址发现大量农业生产工具，包括石质与骨质的铲、刀、镰等二百余件。灰坑和房屋遗迹中堆积着炭化的粮食，灰坑 H189 内发现未去皮的高粱，堆积的长度为 1.8 米、宽度 1.2 米，厚度达 5-20 厘米。在个别房屋的壁龛中也发现有少量炭化粮食——高粱，说明高粱是当地居民的主要作物之一。遗址发现有大量兽骨，主要是牛、马、羊和猪。猎获物主要是鹿。其中牛骨最多，约占一半以上。蚌壳和贝发现很少，说明居民甚少从事渔业活动。遗存中也发现了剔骨剥肉去皮的骨刀、骨削等加工工具（雷兴山 2000）。

该遗址早期阶段的陶器以泥质灰陶为主，红色夹砂陶次之。器类包括甗、鬲、鼎等炊器，簋、瓿、豆、杯、碗、壶、盂、盆、罐等生活用具。陶器的文化因素复杂，以与刘家文化相似的高领袋足鬲为主，也有与孙家类型近似的矮领分裆鬲和高领分裆鬲，同时有少量的敛口瓮和矮圈足簋等商式陶器，说明本地文化可能与向东发展的高领袋足鬲文化有密切的联系（中国社会科学院考古研究所 2007）。

从铜容器的使用可以看出当地的上层受到商周礼制文化的影响；同时，红铜铸造的鼎也反映出应是本地铸造的。这些铜器均出土于 1 个铜器窖藏中，包括两件鼎和一件瓿（图 4.1）。两件鼎的形制与同时期的商式鼎相似，简易兽面纹鼎与安阳小屯 M17 出土的鼎相似，但两件鼎的质料非常特殊，均为红铜。用红铜铸鼎或其他容器，在商周时期是非常罕见的。红铜的流动性比青铜差，体积收缩率很大，容易造成集中缩孔，并且在熔炼时易氧化析出晶粒边缘。用红铜而不用青铜铸鼎，可能是由于资源的短缺，也可能本地铸造技术较为原始，不能很好地掌握合金比例，这种金属冶炼和铸造技术表明两件铜鼎应为本地铸造。铜瓿为青铜质地，形制与殷墟二期（武官 M1）的铜瓿相类似，经合金成分分析，与妇好墓所出铜瓿的成分近似；这件瓿的质地与铜鼎不同，可能是本地文化与商周文化的互动交流过程中获得的（中国社会科学院考古研究所 2007）。这几件铜容器出土于窖藏，可能是因为发生特殊事件，主人无法将铜器带走而临时埋入的。另外在居址

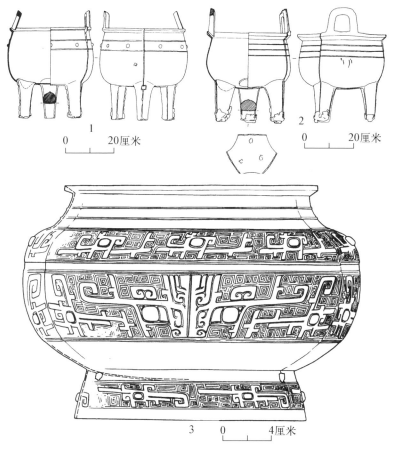

图 4.1 碾子坡出土青铜容器

（中国社会科学院考古研究所 2007：184-185；得到王巍授权）

遗存中还发现铜刀、铜匕首和铜泡各 1 件。虽然碾子坡遗址出土铜器的数量很少，但本地社群显然开始了复合范铸造铜容器的试验，商或周的礼制文化对社会上层或精英阶层产生了一定影响，且在物质文化的层面上有所体现，这无疑是与中原地区的技术传统交流的结果。

大量卜骨的发现体现了当地借鉴使用商和西周早期贵族的宗教仪式。卜骨大多出土于灰坑和房址中，共 284 片。这些卜骨的加工方式较粗糙，未去骨臼，削平脊根后稍加磨平即使用，骨臼完全保留原来形状，不去臼角。这与商文化的卜骨将脊根一面连同骨臼削掉磨平的制作方式完全不同，显得更加粗糙和原始。卜骨中发现有文字或刻划符号的仅有 8 片，能够辨识的仅有标本 H302：12，上刻有"周"或"田"字。标本 H131：15 有一"天"字，与商周甲骨文一致（中国社会科学院考古研究所 2007）。在灰坑中殉人的习俗体现了当地居民特殊的宗教祭祀方式，于灰坑 H318 中，下深 1.6 米之处埋有一具 18 岁左右的女性人骨，俯身直肢，无葬具，缺左手；其人骨下 10 厘米处发现一层厚约 35 厘米的陶瓮碎片；距坑口 2.35 米处还发现另一个人头骨。原报告中未提及人骨和陶瓮碎片是多次还是一次埋藏的，我们推测，该灰坑可能与当时的祭祀活动有关。

遗址发现了 166 例文字与符号。8 例见于卜骨，其余刻在陶器、陶纺轮和陶珠上。大多为单字，少见两字或多字连书。数字较为常见，有一、三、四、六、七、九、十；干支有口（丁）、壬、戌等；方位符号有向下、左或右；族名有周（田）、井、北（弜）等。有一种族徽形似轮子，见于商末周初的铜器上（图 4.2a，4.2b）。以往不知这种族徽来源，碾子坡发掘者认为它可能最早来自碾子坡，是西方的周人或与周结盟的群体所用的族徽。

以上的这些发现，包括铜礼器的使用、卜骨所代表的占卜习俗和灰坑中的殉人，反映了本地宗教仪式在商或周文化影响下的改变。我们没有发现本地人群照

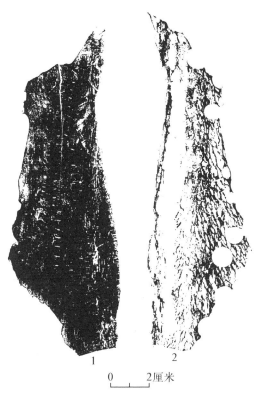

1　　　　2

0 _____ 2厘米

图 4.2a　碾子坡出土卜骨
（中国社会科学院考古研究所 2007：198-202，图137-141；得到王巍授权）

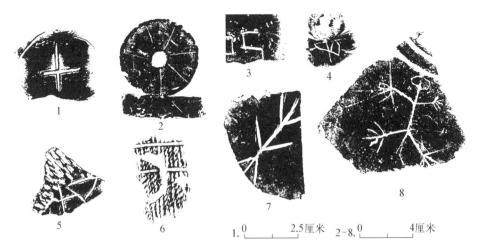

图 4.2b　碾子坡出土陶容器、纺轮和陶珠上的文字
（中国社会科学院考古研究所 2007：195，图 136A；得到王巍授权）

搬外来礼仪文化的例子，而是从其邻近的中原文化中选取有限的器物用于当地的仪式中。这些借鉴的器物被置于本地的丧葬习俗中，由于它们的稀有性而作为物质和精神世界权力的标志，它们有可能被转化成象征当地身份的重要符号。这种身份等级的构建在这里表现为沿用了本土的习俗，同时汲取外来知识和技术。对外来礼俗和器物的不均衡的接触记录了有地位的个人在当地和这一区域的出现。

　　碾子坡的晚期遗址可能比早期墓葬晚得多。这一时期随葬品明显增多，墓葬朝向也不相同。目前没有发现居址类遗存。墓葬以土圹竖穴为主，面积差别不大，大多数墓圹长 2.2-2.39 米；葬具和葬式与早期的相似，以木质棺、单人葬为主，葬式多为仰身直肢葬和俯身直肢。绝大多数墓葬随葬 1 件袋足鬲或瘪裆鬲，三座墓葬中随葬有小件铜器，两座各随葬 1 件铜镞、1 座随葬 1 件铜铃（图 4.3）。有 7 座墓内放置祭品食物，为小块肉类。M163 腰坑内殉狗 1 只；M195 填土内殉马 1 匹；M158 墓主脚端殉鸡 1 只。这些殉牲习俗与其他任何一个文化系统都不同，且商人中心区域用牛为牺牲的习俗在这里也没有出现。尽管墓向大多以东向为主，墓主多样的随葬品和葬式并没有体现出一致性，而是体现出准备墓葬的人的高度独立性。墓葬的特点体现了突出个人的愿望。

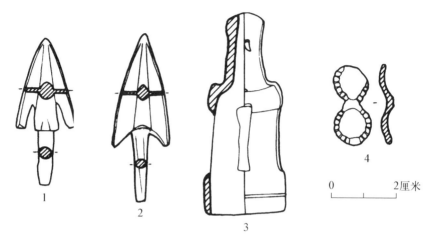

图 4.3 碾子坡出土青铜武器与饰品

（中国社会科学院考古研究所 2007：227，图 217；得到王巍授权）

对于碾子坡遗址的族属问题，各家观点差异很大。研究之初，多数学者认为碾子坡遗址是先周文化遗存，族属为姬姓周人（张天恩 1983；胡谦盈 1986；牛世山 1993；李峰 1991；刘军社 1994；雷兴山 2000）。随着研究的深入，陆续出现了不同的看法，邹衡认为碾子坡遗址应归属于刘家文化及其分支，是姜戎文化而不属于先周文化系统（邹衡 1988：19-41）。张天恩认为，碾子坡遗址是古密须国的遗存（张天恩 1998）。我们认为，由于考古资料所限，该地区考古资料较少，单纯从器物溯源和历史文献考证的角度来确定族属，目前还得不出确切的结论。可以得知，无论碾子坡遗址的族属是"姜戎一支"，还是"古密须国"，甚至是"周人"，现有的铜器、卜骨和文字证据表明，本地氏族上层的祭祀和宗教礼仪行为，在自身习俗之上，也受到了商周文化的强烈影响。

2. 泾河中游——人群的迁徙与身份认同的展示

泾河上游地区的考古发掘资料，目前只有陕西省咸阳市彬县境内的孙家和断泾两处遗址，以及淳化县境内的夕阳乡黑豆嘴、官庄乡赵家庄、润镇西梁家等出土的一批铜器墓。根据对这几处遗址和墓葬出土器物的年代和类型学分析，张天恩认为该区域在晚商时期可以分为三类遗存：在晚商早期，孙家类型[1]分布于彬县和旬邑两县境内，在淳化县西部或许也存在该类遗存的痕迹；至晚商晚期，由于晋陕高原的李家崖文化和石楼—绥德类型的影响，该地区文化发生变迁，出现彬县的断泾二期和淳化县西部黑豆嘴两个地方类型（张天恩 2004）。文化的变迁显示，或许晋陕高原的北方民族曾一度占据这一地区，下文我们将对这些问题进行探讨。

孙家类型（晚商早期）

孙家类型目前只发掘了孙家和断泾两处遗址，此外在彬县的杨峰岭、乌苏、季家坡、崖后背、下雷、下孟村，旬邑的上西头、枣林、庄合、班村以及淳化县西部的赵家庄、西梁等遗址，也采集或发掘到这一时期的遗物（中国社会科学院考古研究所泾渭工作队 1999）。

发掘的遗迹很少，只有灰沟和灰坑两种（雷兴山 2010），于断泾遗址发掘灰坑22座，灰沟1座（G1）。灰沟为长条形，宽9.9米，长1.6-1.85米，深度不一；东部有台阶状的出口，西部的地面有踩踏面痕迹。因为没有烧灶遗迹，报告推测这是一处储藏地点，因报告中没有提到发现植物，所以不能确定是否用于粮食储藏。

遗址出土的石刀、石斧、骨铲和陶纺轮等器物，反映了当地居民从事农业和纺织手工业等生产活动。出土的少量卜骨，显示了当地居民与商、周文化相似的祭祀方式，以及肉食也是居民食物的来源。居住在这一地区的人，采用农业为主，兼顾牲畜养殖或打猎的混合型经济方式。

遗址出土的遗物主要为陶器，以泥质灰陶为主（七成），夹砂红陶和灰陶次之（各一成），泥质灰皮褐陶和泥质红陶数量很少。纹饰以麦粒状绳纹为主，并有其他

---

[1] 张天恩和雷兴山在其著作《关中商代文化研究》和《先周文化探索》中，对孙家类型和断泾二期遗存有较多的讨论。"孙家类型"为殷墟二、三期，分布在彬县、旬邑两县境内的一类地方考古学文化。由于该文化的时代延续范围与郑家坡文化前三期接近，陶器特征与郑家坡文化多有相似，因此学者多认为这是同一文化的两个不同地方类型。根据对郑家坡文化族属的确认，张天恩认为郑家坡文化代表先周文化，而孙家类型属于先周文化的一个地方类型；雷兴山认为目前尚不能确认郑家坡文化和孙家类型是先周文化，它们的族属不是文献记载的公刘、古公亶父那一支的姬姓周人。

绳纹、弦纹、方格纹、附加堆纹、花边口沿等。种类有鬲、甗、盆、罐、豆、瓮以及簋、盂和器盖等。孙家类型的特征与郑家坡早期文化出土陶器的特征相似，不同点是郑家坡多泥质红褐陶而孙家类型多泥质灰陶。此外，矮领花边鬲作为两类遗存中占主要地位的炊器，裆部制作稍有差别，郑家坡遗址多见联裆，孙家类型多见分裆（宝鸡考古工作队 1984）。总的来说，这两类遗存具有很多的相似性，而不高的梁山山脉横贯在这两种类型分布范围的中间，可能是造成差异的原因。

断泾二期遗存和黑豆嘴类型（晚商晚期）

大约在殷墟三期前后，在彬县、淳化地区，由于受到晋陕高原李家崖文化和石楼—绥德类型南下的影响，该地区文化发生了变化，出现了彬县的断泾二期和淳化黑豆嘴两类遗存。

断泾二期遗存

该类遗存目前仅发现于咸阳市彬县的断泾遗址，发掘报告将所获遗存分为两期，第一期属于上文所述"孙家类型"，第二期遗存特征鲜明，与一期的差别明显。张天恩和雷兴山认为第二期遗存上限相当于殷墟二、三期或略晚，其下限早于商末（雷兴山 2000；张天恩 2004：237-244）。

遗迹只有圆形和椭圆形的底状灰坑，均较为浅小。清理的七座墓葬中有四座（M4-M7）为典型的商代墓葬。其中 M4 较大，墓圹一面有生土二层台，墓底有腰坑，内殉 1 狗 1 鸡；发现脚坑，内殉一人；二层台上殉两人。M5 面积稍小于 M4，墓圹四面留有生土二层台，墓底殉狗 2 只。M6、M7 乃小型墓，分别在墓圹的三面和四面留有生土二层台。四座墓皆为竖穴土圹，葬具为单棺或一棺一椁。墓葬皆经盗扰，随葬品组合关系不清，但从 M4 和 M7 出土的多件器物看，与石楼-绥德类型类似，有厚葬习俗（中国社会科学院考古研究所泾渭工作队 1999）（见第三章）。

陶器中灰陶占九成多；纹饰以绳纹为主，占六成；素面也较多，占两成；此外还有少量弦纹、附加堆纹、方格纹。器类主要有鬲、甗、罐、簋、盆等。陶鬲的领口较高，多在颈部饰一圈索状细堆纹，其中 M4：5 的陶鬲"器表涂朱，局部有丝织品痕迹"（张天恩2004），与断泾居址H2：7，H2：6发现陶鬲的形制相同。这类陶鬲与李家崖文化的一种陶鬲极为相似。而折肩罐、高圈足盆形簋等，又有孙家类型陶器的特点。

铜器主要发现于M4中，有装饰品、铜锥、铜泡等工具，武器有单突钮环首刀、笔帽形的金和铜饰，以及带有北方青铜器特点的柳叶形管銎铤镞等器物（Jettmar 1967：49，60，74），其中一件柳叶形管銎铤镞的叶铤之间一侧带有倒钩，非常罕见（Watson 1971：122–123）（图4.4）。此外M5也随葬有铜泡1件，铜钉1件。M4出土的铜器多不见于泾渭河流域的相关墓葬，而与晋陕高原的石楼–绥德类型出土的金属器相似。李家崖文化曾出土过一个独特的石雕骷髅像，而在断泾征集的文物中，也恰恰有一个骷髅形锡饰（张天恩2004）。以上种种迹象说明，断泾二期遗存与李家崖文化存在较明显的渊源关系，但是两者也存在一些差异，断泾二期墓葬留有生土二层台和腰坑及脚坑，以及殉人的现象也比较特殊；这与李家崖文

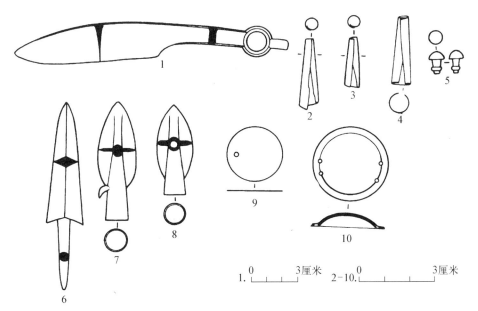

图4.4　断泾遗址出土青铜工具、武器以及金饰品
（1–4、6–8、10. 出自M4　5、9. 出自M5；中国社会科学院考古研究所泾渭工作队1999：81，图12）

化熟土二层台，无腰坑，未发现殉人的现象不同。众所周知，腰坑、殉人是商文化的习俗，在关中商文化的代表老牛坡墓葬中，较多的墓内留有生土二层台，并有脚坑（刘士莪2002）。

虽然断泾遗址社群丧葬习俗与商文化较为近似，但同时它们也使用单突钮环首刀、笔帽形的金饰和铜饰以及柳叶形管銎铤镞等带有北方青铜器特点的器物，这些金属器与李家崖文化存在联系，表明本地群体或许根据自己的意图选择使用不同的器物。

黑豆嘴类型

黑豆嘴类型指分布于陕西淳化县境内的一类晚商时期的遗存。以夕阳乡黑豆嘴、官庄乡赵家庄、润镇西梁家等几个出土青铜器的墓葬为代表。这类遗存目前没有发现居住遗址，张天恩曾在上述几个典型遗址调查时发现鬲、罐、甗等陶器；在鬲和罐的唇面上普遍发现有划或刺的纹饰，与断泾二期陶器的装饰风格不同，因此将其命名为黑豆嘴遗存（张天恩2004）。

1982年在淳化县夕阳乡黑豆嘴村曾先后发现四座商代晚期的墓葬（姚生民1986；1990），皆经盗扰，随葬品组合关系不清，但仍出土了兽面纹贯耳壶、兽面纹爵等一批青铜容器，以及直内钺、直内戈、镞、泡、弓形器、斧等兵器、车马器、工具。从青铜容器风格来看，与殷墟出土的同类器物相近，M2出土的兽面纹爵，与殷墟出土的爵形制基本相同，仅两柱不是常见的菌状柱或伞状柱，而是四面坡形的屋顶形柱；M3出土的兽面纹贯耳壶与殷墟小屯五号墓出土的妇好扁圆壶相近。青铜容器、工具、兵器、车马器的形制与殷墟的同类器物相同（图4.5）。1983年淳化县官庄乡赵家庄发现了商代墓葬（编号CHZHM1），出土了简易兽面纹鼎以及刀、斧、镜等器物。鼎的形制与安阳小屯M17出土的鼎相似，为深腹，但柱足较之为细。从发现铜器看，基本没有早于殷墟三期者，因此可以判断该类遗存的时代为殷墟三期或略晚。由于随葬组合关系不清，我们较难判断这一群体是否使用借鉴了商或周的丧葬习俗，但是大量青铜容器随葬于墓葬中，表明了物品、技术、思想观念的输入，暗示了人群的迁移以及上层阶级或精英阶层彰显他们的权力或表达自身权威的意图。

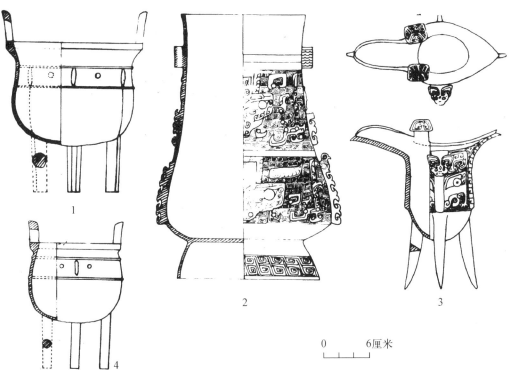

图 4.5 黑豆嘴类型青铜容器
（姚生民 1986：16，图五）

　　此外，黑豆嘴的墓葬中还出土了銎内钺、銎内戈、环首刀、金耳饰等带有北方系青铜器特点的器物。其中銎内戈、环首刀与石楼-绥德类型的同类器近似，云形金耳饰则只在第三章讨论的石楼-绥德类型中发现过（图4.6）。M2銎内丁字形孔铜钺与卡约文化潘家梁墓地 M117 所出形制近似。这些具有北方风格的铜器，无疑是稀有和宝贵的，也同样体现了墓主对于其在社群中身份和地位的表达。

　　本地社群的上层或精英阶层随葬与商王朝中心统治区相似的礼器，显示出本地社群对中原礼制文化的认同；而使用石楼—绥德类型青铜器随葬，则说明他们也在积极进行金属器的制作和试验，他们在某一方面有意识地持了自身文化传统并与中原文化保持距离。同时，也可能说明商周文化势力的扩张导致本地社群可能通过战争的方式与中原文化发生接触。

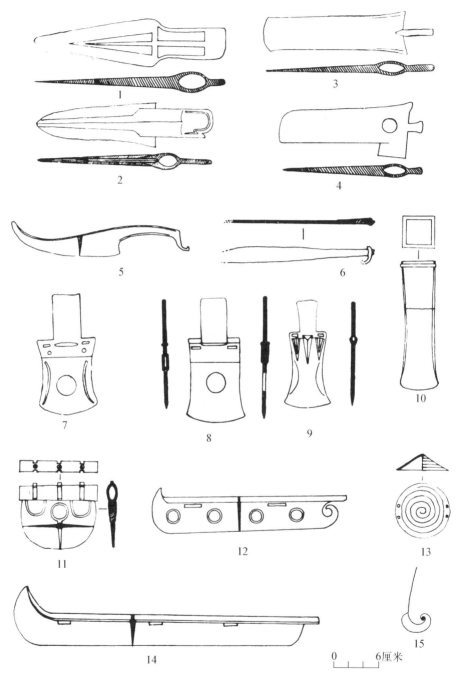

图 4.6　黑豆嘴类型出土的青铜工具、武器和金饰品

（1—6、10.姚生民 1986：16　7—9、11、12、14.姚生民 1986：19　13、15.姚生民 1986：15）

泾河中游商代晚期的文化变迁显示，或许晋陕高原的北方民族曾一度占据这一地区，晋陕高原黄河两岸的石楼—绥德类型曾集中出土商代晚期的青铜器，本章的作者之一曾撰文论述这里是商晚期重要的北方方国，鬼方和舌方的所在地。大概至迟约殷墟三期始，由于环境气候的压力，这些方国开始南下，从子午岭通道进入关中（Huang et al. 2003；史念海 1981；曹玮 2009）。子午岭自古是陕西的南北通道，秦始皇修直道就从子午岭穿过。经考古调查，可知"秦直道遗存自淳化北部的秦林光宫北门始，沿旬邑、黄陵的子午岭向北，经富县、甘泉、志丹、安塞、榆林等地延入内蒙古自治区"（国家文物局 1998）。这些方国在子午岭南北两侧，留下了南下的遗迹，分别在子午岭南端的淳化黑豆嘴和北端的甘泉下寺湾发现的商时期遗存就是典型例证。淳化县的夕阳乡黑豆嘴位于淳化县城的东边，官庄乡赵家庄位于县城的西边，秦直道从二地的北边向北，穿子午岭，进入甘泉境内后，在下寺湾西边过境，向北延伸。这条古代通道于商晚期，仍是陕北进入关中的主要交通要道，而淳化黑豆嘴、赵家庄与甘泉下寺湾的商代墓葬就是这条通道最好的证明。

　　陕西省甘泉县下寺湾石油钻采公司在下寺湾阎家沟挖掘加油站的储油库时，发现商代晚期包括铜礼器、兵器、马器以及金、骨、石等质类的器物共七十余件。铜器计有鼎、簋、甗、尊、卣、瓿、罍，马器以及兵器钺、戈、三銎刀、铃首匕、镞等 57 件，是截至目前陕北发现最大的一座商代晚期的墓葬（王永刚，崔风光，李延丽 2007）。从铜容器的形制看，与殷墟的同类器物形制相同。而铜马和三銎刀、铃首匕、兽首带环铜勺、铃首剑等则是晋陕高原独具特色的铜器（图 4.7）。杨建华和林嘉琳（2012：187）认为在商代晚期至西周初，马的使用，增加了晋陕高原北方群体的流动性；而对武器如铃首剑的重视，说明他们的武装化程度加强，很可能在这一时期开始了四处游移的马背征战生活（杨建华，林嘉琳 2008）。

　　综上所述，商代晚期泾河流域的文化面貌较为复杂，孙家类型、碾子坡类型及黑豆嘴类遗存等多种文化共存，社群对技术和文化传输的接受程度不同，因而其定

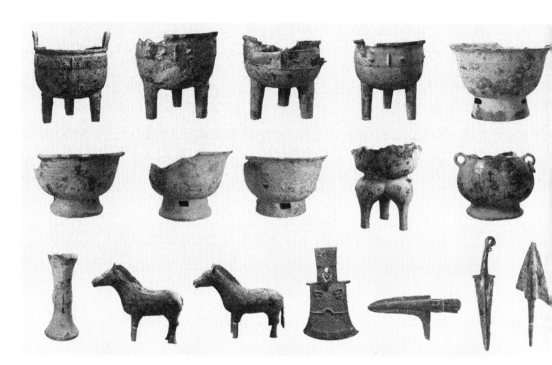

图 4.7　阎家沟遗址出土铜工具、武器和容器
（曹玮 2009：7，图 6）

义和构建自身文化认同的方式也各不相同。同时外来移民的加入，也让这一区域的人群更为多样。而其后的西周时期，这一地区应是王畿地区的北部，周人文化遗存向北进入这一地区并迅速取代了商代以来的多种文化类型，留下了甘肃崇信于家湾（甘肃省文物考古研究所 2009）、灵台白草坡（魏怀珩，伍德煦 1972；甘肃省博物馆文物队 1977）和陕西泾阳高家堡（陕西省考古研究所 1995）等西周遗存，本区的文化面貌发生了根本的改变，所见青铜器完全属于西周礼制系统，基本不见北方系青铜器。

3. 渭河谷地西部（宝鸡地区）刘家文化——文化和政治面貌的急剧转变

刘家文化是商代渭河流域的一支本土文化，主要分布于天水以东，扶风以西的渭河流域（张天恩2004：277-319），其中宝鸡地区最为集中，现已发掘刘家文化的遗址主要有扶风刘家、宝鸡纸坊头和高家村等。年代大致为二里岗上层至商末周初，约公元前15世纪至公元前11世纪。目前，学者对年代的看法众说纷纭。大多数学者认为其年代下限应在商周之际；年代的上限则囿于考古资料的不足，提出了二里头文化晚期（陕西周原考古队1984）、二里岗下层（刘军社1994）、二里岗上层（张天恩2004：304-306）、殷墟一期（西江清高1994；饭岛武次等1992：229-255）、殷墟二期（邹衡1988；张天恩1993；牛世山1998；王巍，徐良高2000）等多种不同意见，年代问题的解决还有待考古资料的进一步丰富。

刘家文化面貌独特，目前发掘的遗迹均为墓葬，带竖穴墓道的偏洞室墓葬和出土高领袋足鬲与高领圆腹罐等随葬品，表现出有别于周边同时期文化的特点。发掘的刘家文化墓葬，带竖穴墓道的偏洞室墓是中国西北地区流行的墓葬形制，刘家文化的高领袋足鬲无论在形制上还是制作方法上，与周边商文化的分裆鬲及先周文化的联裆鬲都具有明显差别。高领圆腹罐多带耳，有双耳、单耳、双腹耳三种，耳面流行"X"形刻划纹和三角、椭圆形戳印纹。

从目前调查的情况来看，尽管早期的刘家文化遗址发现很少，但分布区域却极为广泛，很可能是牧业经济流动性较大特点的具体反映。高家村M14等单位的陶器内装有碾碎的粮食，则表明约在晚期阶段，农业经济也已占有较重要的地位。刘家文化很可能是一种半农半牧的生业方式，随着其向东进入肥沃的关中平原，其农业经济得到了迅速发展，在生业中的比重开始增加。

近年来，张天恩综合关中地区的考古新发现，依据陶器，特别是高领袋足鬲形制的变化将刘家文化分为五期，并初步厘清了刘家文化由西向东发展的总趋势（张天恩2004）。刘家文化一、二期以高领袋足鬲和高领圆腹罐为主要特征，主要分布于陇山东西两侧，基本形成了甘肃省的庄浪和陕西省的宝鸡两个分布中心，并不断并向东和向北方向扩张；第三期刘家文化向东扩张至周原地区，取代了京当型商文化的统治地位，随葬高领袋足鬲和高领圆腹罐的偏洞室墓在关中西部大量出现，伴随产生的是陇山以西地区刘家文化的衰弱。第四期向东发展势头开始衰减，墓葬除偏洞墓外，出现了土圹竖穴墓和带头龛的土圹竖穴墓，陶器仍以高领袋足鬲和圆腹罐为基本组合；同时，随葬品中出现铜礼器、兵器及工具，体现出其受殷商青铜文化的影响。第五期，涌现出大量先周文化因素，偏洞墓减少，联裆鬲与高领袋足鬲共出，呈现出一种文化融合的局面。

器物风格类型和埋葬习俗显示出刘家文化在前三期和四、五期之间，发生了很大转变。这是刘家文化与殷商青铜文化和先周文化碰撞后发生的变化。这种变化在铜器上表现得更为明显。刘家文化一至三期的墓葬很少随葬铜器，仅刘家墓地M41 随葬有多件铜装饰品、铜管、双联铜泡和小铜铃；M41 为偏洞室墓，方向80度、性别、年龄不详（图4.8）。墓主头端出土双联小铜泡3 枚，盆骨两侧发现的3节铜管和1 件小铜铃可能是串联在一起的。这些铜装饰品与西北地区青铜文化的同类器颇为相似，显示出刘家文化与中原文化的明显差异。刘家 M41 随葬2 件陶鬲、3 件陶罐，与其他墓葬随葬品数量相当；墓葬规模也与其他非铜器墓无太大差距，铜器更多的作用是起到装饰功能，而不是社会等级的标志物。

刘家文化四、五期，随葬铜器组合的增加和埋葬习俗的改变，显示出刘家文化对于商周礼制的广泛接受，尤其是第五期"几乎所有的遗址和墓地反映的文化面貌与四期以前有了明显的不同，刘家文化本土因素在急剧削减，而其他非刘家文化的因素在飞速增长"（张天恩2004：303-304）。铜礼器开始出现，发现有弦纹鼎、乳钉纹鼎、乳钉纹簋、斝、卣、罍、瓿，同时也发现有少量兵器戈、镞以及工具斧、锛、凿等（图4.8）。器类已经比较齐全，形制、纹饰几乎与殷墟晚期的同类器物毫无差别，且出现了较为严格的1 鼎1 簋组合，明显是对殷商青铜文化的接收与继承，而无从其自身文化系统器具演变的迹象。这类墓葬如宝鸡峪泉M5、旭光 M1、林家村等墓葬均为土圹竖穴墓，有棺椁葬具，有二层台，部分墓葬有殉人和腰坑，随葬有青铜容器和工具等，随葬的陶器则是刘家文化典型的高领袋足鬲。对于这类墓葬，有学者通过具有鲜明特征的高领袋足鬲，将此类墓葬归为刘家文化（张天恩2004：300-301）；也有学者认为墓葬形制和埋葬习俗比随葬陶器更能说明族属，主张墓主并非全属刘家文化，部分墓主可能属殷遗民，其

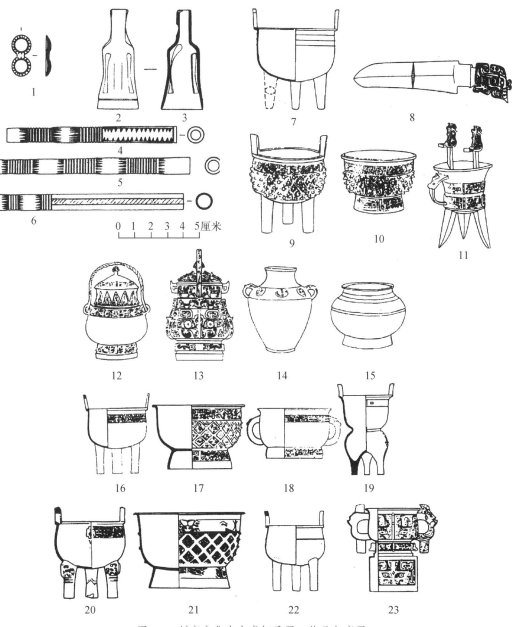

图 4.8　刘家文化出土青铜兵器、饰品与容器

（1-6.陕西周原考古队 1984：19，图4　7-23.张天恩 2004：296，图52；比例尺只针对 1-6；得到张天恩授权）

年代也可能晚至西周时期（路国权等2009）。由于此类墓葬发现零散，而考古学文化与族属并不能简单地一一对应，这两种解释都有可取之处，但目前此类墓葬的族属尚难以定论。无论这些墓葬的主人所属何族，我们都可以从材料中观察到，当一支新的人群进入宝鸡地区，就如第一章所提出的，当地文化的身份认同发生了改变。当地的原住民也有可能受到其他群体的新的习俗和技术的影响，因而造成了器物风格和埋葬习俗的变化。可以肯定的是这种变化就发生在权力争夺和冲突较为频繁的商末周初之际。我们可以预期，人群的身份认同将会发生转变以适应其政治和文化的从属关系（见第一章）。

4. 洮河流域寺洼文化（公元前 1400–公元前 700 年）——商周礼制的模仿与使用

寺洼文化主要分布在甘肃中南部和东部，从洮河流域延伸到泾河流域，以及白龙江与嘉陵江上游，其年代上限大致在商代晚期或商周之际，下限至春秋中期，绝对年代相当于公元前1400至公元前700年。该文化至少可分为两期，早期以寺洼山、苞儿、临潭磨沟、合水九站遗址早期阶段为代表，典型器物为单马鞍口罐，其次有平口罐、鬲、鼎、器盖，罐类器物矮胖，马鞍口较浅。在早期阶段寺洼文化首先于甘肃的渭河上游和洮河流域发展起来，并且在先周末期向东扩展至泾河上游（Li 2006）。晚期以九站、徐家碾、栏桥遗址为代表，在甘肃东南部和南部地区有地方性差异。东南部的九站和徐家碾遗址，墓葬中的陶器存在两种不同系统，其中属寺洼文化系统的主要器型有双马鞍口罐、盂、高座杯、双联杯和单圆座五联杯等；而另一系统的主要器型有联裆鬲、盆、豆、簋、瓮，形制风格接近关中地区先周晚期至西周文化的同类器物。不同系统的陶器，体现了新技术的传输与使用，甚至是新的人员或人群的迁入。与东南部的遗址不同，甘肃南部的栏桥遗址仍保留着土著文化传统，其弧腹双耳罐、花边罐极具地方特色（甘肃省文物工作队等1987；赵化成1989：145–176；谢端琚2002）。总之，这些遗址出土的陶器体现了区域间的差异，而不是权力等级的差异。

寺洼文化采用了农业-畜牧混合的经济生产方式。墓葬出土的随葬品组合显示了农业的重要性，在磨沟墓葬中发现有斧、砾石、研磨棒和磨盘；九站居址中发现有较大的石刀，以及石斧、砾石、石研磨器、骨铲等农业生产工具。随葬家畜动物有黄牛、马、猪和羊，食肉动物的存在说明居民的动物蛋白获取途径可能包括驯养和狩猎两部分（中国社会科学院考古研究所 2006），磨沟墓葬中出土的细石器体现了为补充食物而进行的狩猎行为。

寺洼文化的居址发现很少，目前仅九站遗址保存相对完好。九站遗址包含有居住址和墓地两类遗存。居址位于遗址东南部，发现有房址、灰坑以及石板垒砌的水槽设施等。墓地位于居址以北的山坡上，墓葬基本为土圹竖穴墓，多在头部稍高处挖有小龛。葬具多为长方形单棺，个别有一椁一棺。葬式以仰身直肢葬和乱骨葬居多，另有少量俯身葬和屈肢葬；多单人葬，合葬极少。有殉人的墓葬3座，殉人习俗显示九站居民已经有了明显的等级差别，这些殉人可能为奴隶或战俘。徐家碾墓葬的情形与九站类似，墓葬常见两人一组，并有分层埋葬的习俗（王占奎，水涛 1997）。栏桥遗址的墓葬也为竖穴土圹墓，但不见头龛，随葬品放置在墓圹内；墓葬内均有随葬品，少者也有13件，可能是墓葬的级别较高。

寺洼文化早期阶段（公元前1400-公元前1100年）的铜器主要出土于磨沟遗址，以装饰品为主，工具很少，不见武器，种类主要有削、泡饰、耳坠、月牙形项饰以及小型铜管、铜环等，另外还有少量金耳环和复合型装饰品（甘肃省文物考古研究所，西北大学文化遗产与考古学研究中心 2009；毛瑞林等 2014）（图4.9）。其中最引人注目的是月牙形项饰，这种装饰品是安德罗沃文化中的典型器物，切尔内赫曾经研究过这类器物，并提出冶金传输是一个交流互动的过程。他认为塞伊玛-图尔宾诺文化以及与其相关的安德罗诺沃文化（Chernykh 1992: 269, 305-306）与西北地区的冶金技术有直接交流，这件项饰无疑成为他观点的有力证据。此外，耳环、泡饰和小型的铜管、铜环等金属制品和石质权杖头，也都是西北各类青铜文化中常见的器物，在中原地区少有发现。

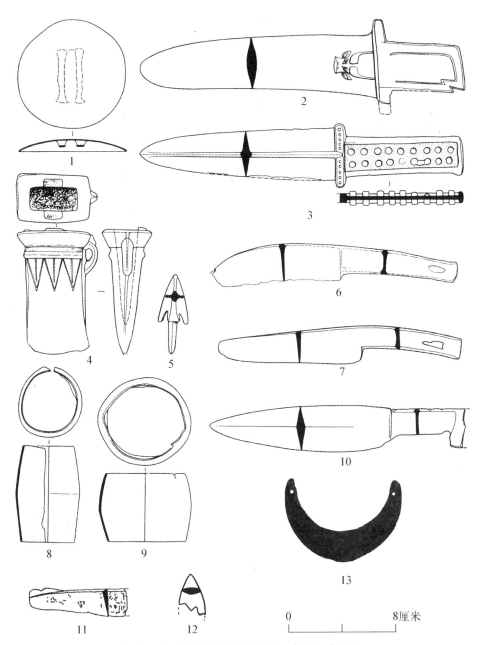

图 4.9　寺洼文化早期的铜工具、武器和装饰品
（1-10. 占旗遗址出土，甘肃省文物考古研究所等 2012：45，图 12　11-13.磨沟遗址
出土，毛瑞林等 2014：34-35，图 13、15；图 13 为王振提供）

0　　　　　　　　　　8厘米

值得注意的是，在磨沟遗址发现了中国境内出土的最早的人工冶铁制品的证据。M444 头龛里右侧的双耳罐上发现铁条一件，在 M663 接近墓底的填土中发现炼铁块（M663）一件。铁条经鉴定为锻打而成，是人工冶炼制品（陈建立等 2012）。早在公元前 2500 年，西亚地区的赫梯人就开始使用人工冶炼铁，在文献中也有赫梯人与亚述人进行贸易的记载。Tylecote 指出，冶铁技术自公元前 800 至公元前 500 年或更晚由伊朗传播到印度和中国（Tylecote 1992: 14）。但是近年的发现证明最迟在公元前 1000 年，人工冶铁技术可能已经由伊朗西北部传入新疆地区（郭物 2012）。在豫西、晋南地区也集中出土了大量早期的铁器制品，这些铁器可以追溯到公元前 9 世纪（陈建立等 2012）。正如我们在第二章中指出的，技术格局受到欧亚草原甚至更西更北的金属器制作方式的影响，这种技术的传输与当地的技术实践试验实际上是非常迅速的。

寺洼文化早期随葬品中的中原因素很少，金属器以本地制作技术特征以及欧亚草原文化的因素为主，而陶器当是本地齐家文化制作传统的延续（第二章）。对于寺洼文化陶器制作传统来源的探讨，目前以"齐家文化说"在学界占主流（吴汝祚 1961；陈洪海 2003）；但与齐家文化不同的是，寺洼文化的陶器通常为手制，火候低，器表质感粗糙，质量较差。近年来，在磨沟遗址发现有部分和寺洼文化相似的陶器与齐家文化陶器共存，有学者把这批陶器命名为"磨沟式陶器"（孙治刚 2011）。这批陶器的发现直接证明了寺洼文化的陶器制作来源于齐家文化，是本地居民对陶器制作技术的传承与发展。

总的来说，在寺洼文化早期，本地居民的手工业技术更多是采用本地制作方式的传承，同时欧亚草原的冶金技术也对本地的金属器制作有很大的影响。接下来在寺洼文化晚期阶段（相当于先周文化晚期到西周时期，公元前 1100-公元前 700 年），随着西周王朝中心统治区在关中地区的建立，强势的周文化迅速向四周扩展。与此同时，寺洼文化也从原本分布在渭河上游与洮河流域，发展至周人的老家泾河流域，直接面对西周王朝的核心势力。前文我们曾经提到，甘肃东南部的九站和徐家碾遗址的两类形制完全不同的陶器中，有一类接近于关中地区先周晚期至西周文化的同类器物。这类陶器不只出现在遗址内，墓葬内也有随葬，并且数量很多。有趣的是，在墓葬中周文化的陶器和寺洼文化传统形制的陶器混用，这两类陶器不仅仅作为生活器皿，也是当地不同社群表达其身份认同的物质象征。九站遗址位于泾河流域上游合水县，而徐家碾遗址与泾河上游的庆阳地区也相距不远。上文曾讨论过，泾河流域是周人的老家。在先周晚期和西周时期（公元前1100-公元前700年），庆阳地区发现有崇信于家湾、灵台白草坡等7处周文化遗存。学者多认为这里是西周的边疆，于家湾和白草坡遗址是周人的军事重镇（李峰2007）。人类学家的研究表明，处于边界的人群，表达自我和群体定义的愿望更加强烈，使用和随葬周式陶器或许代表了本地社群对强势周文化传入的新技术的采纳和接受，甚至可能暗示了新的人员或人群的进入，以及本地团体对于自我和人群身份的重新定义。

金属器也体现出周文化对寺洼文化的影响。在寺洼文化早期，我们还没有发现制作和使用中原传统的金属武器的现象；至晚期阶段，各个典型遗址都有中原式铜武器出土。在徐家碾遗址出土了3件长胡带穿戈，形制是典型的商周式铜戈，九站遗址和栏桥遗址也出土了类似的铜戈（王占奎，水涛1997）（图4.10）。同样，在徐家碾遗址出土了3件三角援铜戈，这种形制的铜戈在四川地区、汉中地区的城固宝山遗址、关中西部的弢国墓地和甘肃的灵台白草坡墓地均有发现。对三角援铜戈的来源，学者多有争议，有学者认为其来源于四川盆地，向北经汉中地区传播至关中西部和甘肃东部（孙华，2000）；也有学者认为其起源于关中地区，向西北传播至甘肃东部，并向南影响了汉中和四川（卢连成，胡智生1988）。目前看来讨论这种铜戈的来源还需要新的证据。但可以肯定的是，西周王朝的势力扩张，是这类铜戈迅速传播的重要原因。而外来金属器的使用，暗示了新的人员或人群的进入，同时本地社会上层对强势周文化及其相关文化传入的新技术的采纳和接受，也是精英阶层对其权威和权力的彰显与表达。

更为有趣的改变是商周文字在寺洼文化的陶器上作为刻划文字来使用。在徐家碾发现的陶器和陶纺轮上，有阴刻或朱书的文字、符号共81例，绝大多数为商

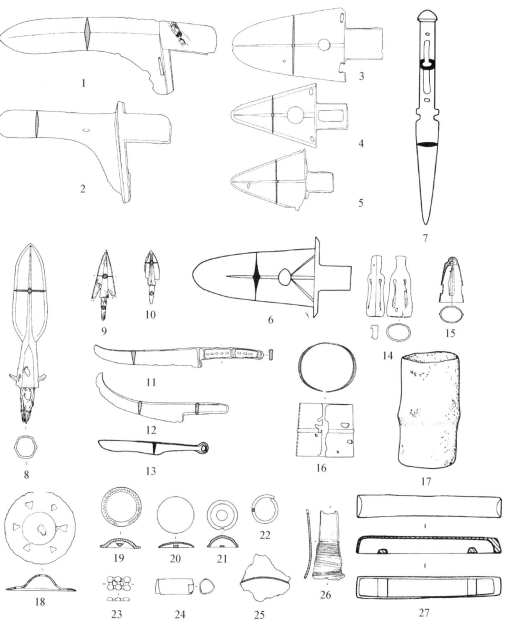

图 4.10 寺洼文化晚期的铜工具、武器和装饰品

（1−5、8−12、14−16、18−27.徐家碾遗址出土，中国社会科学院考古研究所 2006：90、92、95、103 6、7、13、17.九站遗址出土，王占奎，水涛 1997：437−439，图 93、94；得到王巍授权）

1,2,8-12,14-16. 0 ⌣ 3厘米   3-5. 0 ⌣ 3厘米   6,7,13,17. 0 ⌣ 3厘米   18-27. 0 ⌣ 3厘米

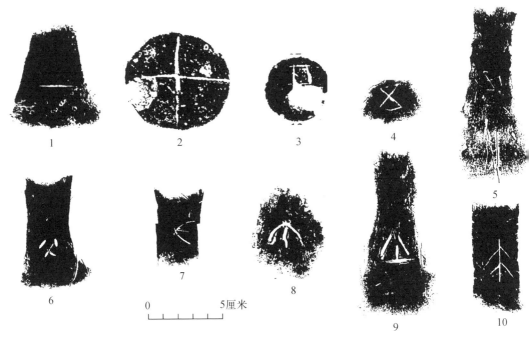

图 4.11　寺洼文化的刻划符号与文字
（徐家碾遗址出土，中国社会科学院考古研究所 2006：116，图 65；得到王巍授权）

周文化常见的文字；可辨认的数目字主要包括 1、5、6、7、16 等，也有少量的干支丁、癸等，以及父、个、虫、在等字（图 4.11）。这些文字笔画简单，多是单字，刻划在陶器表面的颈部和腹部，没有多字连书的现象，可以判断是作为某种符号或标记来使用的，与西周金文成熟的书写系统差别较大。在较早的齐家文化和寺洼文化的另一个地方类型——栏桥类型中，也都发现过刻划符号，但是没有类似商周文字的符号（中国社会科学院考古研究所甘肃工作队 1983）。这种差异说明了本地群体对于强势周文化的认同，也反映了徐家碾遗址出土的这些商周文字刻划符号，是西周的中心势力向泾河流域发展的产物，当地群体只是从形式上模仿了商周文化的文字，并不一定了解其含义。

　　先进的武器多数来源于中原，而工具尤其是装饰品，则带有鲜明的本地特色。人类学的研究表明，装饰品对于人类的个人和群体的认同，有极为特殊的意义。寺洼文化晚期发现的装饰品，如铜耳环、铜管、半圆管状铜饰、圆形镂空铜牌饰、铜泡、铜铃等，是西北地区的常见的形制（见第二和第三章）。值得注意的是，徐家碾的两座墓中在墓主人面部或头部各出土了 3 枚铜泡，泡呈品字形排列，可能是缀附在丝织品的覆面上的，体现了本地特殊的丧葬礼仪。此外，在九站 M24 出土的短剑，蘑菇形首，直柄，柄上有槽，这类短剑在西周晚期至春秋早期的杨郎文化中也比较常见。矛和臂钏是西北地区常见的武器，在卡约文化中较为常见（Shelach-Lavi 2015: 239）。

不论我们如何解释寺洼文化早期和晚期之间错综复杂的文化交流带来的转变，很显然接触和联系是其中重要的过程。寺洼文化早期墓葬中，金属器的使用是偶然性的，它们的形制反映了来自欧亚大陆东北部安德罗诺沃文化和塞伊玛-图尔宾诺文化的影响，并不担当任何丧仪的主要角色。随着西周王朝的崛起和王畿地区的建立，西周王朝对青铜礼器（包括青铜容器和武器）的使用就影响了这一邻近地区。青铜武器的生产和使用的增加，必然受到了西周王朝的影响，甚至生活使用的陶器也有周文化的影子。约束和时机都可能对当时寺洼文化的生活和社会群体造成影响，这些也一定影响到了墓葬内随葬物品的选择。

在过去的近 80 年间，学者对于晚商时期（公元前 1300-公元前 1000 年）泾河流域和渭河流域北方民族的考古学发现与研究，是伴随着考古学家对先周文化的不断探索而逐渐展开的（雷兴山 2010；Hsu and Linduff 1988：33-49；Rawson 1999：375-382；Shaughnessy 1999：302-307；李峰 2007，2013：112-117）。时至今日，对于寺洼文化、刘家文化、断泾二期和黑豆嘴类型属于北方民族文化系统，学者们的观点已趋于统一；而对碾子坡文化和孙家类型，学者们认识的分歧相差较大。这种差异主要是由于对各遗址相关遗存的分期年代及考古学谱系的认知差异造成的，限于考古资料十分有限，笔者目前无法得出一个使各方都能接受的结论（邹衡 1988：19-41；中国社会科学院考古研究所泾渭工作队 1989; Li 1991；张天恩 1998，2004：237-245；雷兴山 2000）。可以肯定的是他们多属于农业-畜牧混合经济体，并在这一时期先后选择加入周人的阵营。通过模仿周人的书写方式、占卜方式和使用周文化的礼器如鼎、簋以及武器戈等，这些群体的上层阶级或精英阶层重新构建其身份认同，这种转变与周文化的发展和西周王朝的权力扩张是密不可分的。

随着西周王朝在关中西部的崛起，周边一些群体，如碾子坡文化、孙家类型、刘家文化，逐渐与周文化相融合；而另一些群体，如黑豆嘴类型，寺洼文化，则保持更多自身独特的习俗和器物，以彰显自己的权力，或甚至宣扬其独立的不从属于商周王朝的地位。商人和周人对其西北方人群的态度不尽相同；而面对商周王朝的崛起，这些群体的应对方式也有所差异，研究古文字和文献中记载的商周西北方族群，可以从另一角度探讨这些差异产生的当地背景。

5. 羌人与姜姓一族——文献中北方族群和商周王朝的联系与互动

商末至西周中期，西北边疆活跃着诸多族群，两个重要的名称——"羌"和"姜"在甲骨文、金文以及历史文献中时常被提及。商对"羌"以"战"，而周对"姜"以"和"，商周对其西北方族群的不同态度，体现二者的政治诉求的不同。"羌"人在多数情况下与商王朝处于敌对状态，大批羌人作为祭祀的牺牲遭到杀戮，甲骨文中仅见少量身份地位较高的羌人服侍于商王左右（罗琨1991）。而姜姓一族则选择逐渐融入周王朝的西土集团，周、姜在周人迁岐之后甚至进行联姻。

卜辞中的"羌"，是殷人泛指西方族群的通称（李学勤 1959：80；王慎行1991）。羌分布在一个相当广阔的地域里，羌人并非都冠以羌字，有的仅称族氏而省略羌字（罗琨 1991）。在商代的甲骨文中，征羌、伐羌的卜辞多不胜举。许多卜辞的内容都说明，在商人眼中羌是相当有敌意的西方人群，从武丁开始到禀辛，甲骨文中都有对羌战争的记载，如：

　　　　庚午卜，殷，贞征羌。（乙 4416）

　　　　勿登人乎伐羌。（乙 4598）

获羌二十又五。（后下 38.7）

卜辞中记载商或其属国与羌之间的战争，有时战争规模相当大：

辛巳卜，贞，征妇好三千，征旅万，呼伐羌。（库方三一〇）

这次伐羌，征集了妇好率领的军队三千人及一万正规军，可谓规模庞大，由此
也看出了殷人的重视及羌的强大。

大量卜辞记载商人用羌人进行人殉、人祭，一次用"羌"可达三百人之多，而
且将十二种用牲方法用于羌人（王慎行 1991）；殷人在祭祀祖先或神灵时，往往把
人牲"羌"与物牲"牛羊"并用，表明"羌"在当时的商王朝社会地位是十分卑贱
低下的。

酒匚于上甲九羌，卯一牛。（后上 28.2）

在大多数被俘羌人成为人牲被杀掉后，少数的羌人则被留下来成为奴隶，供殷
商贵族奴役，从事农业生产和狩猎等活动。如：

卯子卜，宫贞，叀今夕用三百羌于丁用。（粹 245）
贞，王令多羌垦田。（粹 1222）
羌其陷麋于斿。（合集 5579）

胡厚宣先生曾做过统计，卜辞中羌作为人牲被杀掉的多达七千七百五十人，占
卜辞中的人牲总数的一半以上（胡厚宣 1974）。显然，在商人眼里羌人不仅是敌
人，也是可以被视为非人的异族。

在西周金文中"羌"字非常罕见，没有被用作人群称号的例子。或许是因为

羌是商人对西方人群的敌意称呼，并没有被位于其西方的周人所使用。"羌"作为商人心中西方异族的称号，其群体身份是多元的，这些族群生活的地区可能包括现今关中西部和北部，以及甘肃东部的广大范围，即上文中的渭河谷地西部以及泾河、洮河流域。值得注意的是，在卜辞中征羌、伐羌一类的记载基本都是禀辛、康丁以前的，用羌人进行人殉人牲的卜辞也多见于这一时期。到武乙、文丁以后，用羌人祭祀的卜辞较少，也不见征伐的卜辞。这或许是由于周人来到关中盆地，占据了商、羌两个军事集团的中间地带，从此商周之间的矛盾成为关中地区最主要的政治矛盾。

不同于商人对这一区域的北方人群的敌视态度和战争策略，周人的态度是十分积极和友好的，并通过结盟等方式拉拢当地的这些族群。周人原本是个西土的部落小国，从上文叙述的考古发现来看，在先周时期就与其北方和西北方的戎狄之族有着密切的联系。据先秦文献记载，"昔我先王世后稷，以服事虞、夏。及夏之衰也，弃稷不务；我先王不窋用失其官，而自窜于戎、狄之间"（《国语·周语上》1988）。其后至古公亶父时受狄人逼迫，结束了"大王事獯鬻"（《孟子》1986）的局面，"乃与私属，遂去豳度漆沮，逾梁山，止于岐下"（《史记·周本纪》1982）。自古公亶父率众人至岐山之下，周人开始逐渐壮大。由于周人对位于其西北边疆的人群积极友好的态度，以及采取结盟等拉拢手段，使其在壮大自身的同时保证了西北边疆的稳固和安全，这种策略在当时是十分明智的。

周人盟友中最广为人知的应是姜姓族群。姜姓族群可能是西北一支与周人关系友好的族群的自称，有关他们的记载不见于甲骨文和金文中，[1] 而从文献可知，周、姜在周人迁岐之后曾进行联姻，《诗·大雅·绵》："古公亶父，来朝走马。率西水浒，至于岐下。爰及姜女，聿来胥宇。"此后至西周时期，康王、穆王、

---

[1] 有学者认为亞羌钟、郑羌伯鬲、羌伯簋是西周和春秋前还有其他一些羌人存在的线索或证据。但据郭沫若先生的考证，亞是姓氏而羌是人名，所以不能把亞羌作为亞部的羌或亞姓的羌。至于郑羌伯鬲，郭先生认为郑羌伯即春秋初年的郑伯（郑庄公），也不是羌人。因此，这几种器物能否作为西周至春秋初期另一部分羌人存在的依据，还有待于进一步的证明。

懿王、孝王（或夷王）、厉王、宣王、幽王等七个王都有姜姓配偶（唐兰1962；刘启益1980）。由于姜姓族群与周人结为联盟互相合作，在伐封灭商和东征叛乱的过程中姜太公又屡建殊勋，所以周初"封功臣谋士，而师尚父为首封。封尚父于营丘，曰齐。……余各以次受封"（《史记·周本纪》1982：126-127）。经西周、春秋战国直到秦灭齐，齐国始终是东方最强大的诸侯国。不仅如此，从周朝还分封了许、申、吕、纪等姜姓国。西周以后姜姓族群一直处于王朝权力的中心，占有相当重要的地位，是支持周王朝的基本力量，而且在历史上曾起过不可忽视的作用。

6. 西周早中期渭河谷地族群身份的构建——弜国墓地

公元前1045年1月，周及其盟军在河北省北部的商都附近的牧野一战中，一举击败了势力强大的商朝部队，商王朝从此陨灭。周人从其发祥之地的渭河谷地迅速崛起，其势力范围扩展至黄河中下游的大部分地区和长江流域的部分地区。上文我们提到，周人原本是个西土的部落小国，其在关中西部崛起的过程中与西北的北方人群不断结盟和融合。克商之后，一些非姬姓的群体也在关中西部与周人毗邻而居，在与周不断交流互动的过程中，最终促成了各个族群身份的形成。弜国墓地就是其中的代表。

弜氏是分布于西周王畿西部、现今宝鸡地区的一个非姬姓族群。由于弜氏不见于历史文献的记载，我们对它的认识主要来自宝鸡纸坊头、竹园沟和茹家庄三地西周成王至穆王时期（公元前956-公元前918年）的墓葬材料（卢连成，胡智生1988；宝鸡市考古研究所2007）。金文资料表明这一族群他们自称为弜氏，并且与矢、丰、茭和井等氏族关系密切。

弜氏贵族墓葬中使用商周式青铜礼器随葬，但它的墓葬礼制上也反映了大量弜氏特有的习俗。例如，与周人墓向南北方向不同，弜氏墓葬的方向多为东西向（Sun 2013）；弜伯墓葬中殉妾的现象也不见于周人贵族墓葬。更甚之，随葬陶器和铜器的形制、种类和组合与周人也有很大差异，陶平底罐和尖底罐是弭氏墓葬中最具特色的陶器，周文化传统的联裆鬲和鬲、罐、豆组合在弭氏墓葬中少见。

通过对器物和器物在墓葬中摆放位置的观察，可以看出有四类铜器或组合被弭氏用来定义其群体和男女社会的性别差异（Sun 2013）：1. 柳叶形青铜短剑；2. 实战或明器的三角援铜戈；3. 微型四件套铜器，包括平底罐和尖底罐、浅盘形器、斗形器；4. 树枝状发饰（图4.12）。

柳叶形青铜短剑在竹园沟和茹家庄西周早、中期的12座贫富差异不同的男性墓中都有出现。除茹家庄弭伯墓出土2柄外，其余各墓为一墓一柄。作为实用或明器化的铜三角援戈是弭国最主要的铜兵器种类。在墓葬中，明器化的三角援铜戈与柳叶形青铜短剑常常共出，它们的出土位置也几乎是重叠的。个别不重叠的例子也表现出与墓主很亲密的关系（Sun 2013）。配带柳叶形青铜短剑和三角援戈被认为是商至西周初年非商、周族群的特征。随葬这两种武器彰显了弭氏的身份。此外，四件套的微型铜器，包括平底罐和尖底罐、浅盘形器、斗形器也是弭国特有的器物。原报告称斗形器可以追溯至新石器时代的陶器，这种器物的功用不明，然而它经常和树状的铜发饰一同随葬在墓主人身旁，可能是化妆用品。

服饰和发饰也是弭氏彰显族属和身份的重要标志。在竹园沟9座墓葬墓主的头部出土一种树状的铜饰。这9件铜饰从7厘米至9.7厘米不等，其上带有丝带痕迹的残留，这类发饰在其他的西周墓葬中没有发现。竹园沟和纸坊头西周早期的14座墓中，墓主袍服上有独具特色的铜饰；其主要有三种形制，以锚状为主要样式，叶状和鱼状的只出在两座墓中。这种袍服铜饰是两性皆有的，但只出现在不同等级的贵族墓中。

至西周中期的穆王时期，弭氏更加强调自己本氏族的文化，在茹家庄弭伯和井姬的墓里发现的两种青铜容器的组合方式显示，弭氏开始铸造地方特色的铜器并以姬周礼器的名称加以命名。井姬墓中的一件器著有铭文"弭伯作旅用鼎、簋"，表明弭氏试图借用周的文字和器物命名习惯来定义本群体创造的器类。另一个有趣的

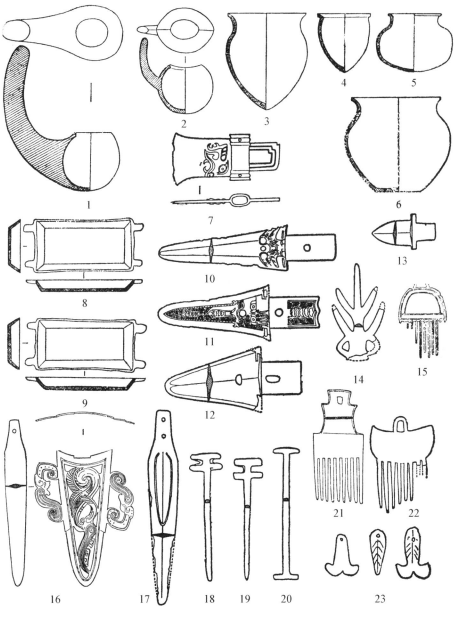

图 4.12 強国墓地出土的青铜容器、武器和装饰品

（卢连成，胡智生 1988；1－6、8、9、15、21. 79，图 63　7、10－13. 115，图 92　14、18－20、22、23. 120，图 96　16. 203，图 143　17. 74，图 61）

1-6,8,9,14,15,18-23.　0 ⊢—⊢—⊣ 3厘米　　7,10-13,16,17.　0 ⊢—⊢—⊣ 3厘米

现象是，这两类器物是作为"鼎""簋"组合使用的，是弸氏在本地铸造的（Sun 2013）。

除了铸造地方特色的铜器，弸氏也开始刻意模仿周的文字和礼制文化，以期加强与姬姓大族井氏的关系。井姬墓中一对铜鼎（BRM2：2，BRM2：3）是弸氏所铸铜器铭文中唯一提到祖先谥号的例子，其他的弸氏成员所铸礼器只是简单的铸有"某某作宝尊彝"或"宝旅彝"的铭文（Li 2002；Sun 2013）。商与姬周氏族习用的祖先谥号没有出现过一次，这表明弸氏对周人礼制文化的理解是有限的，只是趋于表现化的模仿（Sun 2013）。

弸的随葬器物显示出自身文化的传统与周文化的融合，类似这样的例子还有地处汾河谷地的倗国，在上一章我们曾进行讨论。西周中期以后，关中西部没有和弸氏有关的遗存发现，这一族群似乎从西周核心区域边缘消失了。据雷兴山研究，周原地区的很多采邑，也都于西周中晚期逐渐衰落（雷兴山 2010）。这或许与来自西面北方族群猃狁对西周核心区域的致命而持续的威胁有关。

7. 西周中晚期北方族群对中原的入侵——猃狁

前一节中，着重探讨了在商周王朝权力更替，以及西周王朝崛起于渭河谷地的背景下，生活在周都西北边缘的各北方群体，逐步接纳西周礼制文化的同时，是如何通过特定的葬俗和随葬品，来彰显和认同其群体身份的。这些群体一直与周人保持着较为友好的关系，为周王朝王畿地区的稳固提供了保障。然而，随着西周王朝的军事和政治势力的衰落，从昔日的进攻者退为今日的防御者；来自西北边境的威胁就使西周王朝的统治者不堪其扰，并最终导致了西周的灭亡，这一危机与一支被周人称为"猃狁"的族群有关。

根据李峰先生的研究，"猃狁"是生活在从河套地区一直延伸到黄河上游地区的，一个规模大且权力高度集中的社会，由不同的社会单位和组织构成，这些单位和组织或拥有共同的文化传统和族群背景，从而为他们互相调和、共同对抗周人奠定了基础。"猃狁"这个称呼最早可能是"猃狁"这个族群的自称。金文资料表明，周人也将"犭严狁"称为"戎"，意思是"好战的民族"（Li 2006：142–145）。[1]

犭严狁与周人之间的长期对峙，在西周中期就已经开始。陕西扶风县下务子村发现的师同鼎，其铭文云："孚戎金胄卅、戎鼎廿、铺五十、剑廿、用铸兹尊鼎。"金胄、戎鼎、铺、剑四项都是北方少数民族使用的青铜器（李学勤 1983b）。金胄是戎人使用的青铜头盔，这种头盔在京津冀地区的昌平白浮和晋陕高原的柳林高红遗址均有发现，上一章节曾有所提及。戎鼎可能是北方族群普遍使用的金属炊具——铜鍑，师同鼎一般被认为是懿孝时期的器物（李学勤，1983b）。与此相印证的是《诗·小雅·采薇》，汉代学者认为这首是西周懿王时期的诗，今文三家诗如是说，《汉书·匈奴传》亦本其说，其云："懿王时，戎狄交侵，中国被其苦；诗人始作，疾而歌之曰：'靡室靡家，猃允之故！'"清代学者王先谦《诗三家义集疏》云"鲁说曰：懿王之时，王室遂衰，诗人作刺。……齐说曰：周懿王时，王室遂衰，戎狄交侵，暴虐中国，中国被其苦，诗人始作疾而歌之曰：'靡室靡家，猃允之故。岂不日戒，猃允孔棘'"（王先谦 1987：580），可从一个侧面知晓在西周懿王前后，犭严狁与周人曾发生过战争。

有关犭严狁战争的金文记载，在周宣王时期非常多见。兮甲盘（集成 10174）、不嬰簋（集成 4328）、虢季子白盘（集成 10173）、多友鼎（集成 2835）、四十二年逨鼎等西周重器从不同的角度记载了宣王时期对犭严狁的战争。兮甲盘的铭文记载了兮甲（即兮伯吉父）随周王征伐犭严狁，折首执讯，王赐兮甲四匹马、一辆驹车。铭文中的"初"字显示这场战争是宣王即位以来第一次针对犭严狁的较大军事行动，最终以周人的胜利结束。文中的"车"显示犭严狁与周人相似，也使用车战。多友鼎铭文记多友在武公的率领下，讨伐进犯京师和郇的犭严狁，折首执讯，大获全胜，受到武公的赏赐与奖励（李学勤 1981）。虢季子白盘铭文记虢季子在洛之阳搏伐犭严狁，折首五百，执讯五十；王在周庙宣榭，赐马、弓、矢；并赐钺，用征蛮方。多数学

---

[1]"戎"是中原对西边和西北方向非中原族系的称呼，这一称呼不仅指犭严狁。

者主张不婪簋铭文记录的战役与虢季子白盘上出现的战役是有联系的，子白即伯氏作为战役的指挥者，在初次得胜后派遣不婪追击䎪地的猃狁，然而猃狁集结了更多兵力，在挫败不婪后反过来追击他。不婪簋记录是这场战役后伯氏对这场战役的谈话。从这些器物看，在周宣王早期猃狁与周人的战争十分惨烈，在这一系列战争中，有些是猃狁的入侵，有些是周人主动出击。正是对猃狁作战的胜利，稳固了周王朝的边境，构成了"宣王中兴"的一部分。

然而周人并非永远像金文所载的那样是胜利者，根据《古本竹书纪年》，宣王三十三年（公元前797年），"王遣兵伐太原戎，不克"。周宣王晚期的四十二年逨鼎铭文记王命史减册命逨，效仿其先祖，攻打猃狁，初捷于井阿、历巌，在弓谷打败猃狁，执讯获馘，俘获器物、车马，由此得到王赏赐的酒和五十田（陕西省文物局，中华世纪坛艺术馆2003：67–72）。显示宣王时对猃狁的战争取得多次胜利，但猃狁的威胁仍然存在。至幽王时，宠褒姒，欲废申后和太子，根据《史记·周本纪》（1982：149）记载，"申侯怒，与缯、西夷、犬戎攻幽王"，致使西周王朝灭亡。

猃狁对西周核心地区的入侵，一方面如前文所述，是西周实力衰弱造成的，另一方面，商末至西周时期，气候逐渐趋于干冷（庞奖励等2003）。当地农业生产不再能为当地族群提供稳定的食物来源，也是猃狁迁徙南下的原因。目前还没有发现亚洲内亚边疆中部和东部地区西周中晚期的考古学文化，或许证明了这里已不适合传统上从事农业-畜牧经济的人群居住生活。

从周人的先祖开始，亚洲内陆边疆西部的社群族与商人和周人的联系是多方面和多层次的，既有相互往来结盟，隐匿于戎狄之间的岁月；又有兵戎相见，相互厮杀的场面。我们发现，随着西周的崛起，周文化对于位于其西、北方民族的影响和控制不断加强，考古资料表明，这些族群不约而同地在不同程度上选择了融合周文化来重新定义自身和族群身份。在西周晚期，随着周王朝活力的衰退，昔日的盟友成为今日的敌人，并最终导致了西周的灭亡。

二、甘肃西部及青海地区的本地族群

这一区域主要包括今天的甘肃、青海以及宁夏南部地区。不同的地域环境、气候状况和自然屏障的阻隔，将本区域划分成河湟谷地、柴达木盆地与河西走廊三个地理单元。

河湟谷地位于甘肃省西南部与青海省东部地区，指青藏高原大坂山与积石山之间，到兰州以西的黄河流域与湟水流域肥沃的三角地带。高山围绕的高原河谷是该地区最显著而普遍的地貌，谷地的东部是辛店文化的分布区，西部则分布有诸多卡约文化遗址。

在河湟谷底的西北面，位于青藏高原的北部边缘是柴达木盆地，这是中国海拔最高的内陆盆地。干旱大陆性气候特征显著，气温低、降水少、风力强，风沙地貌广泛。在该盆地东南部的都兰和乌兰地区，是诺木洪文化的分布中心区域。

河西走廊为甘肃省西北部的狭长平地，因位于黄河以西，被祁连山和合黎山两山夹持而得名。东西长约 1 200 千米、南北宽约 100-200 千米，海拔 1 000-1 500 米。在整个走廊地区，以祁连山冰雪融水所灌溉的绿洲农业较盛。这里自古就是沟通西域的要道，著名的丝绸之路就从这里经过。走廊中部的石羊河和金川河下游以及湖沼沿岸绿洲的甘肃省民勤、金昌、永昌三县市境内，是沙井文化的分布区。在河西走廊西部和内蒙古西端，东起玉门，西到阳关，南起祁连，北达花海长城沿线，大体重叠在四坝文化分布地域之上的是晚于四坝文化的另一类青铜文化——骟马类型的分布区。

这一区域向西与新疆相接，向北与内蒙古的广袤荒漠相连，再往西和北则是广大的欧亚草原地带。近年来，越来越多的学者注意到东部欧亚草原，包括现今的哈萨克斯坦、北西伯利亚和蒙古国西部，这一区域内各文化的交互影响，其中金属制作技术的交流与传播的研究成果较多（李水城 1998：205-207，2005；Linduff 2004; Linduff, Han and Sun 2000; Linduff 2015; Mei 2000；杨建华 2001；

杨建华等 2017）。第二章中曾提到的两条可能的传输和互动路径，一是经由新疆和河西走廊到达河湟谷地地区，另一条是从蒙古南部经内蒙古地区到达陕西（Linduff 2015: 14），以及更远的辽宁和吉林（Shelach-Lavi 2009）。虽然这一区域向东逾六盘山脉则进入中原腹地，但是商周王朝对于本区域北方族群的影响十分有限。尽管商周王朝的势力就在其东边迅速发展，但这一区域更像是一个自由的贸易和交流通道。由于没有受到商周王朝的直接统治和影响，这些族群在物品和技术的交换中不断地改变和增加原有器物甚至习俗，并以此来构建身份认同。复杂多变的自然地理环境和广泛的交流融合，对北方族群选择和创造物质文化以及经济和军事策略产生了深远的影响。

1. 河湟地区东部　辛店文化（约公元前 1700–约公元前 600 年）——铜器的本地生产与社会等级的出现

辛店文化主要分布于黄河的上游及其支流湟水流域，即今甘肃中部和青海东部地区。它是该地区继齐家文化之后兴起的一支新考古学文化，大约自公元前 1700 年延续至公元前 600 年（Shelach-Lavi 2015: 237）。该文化又可细分为山家头、姬家川、张家咀三个地方类型，三个类型从年代上也有先后，山家头类型年代偏早，张家咀类型年代则偏晚。

一般认为辛店文化是定居农业社会，遗址的面积普遍较小，通常分布于黄河及湟水的河谷地带。在青海目前发现 100 余处的辛店文化遗址，绝大多数面积小于 5 万平方米。例如，报告介绍双二东坪遗址发现有土石夯筑的墙，这说明该遗址可能是一处区域中心（张文立 2003）。它以农业经济为支柱，辅助以饲养牲畜。在小旱地遗址和双二东坪遗址发现了农作物种植、收割和谷类加工的工具，如石刀、石斧、石臼和骨铲等器物。在青海官亭盆地的植物考古调查结果显示，辛店文化的农业是以粟、黍为主的旱作农业；这一时期出现了大麦和小麦等麦类作物，且以大麦为主；辛店文化时期黍的增加可能与气候变干有关（张小虎 2012）。同时，其他遗址如张家咀和姬家川等出土了大量动物骨骼，种属包括牛、羊、猪、狗和鹿等。

辛店文化的陶器因其在确立编年序列和地域类型上，一直都是学界研究的焦点。与齐家文化不同，辛店文化的陶器通常为手制，火候低，器表及质感粗糙，质量较差。山家头类型的陶器以罐和钵为主，罐的形制多附双大耳或双錾，钵多在口沿上附一小耳，器表饰绳纹或彩绘几何形纹饰，其中彩绘有单彩也有多彩。此外，还有一种极有特色的陶罐，微凹底，饰绳纹和彩绘，它可能是辛店文化新创造的器型，也可能是受公元前 2 千纪上半段该地域新形成的凹底罐文化影响而产生的（水涛 2001a：132）。

姬家川类型的主要遗址均分布在甘肃西南部（水涛 2001a：118-119）。陶器特色鲜明，以夹砂褐陶为主，掺有石英粒、蚌壳、云母和碎陶末，通常以凹底和饰浅绳纹为主要特征。在姬家川类型晚段，彩陶的比例有所上升，出现了无耳圆腹罐这种新器型。而且，这一时期彩陶纹饰的施彩部位出现了标准化趋势，水平条带纹或三角纹施于口沿下，回纹、水平条带纹和波浪纹施于颈部，腹部饰双钩纹或回纹，下腹部饰多组双直线或锯齿线。这一定型的施纹方式反映出社会联系日益密切和新兴的艺术倾向得到了人们的广泛接受。

张家咀类型是辛店文化晚期类型，陶器仍然以掺有石英砂和碎陶末的夹砂褐陶为主，但器型发生了明显变化。例如，双大耳罐变得瘦高，两个大耳不似上一阶段连接至陶器颈的下部，而是延伸到罐的腹部。出现的新器型如宽斜柄豆和三足器，暗示着辛店文化这一时期的食物制作和盛放方法可能发生了改变（Shelach-Lavi 2015：237）。彩陶底部仍为凹底，除上一期的常见纹饰外，新出现的纹饰有涡纹、变形鸟纹和变形 S 纹等纹饰。

值得注意的是辛店文化发现的双耳袋足鬲，出现于山家头类型晚段，消失于张家咀类型阶段；在姬家川类型晚段，开始出现了一种新类型的分裆鬲，领特别高。此外，张家咀遗址还发现了彩绘单把鬲。

山家头和小旱地是辛店文化两处最重要墓地，其发掘简报现已发表。山家头墓地发掘了 33 座墓葬，全部属于辛店文化早期，其中 19 座墓葬墓主为仰身葬（水涛 2001a：117-118）。随葬品以陶器为主，器型有双耳罐、无耳罐和钵；此外还有常见的骨珠和石质装饰品。山家头墓地中 4 座墓葬为二次葬。小旱地墓地沿用时间长，涵盖了辛店文化三个时期，但墓葬以辛店文化二期为主（青海省文物考古研究所等 2004）。墓地共发掘墓葬 367 座，其中 277 座为二次葬。从辛店文化晚期开始，二次葬成为主流葬式，这说明人们对死亡的思想观念和意识发生了重大改变。其中，93 座墓葬内有木质葬具，或为单棺，或为一椁一棺，均有二层台。建有头龛、头坑、足龛和足坑的 94 座墓葬，反映了墓葬修建中投入了更多的资源；超过三分之二的墓葬随葬有瓮、双耳罐、钵或杯等陶器。山家头和小旱地二个墓地的墓葬头向一致，均向东北。

辛店文化铜制品较少，多数是调查采集而来，缺乏埋藏环境方面的信息，目前有锥、斧（青海省文物考古研究所 1993：193-211）、镞（青海省文物考古研究所 1993；吴恒祥 1994）、带钩、珠、铃等铜器。张家咀和小旱地发现的铜器出土信息清楚，在张家咀遗址中发现了 1 件铜容器残片和 1 件残铜矛头，经鉴定二者均为青铜铸造。更重要的是发现了两块青铜冶炼炉的内壁残块，在炉衬的外沿附有一层铜渣（谢端琚 1980）。虽然我们从目前有限的考古发现还不足以反映当时社会的青铜冶铸规模和水平，但是可以确定的是当地已有了青铜冶铸生产。

小旱地遗址出土了大量铜装饰品，包括铜泡 50 枚，薄铜牌饰 83 件（图 4.13），其中 2 座墓葬有较详细的报道（青海省文物管理处 1995）。M99 发现了 1 件铜泡和 1 件海贝。小旱地 M326 是目前辛店文化中铜牌饰使用方式最详细的一座墓葬（图 4.14），此墓中 80 片的穿孔牌饰从死者颈下一直整齐排至两腿，这些铜牌很可能原本是缝缀在墓主衣服上的装饰品；墓中随葬 3 件陶器，1 件陶罐和 1 件陶钵葬于头坑中，1 件陶瓮随葬于墓主脚下。墓主随葬大量装饰品的爱好，可能反映了生活方式的转变。虽然辛店文化的族群和第二章提到的齐家文化族群处于同一地域，但是物质文化和埋葬习俗表明，为了适应环境变化，辛店文化族群的风俗和生活方式有所改变，这种变化也可能是受其他区域族群的影响。

除铜装饰品外，小旱地墓地广泛流行使用骨珠和石珠。简报公布墓地中发现了

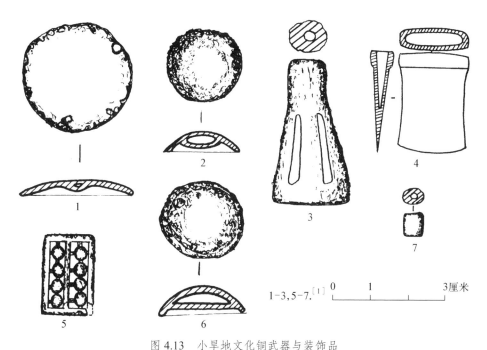

图 4.13　小旱地文化铜武器与装饰品

（1-3、5-7.青海省文物考古研究所等 2004：27，图 9　4.青海省文物考古研究所
1993：205，图 19；得到陈洪海授权）

1 800 枚石珠、20 枚玛瑙珠、10 枚绿松石和 710 枚骨珠。其中，石珠在各墓中的随
葬数量差别非常大，大部分墓葬只随葬少量甚至不随葬石珠，然而随葬石珠最多的
墓葬竟出土了 676 枚（青海省文物管理处 1995），似乎认为这些装饰品是区分墓主
社会地位和个人财富的一个标准。例如，M326 不仅随葬有 80 件铜牌饰，还在死
者双腿附近出土了 101 枚石珠，这种铜装饰品和石珠的紧密关系，大概反映了墓主
在当时社会生活中拥有显著的地位。至少这种随葬品的差异体现了社会不平等现象
和社会等级开始出现，但是这种等级不一定代表社会阶级的产生。这些装饰品是本
地生产还是外来的，社会阶级是否出现，这种差异是取决于年龄、性别还是其他原
因？ 种种问题，还需要大量的材料才能确定。

---

［1］器物 4，考古报告原图没有比例尺。

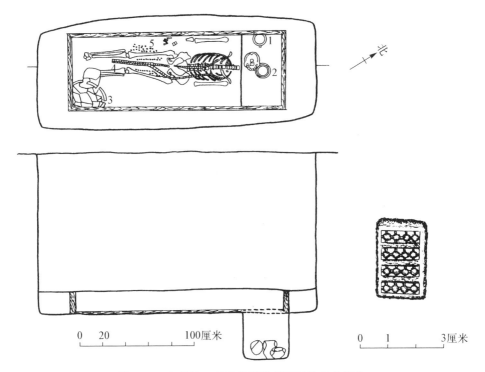

图 4.14　小旱地 M326 墓葬平剖面图及出土铜饰
（青海省文物考古研究所等 2004：27，图 9；211，图 166；得到陈洪海授权）

2. 河湟地区西部　卡约文化（约公元前 1600-约公元前 500 年）——区域互动与本地冶铜的多样化实践和铜器的仪式化表达

　　卡约文化[1]最初是上世纪 20 年代在青海湟中县发现的，开始它被划为寺洼文化，1949 年才将其独立出来，命名为卡约文化。卡约文化以青海东部地区的黄河上游、湟水及其支流地区为分布的中心。现已确认的卡约文化遗址大约有 1 700 处，但只有极少数遗址经过了科学发掘和报道。过去的九十年中，卡约文

[1]　卡约文化的年代判断基于几件卡约文化墓葬出土标本的 C14 测年数据。两件标本来源于阿哈特拉墓地，M12 标本 C14 测年数据为 3555±130BP，M158 标本年代相对偏晚，为 2800±140BC。三件标本来源于上孙家寨，M333 标本年代为 3080±120，M979 为 2650±130，M989 为 2500±130BP，这三座也出土了所谓的"唐汪式陶器"。

化的研究集中在建立年代序列、探寻其文化来源以及区分不同的类型上。有学者提出卡约文化主要来源于齐家文化，同时有部分因素则来自马厂文化（张文立2003：55）。

卡约文化的陶器特征明显，陶器以粗质夹砂陶为主，制作方法或为手制，或为泥条盘筑。陶器烧制火候低，易碎，而且大部分是当作明器使用的。卡约文化的陶器始终以带耳罐和无耳罐为主要器型；早期流行夹砂红陶，随着发展灰陶比重逐渐增加。早期陶器表现出明显的地区差异，黄河流域比湟水地区的彩陶发达，器型上也各有偏爱，如四耳罐在湟水流域比黄河流域的使用更加广泛，单耳盆则流行于黄河流域，湟水地区则不见。至卡约文化晚期，这种地区差异逐渐消失。

对卡约文化的生业方式，学者的观点仍存在分歧。先后有游牧经济（李水城1998：207；水涛2001c：181）和半农半牧（俞伟超1985a）等多种经济模式的提法，也有学者提出卡约文化由于当地多样的地形和自然环境，可能达到发达的多种经济方式，而且经济方式一直都是在不断改变的（尚民杰1987）。造成这种意见分歧的原因，是因为学者选择不同地域的卡约文化材料作为研究对象而产生的；同时，也反映出卡约文化生业方式在地域和时间上的复杂性与差异性。虽然学界对卡约文化生业方式的认识还未达成一致，但通常都认为畜牧业是当地经济的主要组成部分。

最近开展的一项综合调查，利用现在所有的可用资料，诸如聚落、墓葬、工具及驯化的动物骨骼等数据，来综合分析和揭示卡约文化生业方式的全貌（青海省文物考古研究所1999；张文立2003）。这项研究发现，虽然寺洼文化居民对建造永久性居住点的兴趣逐渐减弱，房屋的质量也在不断下降，但卡约文化自始至终都是定居生活。该研究认为，卡约文化生业方式逐渐由农业向畜牧业过渡。在晚期墓葬开始流行殉牲，主要殉葬羊和马等动物，特别是在海拔高度较高的山地区域，殉牲的现象更为流行，这是生业方式向畜牧业转变的重要证据（张文立2003：133-143）。

（1）卡约文化的青铜器

卡约文化在中国西北地区同时期青铜文化中，铜器资料最为丰富，青铜器类型多样；与西北地区其他的青铜文化一样，装饰品是卡约文化铜器最有代中表性的器物，其次有武器、工具以及少量的铜镜、动物和人像雕塑（图4.15）。卡约文化也发现了少量青铜容器，它们可能是黄河中游地区传入的，如西宁地区发现的铜鬲，其形制和纹饰与二里岗时期的陶鬲都十分相似（赵生琛1985）。此外，据报道，也发现了不同于中原地区的青铜容器，有罐、钵、盒等，但是这些铜器都没有发表图像资料（刘宝山1996）。

由于缺乏科学的考古证据，卡约文化许多青铜器的测年费时费力。每一个卡约文化的地方类型所使用的青铜器都不尽相同，就使得对这些青铜器进行编年的研究更为困难。墓葬中由于没有随葬陶器，卡约文化青铜器的分期，主要是与国内外其他地区出土相似风格的器物进行对比。近期的一项研究，通过陶器的年代分期，暂时将卡约文化的青铜器分为三个阶段：早期（公元前1600–公元前1300年）、中期（公元前1300–公元前1000年）和晚期（公元前1000–公元前700年）（三宅俊彦2005）。利用陶器编年佐证青铜器分期是否可靠仍然存在很多争论（张文立2003）。然而，目前一个日益增长的趋势，是利用墓葬中随葬于墓主的装饰品，判断墓葬属于卡约文化早期还是晚期（张文立2003：113）。这种判断方法，与判断其他北方青铜文化的方法基本一致。这种趋势意味着对用金属或其他有色材质制作的装饰品，用来体现财富与彰显个人或群体身份进行的综合研究，越来越受到重视（Shelach-Lavi 2009）。

学者们长期以来认为，卡约文化的青铜器受到中原商周文化和河套与燕山南北地区青铜文化的直接与间接影响（俞伟超1985a: 193–210）。受此观点影响，林沄提出因其与众不同的风格，西北地区有可能拥有自己独立的青铜业（林沄2003）。在卡约文化的铜器里，有许多不见于其他文化的器物，例如鸟形杆头饰、凿形器等，其中鸟形杆头，鸟的造型新颖，腹部中空内有铜铃，工艺十分精巧，体现了当地居民较先进的铜器制作技术。

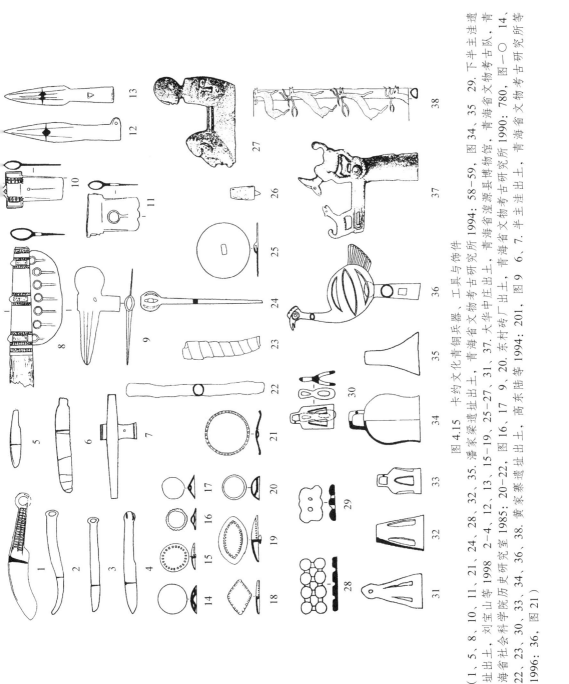

图 4.15 卡约文化青铜兵器、工具与饰件

（1、5、8、10、11、21、24、28、32、35. 潘家梁遗址出土，青海省文物考古研究所 1994: 58–59，图 34、35. 29. 下半主洼遗址出土，刘宝山等 1998. 2–4、12、13. 15–19、25–27、31、37. 大华中庄出土，青海省湟源县博物馆、青海省文物考古队. 青海省社会科学院历史研究室 1985: 20–22，图 16、17 9、20. 东村砖厂出土，青海省文物考古研究所 1990: 780，图一〇 14、22、23、30、33、34、36、38. 黄家寨遗址出土，高东陆等 1994: 201，图 9 6、7. 半主洼出土，青海省文物考古研究所等 1996: 36，图 21）

197

中原以及北方系青铜文化中，同卡约文化形制相同的遗物比较多，例如武器钺、工具带柄铜刀、装饰品铃和带铃铜镈等（三宅俊彦 2005），其中在阿哈特拉山M12 和潘家梁 M117 出土（图 4.15，8）的两种铜钺形制非常特殊（刘宝山 1997；青海省文物考古研究所 1994）。阿哈特拉山 M12 发现的铜钺，钺身两边弧刃卷角，钺身上有圆穿，在崇信于家湾 M60 出土过类似的铜钺。潘家梁 M117 发现的铜钺，钺身弧刃无角，身上有"丁"字形纹饰；有銎，銎上有三个突起的小钮以及多组短横平行线纹，与其相似的铜钺在关中北部的黑豆嘴 M2 中也有出土。另外，这二种铜钺在传世的器物中也能看到。有学者认为阿哈特拉山发现的铜钺应是中原或晋陕高原等地多种文化融合的产物，从而影响到卡约文化（洪猛，韩金秋 2011）。由于出土资料有限，这一观点在年代上还缺乏可靠证据；可以肯定的是金属器尤其是武器及其制作技术的交流是多向的、不固定的，是人们有意识吸收的新技术，并且加以改造以适应自身需求的产物。

铜矛和鹿纹的图案，暗示卡约文化也受到来自欧亚大陆草原文化的影响。在沈那遗址出土的铜矛，长达 61.5 厘米，刃部锋端为圆形，可以看出不是实用器而是作为礼仪用具来制造的；类似的形制在塞伊玛-图尔宾诺文化中比较常见。同样形制的铜矛在早些时段的中原地区也有发现，但是体积较小。塞伊玛-图尔宾诺文化的铜矛作为实用器，基本也没有超过 40 厘米的（Chernykh 1992: 218–219；E.H. 切尔内赫，C.B. 库兹明内赫 2010）。更大的器型不仅需要更高的铸造技术，也需要更多的铜料来源；这件铜矛必然是有意识制作的，卡约文化社群似乎有意识地将铜作为一种珍贵资源，用于标志权力与彰显权威或表达宗教信仰。

鹿纹图案发现于黄家寨 M16 的骨管上。这种鹿纹与以蒙古高原为中心分布于欧亚北部一带的鹿石的鹿纹图案类似，这种图案在宁夏平罗县大西峰沟和中卫县苦井沟的岩画上出现过，在乐都县双二东坪出土的辛店文化"鹿纹罐"上也有发现。

我们认为，欧亚大陆草原文化的因素应是从西向东、经由新疆地区传入卡约文化的；一项近期的研究，进一步推定了在新疆东部尤其是焉不拉克以及蒙古草原出土的青铜器，有可能成为卡约文化部分青铜器的创作来源（Mei 2000：II）。在尼雅北部遗存中出土了数量较多的双大耳罐、溜肩罐和铜刀等器物，这些器物也流行于卡约文化，似乎暗示卡约文化与尼雅北部类型遗存存在着广泛的交流，卡约文化很可能是经由沙漠腹地、沿着塔里木盆地南缘而受到欧亚草原文化影响的（邵会秋 2008）。

相似的器物形制反映了卡约文化与北方和中原地区，以及欧亚草原存在广泛的交流，冶金技术尤其是铸造技术也体现了这种广泛的联系。另一方面，一项近期研究的成果，大致勾勒出卡约青铜器包括武器、工具、装饰品和雕像浓郁的地方特征，并提出卡约文化有在素面青铜器加小装饰的嗜好（张文立 2003：114－115）。管銎类器物在卡约文化中十分常见，这种铸造方式看似聚焦在青铜器的器型与功能上，实则可能有表达身份的更深层意义。尽管在卡约文化遗址尚未发现青铜器铸造遗址，卡约青铜器所带有的浓郁的异质特性却已昭示出这些铜器极有可能是本土制造，范铸与冷锻是卡约文化两大金属制造的工艺。

（2）卡约文化的葬俗

卡约文化的社会已发展出一些非同寻常的葬俗。在湟水流域的湟中潘家梁墓地和湟源大华中庄墓地，墓地的年代涵盖了卡约文化整个发展阶段。许多墓葬的人骨明显在下葬前就曾被扰动，例如在潘家梁，244 座墓葬中的 229 座都带有墓葬扰动的迹象。对死者的扰动就是用鹅卵石砸碎死者头骨与肢解尸体，扰乱后的遗骨被单独再葬他处，或者在某些情况下男女老幼的遗骨被混合再葬他处（Shelach-Lavi 2015: 239）。在大华中庄墓地可以观察到有火葬仪式的现象，这些独特的葬俗一定与卡约居民践行其理想葬仪以及对死之现象的信仰密切相关。

殉牲现象，如殉葬牛、马、羊的头或蹄是大华中庄墓葬主要的特点，并贯穿卡约文化始终。牛与马的头骨一般被放置在墓葬的二层台上，与墓主的头向一致；蹄骨被放置在墓葬二层台的四个角，蹄尖与死者脚部方向一致。卡约文化的墓葬对食草动物的重视，在一定程度上反映了这些动物在大华中庄社会经济中所扮演了日趋重要的角色；墓葬中随葬的动物腿骨也可认为是大华中庄居民游牧生业方式的实证（王明珂 2006：227）。

卡约墓葬随葬物品摆放位置似乎遵循某些范式，这是对上述两处墓地未经扰动或轻微扰动的墓葬研究之后得出的。然而，原始报告并未提及每处墓地中有多少墓葬可用于这项研究。在潘家梁墓地，石斧、管銎斧、钺通常放置在死者的左侧，带有箭箙的铜、石和骨质箭头放置在右腿骨一侧，铜刀和砺石放置在左臀附近。带有骨针的铜管、石管和骨锥一起放置在胳膊附近（青海省文物考古研究所 1994），这样的摆放位置在大华中庄的墓葬也可以看到。壶、罐等生活用具放置在墓主左右，武器紧挨墓主身体摆放（青海省湟源县博物馆等 1985）。

墓主的葬式和服饰是墓葬中最引人注意的因素，其中，卡约文化墓主的服饰质量和不同的样式超出了其他文化类型的墓葬。服饰的多样化不仅是卡约文化不同社会群体埋葬习俗差异性的反映，也是活着的成员祭奠死者所显示出的个人身份和地位的象征。在潘家梁墓地，死者袖口和衣服边缘常装饰着铜泡、铜牌饰、骨饰、鹿牙饰和单排或多排的铜联珠饰，常常于小腿、腰、肘、脚踝等处的衣服上系有小铜铃，个别铜铃缝在帽上或放在眼眶旁。大华中庄墓地的墓葬中，铜泡散布于死者服饰附近，其中腰部分布最为集中。

在潘家梁墓地和大华中庄墓地，墓主身份的高低主要是通过佩戴的装饰品来体现的，如镶嵌各种宝石制成的项链或手链、铜戒指、铜耳环以及铜发饰（青海省文物考古研究所 1994；青海省湟源县博物馆等 1985）。这些物品都属于个人私有，便于携带，不仅可以彰显个性，也可以反映本人的社会地位和财富。例如在潘家梁墓地，用羊脂玉制成的玉珠和玉管，以及不同颜色石子、玛瑙、绿松石等串联成的项链和手链，是墓葬中最珍贵的随葬品。此外，在这两处墓地也发现了少量铜指环；[1] 大华中庄墓地发现了 7 件铜圆环形耳环，其中 M103 出土的耳环还坠有一小

---

[1] 潘家梁仅报道了 M210 一件标本，M210 是一座成年女性和小孩的合葬墓，铜环套在成年女性右手手指之上。大华中庄墓地报道铜指环 5 件，但图未发表。简报介绍铜环由圆圈状薄铜片制成。

铜铃。潘家梁 M185、M221 发现了两件铜发饰（图 4.15）。

制作这些小型装饰品，既要有铜资源，又需要一定的铜器制作工艺。一些装饰品如铜牌饰、铜环等需要锻造加工，而另一些武器或工具则需要使用铸造工艺。玉石或其他石制器物，如果是在本地的加工制作，这说明卡约文化的居民有雕刻加工坚硬石材的能力。

虽然这些材料来自不同的遗址，但是一些象征社会习俗所特有的丧葬模式已经出现。例如随葬动物头和蹄的习俗，在公元前 2000 年左右西伯利亚中部的辛塔什塔文化也有发现。这种食肉的风气在游牧社会中，常常用于（扩展家庭或邻近族群）祭祀的宴飨，反映了不同丧葬习俗之间的交流和相互影响，这些器物反映了本地习俗以及其他葬俗和器物的传入。另一个独特的现象——扰乱葬则可能显示了某种暴力行为，也可能与当地居民践行其理想葬仪以及死后的信仰密切相关。

3. 柴达木盆地　诺木洪文化（公元前 2000-公元前 300 年）

诺木洪文化因 1959 年发掘青海省都兰县诺木洪塔里他里哈遗址而得名。塔里他里哈遗址是目前为止唯一经过科学发掘的诺木洪文化遗址，目前经考古调查发现的诺木洪遗址有 40 处，集中分布于柴达木盆地东南部的都兰和乌兰地区。诺木洪文化年代的上限，依据塔里他里哈遗址第 3 层和第 5 层两个碳十四测年数据可追溯至距今 4000 年前（水涛 2001b）；年代下限由于缺乏地层依据，只能通过陶器类型进行比较分析。最近的研究显示，通过塔里他里哈遗址和其他青铜文化陶器的对比分析显示，诺木洪文化可能持续到东周和西汉时期，即公元前 300-公元前 200 年左右（青海省文物管理委员会，中国科学院考古研究所青海队 1963）。

关于诺木洪文化生业方式的研究一直很有限。通常认为诺木洪文化以农业为主，辅以饲养动物和狩猎，而且畜牧业的比重在逐渐增加（赵信 1986）。考古调查发现的这 40 处聚落，其中大多数面积小于 10 000 平方米；虽然规模不大，但这些聚落一定程度上反映了诺木洪文化采用的是定居生活方式。（张文立 2003：144）从塔里他里哈遗址不同类型的建筑遗存揭示了诺木洪文化生业方式的复杂性和差异性，以及当地居民生活方式的改变；塔里他里哈遗址晚期房屋建筑质量的下降，暗示了人们减少建造坚固住所的兴趣。这一现象与畜牧业在生业方式中地位逐渐提高正相吻合，畜牧业的发展会促使居民更频繁地进行季节性迁徙。塔里他里哈遗址发现一处大型椭圆状围栏，被认为是圈养动物的圈栏，而且很可能是养羊用的。同时，该遗址还发现了多种羊毛制品和皮制品，如皮鞋和羊毛衣服，这些表明畜牧业不仅对社会经济意义重大，同时也会影响到人们生活的方方面面。

诺木洪文化的陶器以手制为主，以夹砂灰陶和红陶为主要特征。陶器表面大多打磨光滑，多素面，并在表面和口沿内侧加一层灰黑色或红色陶衣。此外，还发现少量彩陶片，施黑彩或红褐彩，说明诺木洪文化也使用彩陶，但数量很少。与中国西北地区的其他青铜文化一样，灰陶器一般较小，器型以罐为主；罐多附耳，有单耳、双耳、四耳等多种形制，也有无耳者。而夹砂红陶则以大口罐和小口罐为主。

诺木洪文化发现的铜器数量较少，大多是调查采集品，没有明确出处。出土的铜器包括钺、有銎镞等武器以及斧、刀、锥、凿、钉等工具，还有网状小孔装饰的管状饰（图 4.16），与其他文化同类器物在形制上表现出一定的相似性。例如，斧和刀的形制与卡约文化甚至中原地区同类器物相同，塔里他里哈发现的铜钺与潘家梁 M117 出土的铜钺形制近似。此外，有銎镞表现出北方系青铜文化的特点。与诺木洪文化铜器形制接近的同类器物，年代约为公元前 11 世纪中叶至公元前 8 世纪早期，诺木洪文化的年代也应大致在此范围内，相当于中原地区的西周时期。此外，在塔里他里哈遗址还曾采集到铜渣和炼铜用具的残片，这说明该文化应该已经有了自己的铸铜业。

在第二章讨论了齐家文化之后，河湟地区和柴达木盆地发展出寺洼文化、辛店文化、卡约文化和诺木洪文化等多种地域文化。虽然由于资料所限，我们很难

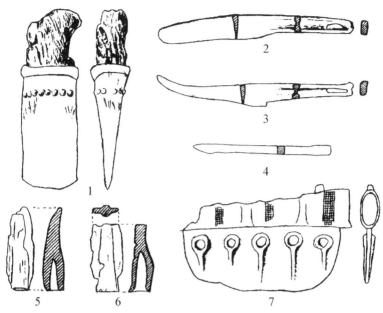

图 4.16　诺木洪文化铜武器和工具
（青海省文物管理委员会，中国科学院考古研究所青海队 1963：27，图 5）

确定这一时期各类地域文化的金属制造水平，或许当地居民只是使用外来工艺进行小规模的铜器生产，并没有大规模的青铜冶铸业。从辛店文化的小旱地墓地、卡约文化的潘家梁墓地和大华中庄墓地，以及诺木洪文化的塔里他里哈遗址的实物来看，当时的铜器生产可能是以家庭为单位的。铜器和石质装饰品让我们得以区分不同族群。希望不久的将来，区域系统调查能够帮助我们进一步探讨这一区域的人口结构、社会组织以及跨区域的交流等问题。由于缺乏对于考古资料的科学检测，陶器的类型学研究对于我们研究这一区域人口的流动和生活方式的转变，起到了重要作用。这一区域分布着许多独立的族群，本地文化改变缓慢，即使铸铜技术的应用也没有使其文化发生变化的速度加快。驯养动物可能逐渐增多，但现有的材料并不能说明其他族群迁移进来或自己发生了改变。不同阶层的居民，选择了适合自己身份的装饰品，而族群的凝聚是通过族群的仪式来实现的，如随葬动物的头或蹄来表示。

4. 河西走廊地区　沙井文化（公元前 900-公元前 400 年）和骟马文化（公元前 1 千纪）——游牧的兴起和铜装饰品的仪式化使用

在甘肃的河西走廊地区存在着两种考古学文化，沙井文化和骟马文化，时间上略晚于卡约文化和辛店文化。受测年数据和发掘材料的限制，对于这两支文化的年代仍存有疑问；尤其是骟马类型，目前大多学者认为它属于早期铁器时代。从陶器材料的分析显示，骟马类型和四坝文化之间仍存在缺环，在一定程度上影响了对文化年代的判断。这些文化的分布范围比早期的齐家文化、四坝文化以及辛店文化有所扩大，说明此时人群开始向周围扩散与迁移。沙井文化和骟马文化的铜器种类较多，体现出发达的金属制作技术和高超的工艺，以及与北方铜器的相互交流。而诺木洪文化发现金属器极少，这或许与当地的铜矿资源匮乏有关。

沙井文化主要分布在河西走廊中部的石羊河和金川河下游以及湖沼沿岸的绿洲上，即甘肃省民勤、金昌、永昌三县市境内。李水城（李水城 1994）和水涛（水涛 2001d）曾对沙井文化的分期问题进行过研究，所得结果大致相同，都将沙井文化分为早晚两期：早期以民勤县沙井附近遗存为代表，晚期以金昌三角城周围遗存为代表；沙井附近也发现有部分晚期遗存，但三角城周围尚未发现早期遗物。碳十四测定数据显示，沙井文化的绝对年代约为公元前 900-公元前 409 年，约相当于中原的西周中晚期至战国早期。

沙井文化发现了相当规模的土城堡，四周建有土围墙，房址平地起建，呈圆形或椭圆形。金昌三角城城堡，傍河而建，有高大的城墙，面积约 2 万平方米。柳湖墩遗址四周也建有环形土墙，直径 40-50 米。沙井文化墓地一般建在离居住区不远的土岗上，墓葬形制分偏洞室墓和竖穴土坑墓两种；流行单人仰身直肢葬，其他特殊的葬法有侧身屈肢葬、乱骨葬、二次迁葬及合葬墓。流行殉牲，绝大多数竖穴墓在墓主头部一侧的填土中，出土了牛、羊、马的头骨与蹄骨，有的还残留着皮毛（甘肃省文物考古研究所 2001）。前文我们曾经提到，这种随葬动物头与蹄的现象，表明食肉的风俗在游牧社会中被用于（扩展家庭或邻近族群）祭祀的宴飨，在农业社会中则很少发现。

沙井文化的陶器多为夹砂红褐陶，泥质陶则少见，制作较粗糙。陶器以素面为主，纹饰多见附加堆纹、锯齿纹，还有绳纹、划纹、弦纹、水波纹、凸棱纹、乳钉纹、蛇纹等。沙井文化也流行彩陶，陶器表面施紫红色陶衣，纹饰全部为红彩，有横竖短线纹、三角纹、水波纹、网格纹等组成的几何形图案，亦有少量与几何形纹相结合的鸟纹、人形纹等纹饰。陶器种类简单，主要有罐、鬲、杯、豆、盆和碗等，以带耳圈底罐、平底罐、带鋬袋足鬲、筒状杯最为典型。不发达的制陶技术反映当地居民对这类生活中的易碎品并不重视，暗示了他们在绿洲中的特殊生活方式。

沙井文化出土有毛、麻纺织品残片，均为平纹织法，多为单一绿色，也有黄、绿、黑三色相间者，还出土了牛、马、羊皮加工而成的护手、刀鞘、腰带、眼罩等皮制品。有羊肩胛骨整治而成的卜骨，凿、钻兼施并见灼痕（甘肃省文物考古研究所2001），卜骨体现了当地居民特殊的宗教仪式行为。

沙井文化的金属器较为丰富，显示出浓郁的北方特色。铜器有刀、剑、锥、斧、镞、匙等工具、武器，以及耳环、铃、扣、环、牌、管、鞭形器等装饰品（甘肃省文物考古研究所2001），以装饰品为主，数量明显大于工具、武器的数量。铜牌有联珠形、束腰形、多孔饰和饰有狼（原报告为狗）、盘羊、蝙蝠形等动物的多种样式，三四个动物组成的长方形牌饰颇具特色。鞭形器是将各种形状的小件铜器用皮条穿系组合而成。此外，三角城出土了一件铜簪，末端连着中空的銮铃；顶部有一穿系，原报告称为铜铃。金器有金丝弯成的耳环、金箔形饰和项饰等。铁器仅在三角城遗址有发现，有铁刀、剑、铲、锸等器型。锸平面为凹字形；铲的平面为正方形，剖面为楔形，上有长条形銎孔，内残存有朽木（图4.17）。

沙井文化盛行装饰风俗，金属装饰品形式多样，数量也较大，墓主随葬装饰品的现象非常普遍。此外，还出土了少量骨饰品，如三角城出土的刻花骨牌饰，纹饰较为繁缛，这些装饰品主要发现于墓葬之中。出土时，装饰品集中

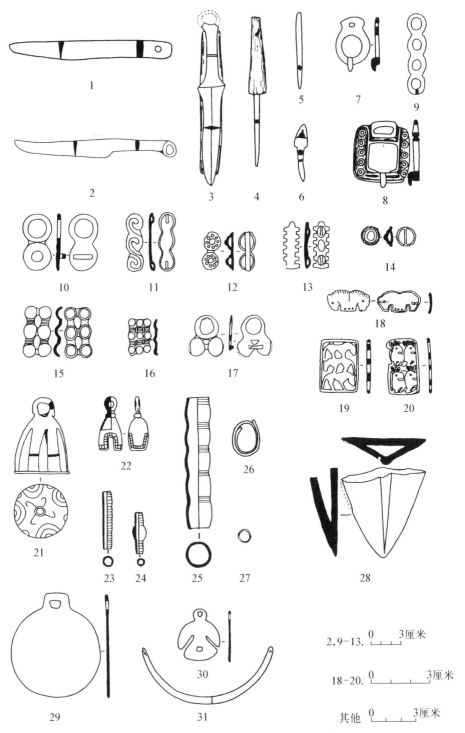

图 4.17　沙井文化出土青铜兵器、铜质与铁质工具、青铜与金质饰件
（甘肃省文物考古研究所 2001；1. 61，图 25　2. 62，图 26　3. 122，图 46　4. 149，图
60　5-8、28. 69，图 27　9-12、17. 72，图 28　13、15、16. 79，图 29　14. 92，图
33　18-20. 95，图 35　21、22、29. 174，图 66　23-25. 82，图 31　26、27、30、31.
93，图 34；得到王辉授权）

摆放在墓主头到膝盖的位置，柴湾岗 M4 中装饰品的摆放就是典型的例子（图 4.18）。头部往往有绿松石佩或绿松石珠等，眼部个别用较大铜泡盖住，耳部饰以金质或铜质耳环，形式多种多样。个别墓主的颈部有金项饰，或用绿松石管等穿成的项链。一般墓主上身的装饰不是很多，个别点缀几颗红玛瑙珠；腰部是人们最倾力装饰的部位，集中表现在腰带装饰上，有数座墓葬都出土较完整的腰带饰品，如西岗 M140 等（图 4.19），腰带分三层装饰，腰带饰一般用皮带连缀，上有各种联珠饰、联环饰、动物牌饰、铜泡等。有的墓葬则注重装饰腰部以下的部位，如西岗 M365，下身部位出土有较多联环饰、联珠饰、铜铃以及动物牌饰、针线筒等。

金属工具武器也十分受重视，放置很有规律；短剑、刀等多放置在墓主的腰部或腰部以下，一般都处于双手的下方；而放针的圆形针线筒，摆放更加偏下，有的甚至到了腓骨外侧（甘肃省文物考古研究所 2001）。锥的位置大体与针线筒相似。根据摆放位置，推测当时是将短剑和刀子等武器、工具佩挂在腰部的带饰上；短剑和刀子出土时往往有皮鞘（革）或置于木鞘（板）上，反映出人们对武器与工具的珍爱程度。由这些器物的摆放位置可以推测，将短剑和刀挂在腰间的皮带上，应是居民对亡者权力地位的尊崇及对亡者生前生活的重现，这类例子在欧亚大陆较为多见。工具、武器以及系在腰间的装饰性皮带，可以精确地描绘出游牧群体中不同的社会角色，突出了个人作为牧民、战士或者猎人的身份，而不是选择共同的物质化标识。

从陶器来看，沙井文化可能与董家台类型或者辛店文化有密切关系（李水城 1994）。沙井文化发现的青铜短剑、各种形制的铜刀、铜匙等武器与工具，以及联珠饰、小铜铃、泡饰、管饰、带扣、动物形饰件、项饰等装饰品在长城地带和欧亚草原都有不同程度的发现，特别是与内蒙古中南部地区的出土物更为接近，环首直刃剑、长方形联珠饰、环形带扣、动物纹牌饰等铜器形制极其相似。沙井文化流行的偏洞室墓、殉牲等其他葬俗，则看出与中国甘青地区的土著文化具有密切的联系。

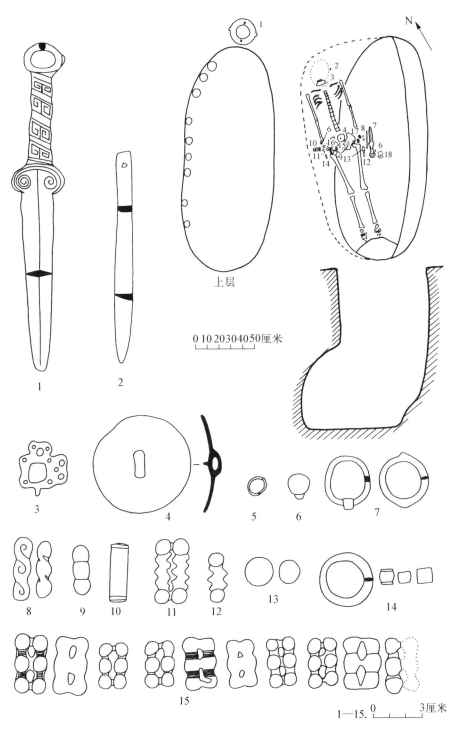

图 4.18　柴湾岗 M4 平剖面图及出土青铜兵器、工具与饰品
（甘肃省文物考古研究所 2001：119-120，图 44、45；得到王辉授权）

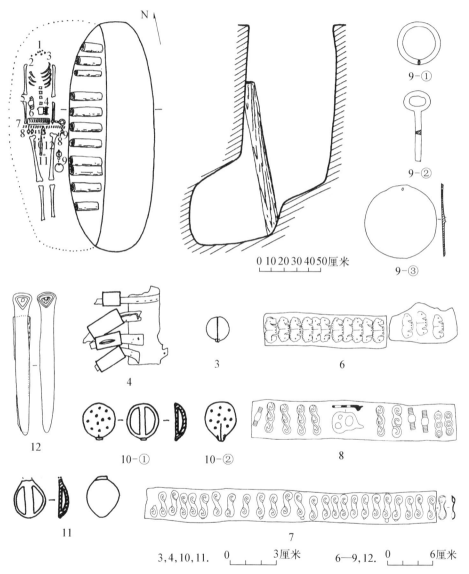

图 4.19　西岗 M140 平剖面图及出土青铜工具与饰品
（甘肃省文物考古研究所 2001: 13，图 4、5；得到王辉授权）

骟马文化（公元前 1 千纪）分布在河西走廊西部到内蒙古西端，东起玉门，西到阳关，南依祁连，北达花海长城沿线，大体重叠在四坝文化的分布地域之上，是晚于四坝文化的另一类青铜文化。但是两者之间似乎存在着缺环，骟马文化不见四坝文化发达的彩陶，器型上也与四坝文化的陶器有显著差别。该文化的主要遗址有安西兔葫芦、酒泉赵家水磨遗存、玉门火烧沟等遗址（李水城，水涛 2002：63-76）。目前，骟马文化没有正式发掘过的遗址，大部分器物是调查采集所得。考虑到采集陶器多为完整器，推测这些器物多出土于墓葬之中。虽有报告称发现有骟马文化的墓葬，但墓葬资料均未发表，墓葬形制和葬俗也不清楚。

目前所见骟马文化的陶器均为夹砂黑陶或黑褐陶，制作较为粗糙，手制，胎较厚。陶器的种类简单，以罐为主，有双大耳罐和无耳罐等形制，其中尤以罐的腹部上正中位置的前后捏塑一对高翘的乳突，或在器耳刻划连续的人字形折线纹或交错斜线纹的双大耳罐最具特色，与四坝文化制作精细的彩陶有很大差异。陶器特征的改变，说明陶器制品的生产没有之前那样受到重视，这种使用时间长且易碎、不便携带器物减少的现象，暗示了居民开始转变为迁移性的生活方式。

骟马文化铜器有管銎斧、鹰形牌饰、扣、泡、牌、镜、管等（图 4.20）。管銎斧，目前仅发现 1 件，援部呈长条状，较厚重，援锋略尖，无边刃，正中横贯一突脊，横截面近长方形；后部为銎，较刃部稍宽，銎孔为椭圆形；銎后有一锥形内，细长，尖端圆钝。此斧具有明显北方草原文化的特征，形态与商周时期中国北方地区管銎戈（或啄戈）接近，这类工具在安阳殷墟武官村大墓（郭宝钧 1951）、大司空村 M24（马得志等 1955）、甘肃灵台白草坡 M1（甘肃省博物馆文物队 1977）、宁夏中卫县狼窝子坑墓地（周兴华 1989）等遗址都有发现。此类风格的管銎斧主要发现于中国北方长城沿线、俄罗斯南西伯利亚的米奴辛斯克盆地和外贝加尔地区，是北方系铜器中特征突出的器物，时代从商代晚期一直延续到春秋时期。鹰形牌饰造型奇特，器长约 15 厘米，上部造型像一只展翅的苍鹰，下部为凹边长条牌

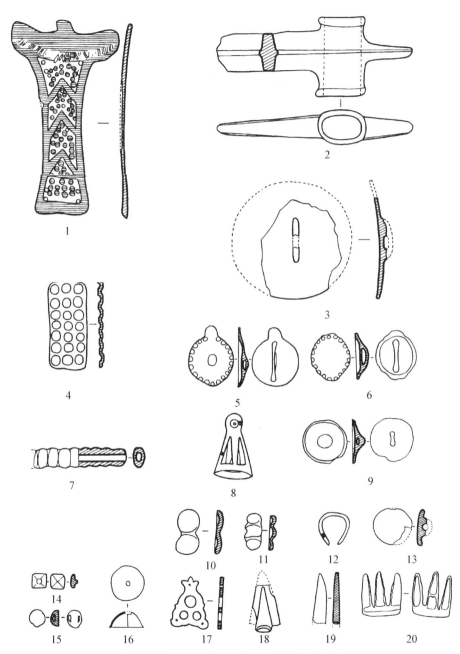

图 4.20　骑马文化的青铜兵器、工具与饰品
（李水成 2002：67、68，图 4、5）

身，底端平齐，圆钝，无刃；牌中部有三个突起的倒 V 形纹饰带和一个横带，将牌饰分割为五组，每组内铸若干不对称分布的小圆饼。牌面上下的边角有八个穿孔，分四组，两两相伴。此牌饰与宁城南山根 M4 夏家店上层文化铜鸟形饰相近（中国科学院考古研究所内蒙古工作队 1975）。

由于考古资料所限，我们很难解释为什么在四坝文化之后，河西走廊地区的考古学文化在年代序列上有缺环，但这段空缺之后的骟马文化和沙井文化，制造铜器的水平较前有大幅度提高。或许因为这里是贯通东西的交通要道，当地群体能够更多地接触其他群体带来的更加复杂的金属制造技术，从而加快了本地铜器生产的进程。绿洲式的牧业生活方式使当地族群及群体成员带有一种特定的气质和群体特质。陶器的类型学研究对于我们探讨这一区域人群的迁徙和生活方式的转变也起了重要作用。

亚洲内陆的西部和西北地区最显著的特征就是极具多样性的埋葬习俗和随葬装饰品。这一特征反映了由于复杂多样的生态和地理环境，以及远离黄河流域中原王朝文化，使当地居民自给自足和独立，他们有能力应对环境的变化和政治势力的入侵。但是当中原王朝的势力因贸易和疆域扩张到这一区域时，使本地的埋葬习俗和代表族群的标志物，开始出现向中原王朝靠近的趋势。

这个区域的显著特征是游牧习俗和习惯使用来自欧亚大陆东部草原的代表性器物。亚洲内陆的西部与西北地区，气候的多变和环境地形的多样化导致了群体之间的差异，利用土地方式多样化的诉求，使得游牧人群在这里繁衍生息；同时，由于其游牧的生活方式，社会群体在不断迁徙着，由于地理环境和生态产生的畜牧业生产方式，使其逐水草而居，期间可能与其他人群相遇产生交流。人群的迁徙会让象征身份的器物很容易改变，更不要说技术的变化了。

无论器物和生活方式传播到这一区域有何意义，河西走廊及其更西、更北的社会群体，了解在欧亚大陆边界地带活动的游牧人群，并重视他们穿戴的服饰和使用的工具，并研究他们如何利用这些物品装扮自己。例如，他们使用动物牌饰装饰的腰带束住上衣，勒束裤子；又如，用马头和马蹄举行的祭奠仪式表现出他们对于动物和自身生活方式的重视和崇敬。举行这些传统的仪式以及选择与放弃代表性的随葬器物，象征意义十分明显。因此对这一区域具有代表性器物和行为的研究，会始终贯穿在我们的讨论中。同时，在东面邻近的中原王朝里，已经产生谱系格局，本区域仍然始终保持不被统治，并且远离晚商和西周的权力中心。这些群体似乎能够按照自己的意愿和需求选择社会风俗和生活方式，并保持着封闭的、自给自足的区域格局。

第五章

结语及未来展望

林嘉琳　孙　岩

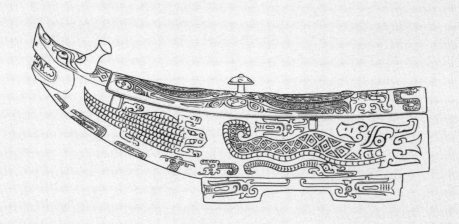

这一章将总结前几章讨论过的内容：边疆和接触区域、墓葬分析和仪式行为、金属制品及其它们的使用模式。我们在前面章节的讨论中了提出了技术格局（technoscapes）、地域格局（Regionscapes）、氏族格局（Lineagescapes）以及个体格局（Individualscapes），它们是超越考古学文化之上的研究单位。

近年来，由于对该地区考古调查的增多，中外学者的研究都试图探求这一在中原王朝统治核心区以外区域的社会政治和文化历史。这些研究的关注点包涵了对社会、文化、人口和政治多元性以及器物制作资助人的解读。我们这部书改变了以往的研究焦点，转而注重金属制品的广泛运用和器物的生命史，并将它们视为对该地区公元前3千纪至公元前1千纪中段期间社会和政治行为进行分析的一个重要组成部分。

与以往的许多研究一样，本书认为文化或群体的归属，不能像以往考古学文化研究那样，仅仅基于器物本身的相似性或组合关系，抑或是以墓葬中出土的、输入的，或是仿制的中原王朝器物来决定。本书强调在亚洲内陆边疆地区生活的人群，基于其自身的需求有意识的选择了这些器物。这些选择可能也是基于当时这一地区的历史情况，或使用者所属群体或家庭的考虑，非常有可能是权宜之计。这一从边疆地区群体的主观能动性为出发点的研究，与以往的处于中原王朝或其他权力统治边缘地区的文化被同化的主导观点，形成了鲜明的对比。解释横跨亚洲内陆边疆地区墓葬内器物组合的观点很多，考虑到当地的社会政治形态，以及中原王朝往往没有有关地方群体的文字记录，我们试图给这些器物的使用一个合理的解读。最后，我们希望有关亚洲内陆边疆的研究可以有助于未来对世界历史物质文化的比较研究。

一、亚洲内陆边疆地区：一个文化的交汇路口

本书中有关亚洲内陆边疆的研究，挑战了以往北方、北部边疆地区和北方地区研究中普遍存在的民族主义、霸权性文献、中心—边缘等模式。也使得这一地区成为检验新研究方法的极好案例。首先，我们对金属合金制品在中国境内起源、发展的考古学观点提出了挑战。恰恰相反，考古学的证据表明地方政权或者个人，吸收并使用了来自不同区域的各种资源，（出于自身的目的）对冶金技术进行了本地化处理和尝试（见第二章）。总的来说，我们提出的技术格局是新石器晚期的社群和之后的社群互动的特征（见第二、四章）。这不仅引起了冶金技术上的革新，而且可能导致了因各种原因对墓葬陈设和身份象征的不同类型和风格的物质文化的选用。这些物质文化之所以被选择很有可能是因为它们的异域风格。

其次，亚洲内陆边疆的居民没有自己的历史资料，且来自中原王朝的文献对亚洲内陆边疆地区人群的分类，在有限的种族、文化、政治词汇的语境下又多持有偏见。事实上，我们认为器物在墓葬中的多样组合，以及对当地、草原和中原王朝模式的选择表明，我们依然需要一个完全不同的、侧重于当地身份认同的模式来解释这个地区的物质遗存。

第三，活跃于亚洲内陆边疆的群体显而易见地保持了对当地身份认同的自豪感。他们极具创造性和选择性地运用墓葬类型和墓葬材料，而不是简单被动地接受，被更强大的中原王朝所掌控。在通常情况下，这意味着结合本地与其他人群制造的产品和使用方式。我们对这些选择的讨论是在身份形成的理论框架内进行的。

在公元前4千纪晚期到公元前8世纪之间，亚洲内陆边疆是一个持续变化的地带。这一地区存在着文化交流、有选择性的技术吸收、多文化和多群体的互动（第一、二、三、四章）。显而易见的是，那些与中原王朝中心交流最多的群体（见第三章和第四章）也是那些与中原王朝地理位置邻近的人群。地理位置影

响了不同群体与中原王朝的亲疏关系。在一些地域殖民统治是显而易见的（见第三章）；但在西周王畿边缘的宝鸡地区，即使是以姬周为摹本形成的氏族中（见第四章），依附于周人显然也是当地人们的一种选择，且这种选择可以在中原王朝统治中心的政治权力操控中改变。同样，在亚洲内陆东北区墓葬中所出现的中原王朝风格与边疆风格随葬品的混合使用，是周人在某些政治动机下，对东北部殖民统治的结果（见第三章）。西北部的情况或与此不同（见第四章）。例如，周对其周边区域之外的地区没有太过重视，到了公元前8世纪与周有联系的地方群体开始对中原王朝的统治不利。这是在北部和西部地区活跃群体的政治军事力量增强，并且最终得以挑战周人统治稳定性的结果（见第四章）。在远离商周王畿的区域，集权制中原王朝统治的出现及其与地方的关联，有可能对双方都是有价值的（见第三章和第四章）。

探寻地方群体在区域内群体间互动的回应是本书讨论的核心——而这些回应主要记录在物质遗存中，墓葬出土的文字材料中也偶见这些来往的记录。本书希望在边疆生活以及人群和观念混合的背景下，去认真敏锐地解读这些考古证据。亚洲内陆边疆是一个文化的交汇路口，这一区域的发展得益于诸多因素。有本地传统的原因，也受到黄河中游逐渐崛起的中原王朝以及来自欧亚大陆草原多个地区文明的影响。

在这个文化交融区发现的金属制品通常显现出在风格、主题和技术上与其他区域相似的器物，甚至有时与一些源自极为遥远的草原地区和群体的器物特征相似。在不同的时间与地点，亚洲内陆边疆地区的群体与个人使用了本地制造的、其他地区制造的或受外来影响制造的金属制品，以及这三者的任意组合，来定义与展示他们自身新兴的文化身份。

亚洲内陆边疆地带形成于公元前3千纪末至公元前2千纪初期，金属（红铜与青铜）冶铸工艺的实践是该地区这一时期最为显著的特征。该地区金属工艺的崛起，显然是在与来自西北地区的人群接触之后，受到启发的结果。这些来自西北地区的人群，掌握了新兴的冶金技术或者其他类似的先进技术。该地区人群的经济和生活方式与黄河中游的人群没有显著差异，而且他们都尝试过冶金技术及其潜在的使用。对金属制品和冶金术不断增长的兴趣，可以作为这些群体所在地区和团体的象征。随着中原地区复杂的国家级社会兴起，亚洲内陆边疆的各个区域与中原王朝的统治中心如二里头文化、商或周都有着或多或少的联系。一般来讲，该地区与商王朝之间的互动接触，以多种形式存在，有（商甲骨文记载的）纳贡、通婚、军事冲突以及偶尔的殖民化统治。显然，在整个公元前 2 千纪至公元前 1 千纪之间，来自商周王朝的国家级势力在整个亚洲内陆边疆地区中的出现，甚至有可能是侵入性的影响，是明显可见的。

比如说，在亚洲内陆边疆各个地区，上层统治阶层选择了商王畿地区风格的青铜礼器，并将它们与当地所造的金属制品和个人金属饰品并置，来增强其权威的光环。当周掌握了中原地区的统治权时，周人试图将亚洲内陆边疆尤其是周王畿地区以东的广大区域通过分封纳入其领土。接踵而至的直接军事冲突，以及政治和文化的入侵，为周与许多当地的社群，尤其是那些位于周人疆域东部的群体制造了不同形式互动的机缘（见第三章）。金属制品的使用作为国家统治的象征得到了延续，亚洲内陆边疆当地身份实验性的建立和创造也通过金属制品得以表现。

在本书讨论的这一历史时段内，尽管中原诸王朝主导并持续塑造了亚洲内陆边疆地区的复杂社会形态，但值得一提的是，其他各类地方文化也为这一地区的发展起到了同样重要的作用。这些地方文化，主要为生活在欧亚大陆东部的社群，他们身份不同且生活方式迥异，对亚洲内陆边疆文化起到了潜移默化的影响。

欧亚大陆北部和西部的地区与欧亚大陆东部一样长期被认为是同质的。与亚洲内陆北方地区类似，这一区域可以像我们所探讨的"边疆地区"一样，应以多中心的形式来进行研究。这项研究任务显然超出了我们这本书的范围，但我们清楚地认识到在这一地区曾居住了一些重要的群体，而且他们与亚洲内陆边疆的群体之间存在着交流联系。目前的研究主要通过对相关器物形制以及制作技术，来认识这些我们知之甚少的交流与联系。

这样的交流联系在整个亚洲内陆边疆并不鲜见，其结果也因对外来理念、人群和金属制品的接纳程度而异。很显然，在我们讨论的时期都存在来自亚洲内陆边疆以外的欧亚大陆东部和北部的新移民群体。尽管这些人群通常被视为同一来源，而实际上他们并不是。无论他们是谁，这些个人或团体过着适合当地情况的生活。这些人并不都是流动的牧民，他们中间可能包括了在这一地区颇受欢迎的技术人员，甚至是商人。"草原"对比"农耕"的二元论模式框架已过于简单化，将这一地区的研究范畴局限在当今中国的版图内部也已经不合时宜。希望我们的研究分析为此类讨论提供新的切入点，即关注本地的适应性、多样化和调整的模式，以及当地新模式的形成。

在我们的研究中，北区、西区和东北区内的人群的角色发生了明显的变化，从被限制到保持自主与独立，且在中原王朝兴起的过程中被视为盟友，并最终改变了东亚地区的格局。这一改变过程体现在对本地、欧亚大陆东部和中原王朝文化中各种金属制品的使用上，从抵制（北方西区靠西的区域）到采用几种单一的器物，特别是在边境地区统治阶级上层人士墓葬中的使用。这种现象在诸如王朝统治核心的安阳地区以及边疆地区中心的燕国墓葬中也有所体现（见第三章）。

该书有如下的发现：边疆地区的新疆、甘肃、青海、陕西和山西活跃着来自欧亚大陆东部（由欧亚大陆东部经当今的哈萨克斯坦传入新疆；也同时经蒙古南部甚至可能更远的东部地区）青铜文化的人群、物品和制造技术（观念）。在整个公元前4千纪至公元前1千纪早期的大部分时间段里，这些复杂的文化在这里形成了一个清晰的点状分布地带。

以前提出的欧亚大陆东部草原地区和古代中国之间各种刻板的文化界限是虚构的，至少在我们所知晓的最早时期甚至晚些时间段内是不固定，且可变动的。显而易见，这些界限的设立是为了迎合约定俗称的世界观，而我们在亚洲内陆边疆所观察到的是，个人与群体多重且不断变化的身份认同。这种变化随着时间的推移和对政治、经济和文化的需求而不断变化。

在我们的定义中，整个北方边疆地区的政治实体从来没有像中原地区发展起来的政权那么强大。而这些政治实体是有目的，且在一定条件下临时形成的。不论是群体还是个人，其身份认同都受到边疆地区突发事件的影响。而我们正是通过研究墓葬中的金属制品及其使用来衡量的。这种身份是不固定的、不断变化的，且有时毫无疑问是随机应用的。我们可以从考古资料中识别这些不同的身份，并将他们大致分为：技术格局（Technoscapes）、个体格局（Individualscapes）、地域格局（Regionscapes）和氏族格局（Lineagescapes）。

二、亚洲内陆边疆地区技术格局（Technoscapes）的形成

在早期，创造齐家文化（约公元前 2000 到公元前 1600 年）的群体在不晚于公元前 1900 年左右开始制造合金，甘肃中部和南部以及青海东部当地的铜锌矿被做成黄铜合金。四坝文化的先民们（公元前 1900 到公元前 1600 年），对于合金制品特别是青铜合金有着独到的品位。对早期金属实验性的使用是四坝金属工艺的特色。这表明金属制造技术已被引入该地区，与之同时而来的可能还有来自蒙古南部，以及更远的西部地区的铸造金属的匠人（见第二章）。

在北方西区较为靠西的人群中，我们注意到其技术格局可能建立的相当早。而这些技术格局，直至公元前 1 千纪时，仍然在尝试和吸取从其西部传入的制造技术以及器物类型（见第四章）。在那里，我们发现了身份转变是作为区域群体内部重组的表现。这种变化一定是当地不稳定的环境所致，至少有时是由于新观念和新人群的涌入而造成的（见第四章）。

在东北区域，早期金属制品的使用始于大坨头文化（约公元前 19 世纪到公元前 13 世纪）。小型金属工具和个人饰品零星地出现在居住遗迹和墓葬中。石范和矿

渣的发现进一步证明当地对早期青铜冶金技术的尝试。大坨头文化是亚洲内陆边疆"技术格局"不可或缺的重要组成部分。大坨头文化与延伸至东北部的夏家店下层文化之间金属制品风格的对应关系，以及大坨头文化与中北部和西北地区同时期金属器使用文化之间风格的对应关系，确认了横跨整个边疆地区那些相互联系，又各自独立的群体之间，制造技术和艺术风格的信息流动（见第三章）。

三、公元前 2 千纪晚期至公元前 1 千纪之间的个体格局 （Individualscapes）、地域格局（Regionscapes）和 氏族格局（Lineagescapes）的形成（本书第三、四章）

从公元前 2 千纪晚期至公元前 1 千纪早期，亚洲内陆边疆各个社群对冶金术和金属资源的掌握，促进了金属制品的生产。这一时期出现了从个人饰品和工具到武器，以及一些容器等各式金属制品在种类和风格上的多样化。金属制造的规模和数量已扩大到区域范围，而不是像亚洲内陆边疆地区金属制品的初始发展阶段那样常见于孤立单一的地点。

随着边疆地区社群的逐渐复杂化，个人或当地人群用金属制品在墓葬中构建身份的需求也在增加。中原的商和周两大政治力量，以及来自欧亚大陆东部邻近地区的青铜文化，都极大地影响了边疆地区的身份构建。各种背景的当地居民们积极地重新定义了他们各自独特的身份。因此，边疆地区身份的构建也变得更加动态以及多层次。

根据"技术格局"在早期的运用，我们将继续使用"格局"（scape）这一概念，来定义亚洲内陆边疆从大约公元前 2 千纪晚期至公元前 1 千纪初期这个时段，以金属制品的使用来构建身份的模式。我们观察到了三种模式：个体格局（Individualscapes）、地域格局（Regionscapes）和氏族格局（Lineagescapes）。这些分类方式，让我们看到了地理边界和考古学文化范围之外的各种物质文化遗存。

"格局"这一定义还有助于我们观察和突出金属制品的能动性在本质上的差异，以及此类能动性对个人和群体身份构建的影响。

个体格局指的是运用金属制品来进行个人身份的构建。这一格局中被选用的金属制品的类型是有限的，而且它们的使用是基于个体选择和专注个性化的结果。从某种意义上说，这是一种在早期整个亚洲内陆边疆社群实验性地使用金属制品的延续，也体现了该地区群体使用金属制品来定义个人身份兴趣的增长。

这一时期，个人能够积累比早期更多的金属制品，但它们的类型主要限于三种：个人饰品、工具和武器，所有这些金属制品均需要相对不复杂的冶金技术来制造。个人饰品是其中最重要的一类。在个体格局环境下，特定社群中仅零星地使用金属器，而且在一个地区内不同社群之间金属制品使用的一致性很低。实质上，金属制品尚未被提升为一种特定的群体和共同区域文化身份认同的物质标志。

个体格局遍布整个边疆地区的各个地理区域，从现今中国西部的青海和甘肃省，延伸到东北部的辽宁省（参见第二章以及第三章和第四章的特征描述）。这些地区见证了有着不同物质文化遗存的群体的兴起，而这些地区也根据当地陶器的特点被归入了各种考古文化里，从公元前2千纪晚期至公元前1千纪的一系列的考古文化都有个体格局的存在。它们包括了西北偏远地区甘肃和青海的沙井文化、辛店文化、诺木洪文化和卡约文化，以及泾河流域的碾子坡文化。其他诸如约公元前1500年至公元前13世纪中期的渭河流域的寺洼文化和刘家文化，内蒙古中南部的西岔文化（约公元前11世纪至公元前10世纪），以及大约公元前1200年至公元前10世纪北方东区燕山山地以及大凌河和小凌河流域的各种文化也都在此列。值得注意的是，这类由个体格局来定义金属制品使用的群体，都位于远离中原地区商周王朝政治统治的中心区域。在我们意料之中的是，位于这些区域的群体很少使用商周风格的金属制品，[1]尤其是青铜容器。

----

[1] 我们再次强调，这里并不说明来自中原地区各文化的金属器物仅为一类，而是表明这些金属器物被作为中原王朝统治中心权力的象征。

这些社群持续了对冶金术的实践。正如在辛店文化的张家嘴遗址和诺木洪文化的塔里他里哈遗址考古发现的冶炼遗迹以及在西岔文化发现的铸造模具所显示的那样，合金金属制品的生产是一种高度区域化的行为。在每个群体中，用于墓葬中的金属制品都非常有限。其中相当数量的金属制品表现了该地区早期器物的独特风格，及其与欧亚大陆东部金属器在形制与主题上的相似性，表明当地冶金工艺传统的一些特点，以及当地与西部和北部地区文化相互作用的延续。极少数商和周统治中心的青铜容器或者武器进入了远离中原王朝中心的群体，但这些器物绝不是个人身份的主要物质标识。正相反，北方边疆地区风格的青铜武器开始出现在西北部和中北部区域的墓葬中，这是为了表现个人的身份构建。

金属饰品是强调体现个人身份最独特的物质标志。它们主要分为两大类，一种是可被缝制并悬挂在衣物不同部位的饰品，一种是佩戴在身上的饰品。这些饰品包括青铜质或者金质的戒指、耳环、发笄以及由彩色的绿松石、玉、石等质地的珠、管组成的项链与手镯。然而，对某一种或几种金属饰品的使用都是当地人群的选择。以西北地区为例，服装上附着的金属饰片、金属管、钮扣和铃铛比较流行（见第四章）；而在北方东区，最有个人表现力的金属饰品则是黄金或青铜质手镯，以及末端呈扇形的耳环（见第三章）。

这些社群自早期就没有经历过剧烈的社会变革。他们的成员持续从事农业耕作和长久不变的定居生活。但在西北地区，农耕变得不再精细，畜牧业比例加重，而且投入在制作和装饰陶器的精力也在很大程度上被削减，这些都预示着更为流动性的生活方式的兴起。这些地区已知的聚落一般都很小，并且部族内部缺乏复杂化社群常见的城墙、大型公共建筑和手工艺制作坊等考古学现象。从墓葬的大小以及陪葬物品多少的差异中，也未能显示广泛而持久的社会等级的存在（见第一章和第四章）。

地域格局是指在区域的层面上，使用金属制品来构建新兴的、共有的并且有凝聚力的文化身份特征。在地域格局下，横跨整个亚洲内陆边疆的社群开始选择相同类型的金属器进行身份构建。这些金属制品成为该地区各个群体中新兴的上层人士们"共同"的物质语言，并促进形成了共同的区域文化认同。金属制品的类型不再局限于个人饰品、工具和武器，而是包括了商、周甚至具有当地风格样式的各种器皿。金属制品在墓葬中为反映墓主的财富和地位扮演了越来越重要的角色。金属制品的使用不再是零星的，而是更加系统化，显示出明显的区域格局。

地域格局主要呈现在公元前 1300 至公元前 600 年间的晋陕高原、京津唐地区以及内蒙古东南部。这些地区仍然居住着以农耕为主的人群。但在东北部的山区，畜牧经济已经变得越来越重要（见第三章）。这种现象在亚洲内陆边疆西北部的边缘区域也同时出现（见第四章）。每个地区都存在对金属器组合的独特偏好，并经历了不同的社会发展阶段。

在晋陕高原的李家崖文化中，上层人士墓葬中出土的金属器风格趋于一致，基本上都发现了带有异域文化的安阳风格的青铜容器以及边疆风格的个人饰品，这一地区的人群也广泛使用工具和武器。金属器在李家崖文化的社群中得到广泛使用，呈现出该地区上层人士中逐渐统一的金属制品使用格局。类似的青铜制品的使用方式被短暂地扩展到了泾河流域下游地区，该地区的考古学文化以黑豆嘴和断泾类型为代表。容器中包含了鼎、簋、觚、爵与斝等，都是商式风格的青铜器，具有边疆风格的金属器主要包括三孔铜钺、鳄鱼柄匕（蛇首匕）以及螺旋式金耳环（又称云形金耳环）。

在公元前 2 千纪下半期，当地群体发展成了多个小型的政治体。他们有着共享的文化背景，且与商进行了频繁的文化互动和竞争。但具体类型的青铜容器、饰品、武器和工具在各个墓葬和该地区的不同文化遗址间都有所不同，这表明个人或群体在金属制品的选择上有很大的灵活性。到公元前 2 千纪末期，安阳风格的青铜器均被废弃，取而代之的是一些新型的边疆风格的武器，例如在黄河以东地区遗址出土的铃首剑和有銎战斧，体现了个人尚武的特点，以及区域格局的重新定义。

京津唐地区的群体选择了商周王朝风格的食器，以鼎和簋为主，以及末端呈扇形的耳环和手镯来定义这些群体共同的区域性身份。与使用多种青铜容器的晋陕高原不同，这个地区的群体在选择青铜容器时似乎仅限于鼎、簋两类器物。即便如此，在该地区潮白河与滦河流域之间，上层人士墓葬中的身份构建也存在着明显差异。这些群体与商、周诸侯国燕的往来，是当地上层获取青铜礼器的重要方式。当地上层人士一定赋予了这些器物新的功能和含义，用它们把本地身份来仪式化，并表达自身的权威。随着公元前 1000 年前后燕国在该地区的建立，周王室的主要目的是吸收当地群体进入周的政治统治范围。从随葬品的使用方式可以看出，当地的地方政权和自治在一定程度上被削弱（见第三章）。

与上述两个地区不同的是，在公元前 1000 至公元前 600 年间，生活在内蒙古东南部西拉木伦河和老哈河河谷的人群，则更为依赖北部边疆风格多样的青铜器，来进行个人和群体认同的构建。这些青铜器包括了有銎短剑、锯齿刀、有銎战斧、弹簧或螺旋状的耳环以及连珠的金属饰品。这个时期在该地区的群体已经被归入夏家店上层文化旗下。在这一地区，发现了大量生产北部边疆风格金属器的证据。当地人群借由丰富的矿石资源以及娴熟的铸造技术，大大扩展了金属制品的种类，从武器、工具到个人饰品以及具有本地风格的青铜容器。当地一些属于不同群体的墓葬中偶见具有本地风格的青铜容器，应是有意而为，这些器物属于当地的上层军事贵族，为彰显其特殊身份而放置在墓葬中。

氏族格局是指在青铜器上使用铭文来进行群体身份的自我定义。在氏族格局里，各个群体不仅在很大程度上采用了商和周政治中心地区的礼制文化，而且还明显和刻意地在青铜器上使用文字来显示群体身份。正是这种通过青铜铭文表达自我认同的方式，把这些群体与活跃在亚洲内陆边疆其他同时代的群体区分开来。这些群体位于亚洲内陆边疆南部边缘区域，与商周政治中心地理位置接近。正如我们在第三章和第四章所讨论的那样，这些群体包括了弢国以及临汾盆地的倗国。与亚洲内陆边疆的其他部族相比，这些群体与周有着最密切的文化和政治关系，可被视为周文化和政治领域内不可分割的一部分。

从公元前 2 千纪末到公元前 1 千纪初，周政权在泾渭河流域的崛起以及其后向山西南部的扩张行为，或许刺激了这些群体的自我身份认同。这些氏族墓葬中的青铜器铭文表明，该氏族成员与周、周的区域性封国以及其他氏族有着密切的、频繁的文化及政治联系，尤其是他们建立的广泛的婚姻网络。例如，与弡伯成婚的井姬来自背景显赫的姬姓井氏，其宗族成员在周朝廷拥有要职。位于临汾盆地的佣氏，不仅维系了与周初关键人物之一毕公高一支毕氏的婚姻关系，而且也保持了与由周王室小宗所建立的晋国和芮国的婚姻。这些婚姻关系为这些氏族学习、吸收和运用中原王朝的礼制文化，提供了极好的机遇和推动。

然而，这些群体对商与周礼制文化的采纳和接受程度有所不同。首先，他们对商周的礼制性用语的掌握程度差异很大。弡基本没有使用商周铭文中对祖先的称谓，而佣则流利地使用了文字（金文），并且完全接受了周人对祖先的称谓。其次，这些群体选择了不同种类、不同风格的商和周青铜礼器来界定其文化身份。佣的特点是广泛又地道地在墓葬中运用商周王朝统治中心风格的铜礼器组合；而弡则有意识地保留其原有的物质文化符号，并将这些符号以青铜器的形式来呈现。当弡在周核心区的边疆稳定立足后，他们的贵族明确地使用周的铜礼器名称来命名本土制造的容器，这很可能是为了阐释他们独特的自身文化认同。

四、格局的不固定性

值得注意的是，我们在整个亚洲内陆边疆所观察到的技术格局、个体格局、地域格局和氏族格局，在空间与时间上既存在着稳定性也有不固定性。在中原王朝政权出现之前，技术格局在亚洲内陆边疆逐渐增多，之后当铜料的获取已成为王朝政权的重点时，则更是推波助澜。金属制品的种类越来越多，并且其制造技术也被当地化。早期的个体格局主导了亚洲内陆边疆，并在我们分区的西北部的大部分区域，以及中部和东北部的部分地区得到了延续。地域格局在不早于公元前 1300 年的不同时期，宝鸡、晋陕高原、京津唐地区以及内蒙古东南部各地区开始形成。而氏族格局则出现得相对更晚些，大约在公元前 1100 年之后，且只出现在毗邻中原王朝统治中心的地区：如宝鸡地区、泾河上游河谷地区和临汾盆地。

这些格局从历史的角度来看既不是线性的，也不是相互排斥的。例如，在宝鸡地区，我们发现了随着时间推移，从个体格局、区域格局再到氏族格局的明显转变过程。在早期刘家文化的一处遗址中，发现了一些早期的金属饰品，这说明金属制品在这一社群中使用的开始。该地区的人群随后采用了商统治中心风格的青铜礼器，特别是鼎和簋，凸显了区域格局。从商末期到西周初期，这个地区活跃着来自不同文化背景的众多群体。泾河上游河谷地区，主要分布在泾河以北区域归属于寺洼文化的各群体在几个世纪里，保持了较为有限的金属制品的使用；而泾河以南区域则紧密地融入了周文化圈，成为不同群体的共同家园。在同一区域内，氏族和个体格局有可能同时出现。在其他地区，在个体格局占主导地位的同时也形成了区域格局，但未能转化为氏族格局。

我们在此提出的这些格局，囿于现有的物质文化遗存以及我们对数据分析的局限性，加之整个亚洲内陆边疆物质文化的差异，使得我们难以提供一个该地区每个区域内同样完整和平衡的金属制品使用的图景。例如，内蒙古中南部地区的群体从公元前 11 世纪到 10 世纪中期对金属制品的使用，可把该地区列为一个个体格局占主导地位的地区。我们目前还不清楚该地区这个时期前后的金属制品代表的"行为"。另一个例子是京津唐地区位于刘家河的商时期墓葬，该墓葬是这一地区较早出现商类型和风格青铜容器的一个孤立案例。墓主的身份问题，无论是商朝官员，还是地方上层人士，仍然存在着争论。我们目前很难仅基于墓葬遗迹来进行任何推测或解释。这些局限将会在未来通过更多的考古发现来弥补。不过我们坚信，通过"格局"的理论框架来展现和探讨金属制品的能动性，可以让我们更为深入细致地了解整个广大的亚洲内陆边疆内各个群体创造而成的，动态、多样而且复杂的社会史、文化史和制造技术史。

五、总 结

在本书中，我们重点关注了环境与经济的相互作用，以及它们在亚洲内陆边疆这一情况复杂、变化频繁的地域中所起的决定性作用。这些特点就像当今甘肃和内蒙古地区一样，把不同群体划分开来。随着当地群体和中原王朝统治阶级利益的不断变化，每个次级区域在一段时间内往往是多变、没有规律的，也肯定是不稳定的。整个亚洲内陆边疆的这一特征，突出了各个群体在各地的环境和境况下所做出的选择，或许在全球范围的边疆区域都非常显著和典型。这个地区大部分区域的地貌让各个群体可以根据需要与其他群体保持一定距离。对于这些区域性变化的分析，我们依赖物质文化，从中获取线索；依赖物质文化在形式、功能和制造中展现的潜力；也依赖于我们关于某一边疆地区群体或个人身份认同的讨论。

我们认为，未来在特定方向的研究，将会更为有力地支持我们的结论。特别是冶金术，金属金相成分，以及矿石来源等的研究，将会启发且必然引导我们更加有把握地去了解短距离和长距离文化交流互动。此类分析研究可以对比"本地"和"外来"器物的制造过程、金属合金的成分，以及金属矿石的使用等等。那些专注于社会政治结构（如居住模式，家庭结构，金属制品的制造和使用）的实地考察研究，可以让我们更好地了解该地区居住的人们将新的习惯和物品纳入其日常生活中的方式与过程。

诸如锶同位素分析，DNA 分析和墓葬中个体的性别鉴别，以及其他此类的骨骼研究分析，将会为研究性别问题、群体的亲缘关系构成、新部族的流入甚至那些与群体和个人息息相关的饮食和健康问题，提供各种极为必要且更为系统的信息。对于气候的研究，可能会帮助我们阐明和回答一些问题，如地形和植被随时间的推移对人类和动物栖息地产生的挑战。目前主要缺失的且极其重要的是那些侧重于家庭经济和行为的研究项目。它们与当地经济尤其是与跨时空的群体间的流动、文化交流、工艺品制造和健康状况等均有联系。

　　有关生计方式问题的各种研究，以及研究这类问题的方法结合起来进行探索，将会很有成效，且可以极大地促进我们对该地区金属制品及其使用方式的理解。这些金属制品作为该地区人类生活一部分，人们在各种场合如生前、葬礼以及死后都会使用到。我们希望这本书能够促进这类研究，此类研究将优先讨论边疆地区，侧重于研讨这些地区的诸多问题，如对有关人类社会群体形成这一类更大问题的贡献，以及这些地区的独立性及其表现出的对自身身份的渴望，而不仅仅是把它当作大型国家政权的外围边缘。以上这些，就是我们在公元前 4 千纪末期至公元前 1 千纪前半期，在亚洲内陆边疆的相关发现。

参考书目

典　籍

班固：《汉书》，上海古籍出版社，1980 年。

《国语》，上海古籍出版社，1988 年。

《孟子》，岳麓书社，1986 年。

《诗经》，trans. Author Waley and ed. Joseph R. Allen. New York: Grove Press, 1996.

司马迁：《史记》，中华书局，1982 年。

论　著

A

Abramson, Marc Samuel 2003. "Deep Eyes and High Noses: Physiognomy and the Depiction of Barbarians in Tang China." In *Political Frontiers, Ethnic Boundaries and Human Geographies in Chinese History*, eds. Nicola DiCosmo and Don J. Watt. London and New York: Routledge Curzon, pp. 119－159.

Anthony, David 1998. "The Opening of the Eurasian Steppe at 2000 BCE." In *The Bronze Age and Early Iron Age Peoples of Eastern Central Asia*, ed. Victor Mair. Monograph Series, The University of Pennsylvania Museum of Archaeology and Anthropology, pp. 95－103.

Anthony, David 2007. *The Horse, the Wheel and Language: How Bronze Age Riders of the Eurasian Steppes Shaped the Modern World*. Princeton, NJ: Princeton University Press.

Appadurai, Arjun 1986. "Introduction: Commodities and the Politics of Value." In *The Social Life of Things*, ed. Arjun Appadu-rai. Cambridge: Cambridge University Press, pp. 3－63.

Appadurai, Arjun 1996. *Modernity at Large: Cultural Dimensions of Globalization*. Minneapolis: University of Minnesota Press.

安志敏：《唐山石棺墓及其相关的遗物》，《考古学报》1954 年第 7 期，第 77－86 页。

安志敏：《试论中国的早期铜器》，《考古》1993 年第 12 期，第 1110－1119 页。

B

Bagley, Robert 1999. "The Archaeology of Bronze Metallurgy." In *The Cambridge History of Ancient China*, eds. Michael Loewe and Edward L. Shaughnessy. Cambridge: Cambridge University Press, pp. 136−231.

Bagley, Robert, ed. 2001. *Ancient Sichuan: Treasures from A Lost Civilization*. Seattle and Princeton, NJ: Seattle Art Museum in association with Princeton University Press.

Bahrani, Zainab 1996. "The Hellenization of Ishtar: Nudity, Fetishism, and the Production of Cultural Differentiation in Ancient Art." *Oxford Art Journal* 19 (2): 3−16.

Barbieri-Low, Anthony J. 2007. *Artisans in Early Imperial China*. Seattle: University of Washington Press.

Barfield, Thomas J. 1989. *Perilous Frontiers: Nomadic Empires and China*. Cambridge, MA: Blackwell.

Barfield, Thomas J. 2009. "Introduction." In *Monuments, Metals and Mobility: Trajectories of Complexity in the Late Prehistoric Eurasian Steppe*, eds. Bryan K. Hanks and Katheryn M. Lindu. Cambridge University Press, pp. 235−240.

Barnard, Noel 1961. *Bronze Casting and Bronze Alloys in Ancient China*. Canberra, Australia: Lagya.

Barnard, Noel 1987. "Bronze Casting Technology in the Peripheral 'Barbarian' Regions." *Bulletin of the Metals Museum* 12: 3−37.

Barnard, Noel 1993. "Thoughts on the Emergence of Metallurgy in Pre-Shang and Early Shang China, and a Technical Appraisal of Relevant Bronze Artifacts of the Time." *Bulletin of the Metals Museum 19*: 3−48.

Barnard, Noel, and Satō Tomatsu 1975. *Metallurgical Remains of Ancient China*. Tokyo: Nichiosha.

Binford, Sally and Lewis R. Binford. 1968. *New Perspectives in Archaeology*. Chicago: Aldine Press.

Bunker, Emma. 1993. "Gold in the Ancient Chinese World: A Cultural Puzzle." *Artibus Asiae* 53 (1/2):27−50.

Bunker, Emma. 1994a. "The Enigmatic Role of Silver in China." *Orientations* 25 (11): 73−78.

Bunker, Emma. 1994b. "The Metallurgy of Personal Adornment." In *Adornment for Eternity: Status and Rank in Chinese Ornament*. Denver: Denver Art Museum and the Woods Publishing Co., pp. 31−39.

Bunker, Emma. 1998. "Cultural Diversity in the Tarim Basin and Its Impact on Chinese Culture." In *The Bronze Age and Early Iron Age Peoples of Eastern Central Asia*, Vol. 2, ed. by Victor Mair, Journal of Indo-European Studies, Monograph No. 26. Washington, DC: Institute for the Study of Man, pp. 604-618.

Bunker, Emma C., C. Bruce Chatwin, and Ann R. Farkas 1970. *Animal Style Artfrom East to West*. New York: The Asia Society.

Bunker, Emma, Trudy Kawami, Katheryn M. Linduff, and Wu En, eds. 1997. *Ancient Bronzes of the Eastern Eurasian Steppes: The Arthur M. Sackler Collection*. New York: Arthur M. Sack-ler Foundation, Abrams.

宝鸡市考古工作队:《陕西武功郑家坡先周遗址发掘简报》,《文物》1984 年第 7 期,第 1-15 页。

宝鸡市考古研究所:《陕西宝鸡纸坊头西周早期墓葬清理简报》,《文物》2007 年第 8 期,第 28-47 页。

北京钢铁学院冶金史组:《中国早期铜器的初步研究》,《考古学报》1981 年第 3 期,第 287-302 页。

北京市文物管理处:《北京地区的又一重要考古收获——昌平白浮西周木椁墓的新启示》,《考古》1976 年第 4 期,第 228,247-258 页。

北京市文物管理处:《北京市平谷县发现商代墓葬》,《文物》1977 年第 11 期,第 8 页。

北京市文物管理处:《北京市延庆县西拨子村窖藏铜器》,《考古》1979 年第 3 期,第 227-230 页。

北京市文物研究所:《北京建城 3040 年暨燕文明国际学术研讨会会议专辑》,北京燕山出版社,1997 年。

北京市文物研究所:《镇江营与塔照》,中国大百科全书出版社,1999 年。

北京市文物研究所,北京市昌平区文化委员会:《昌平张营:燕山南麓地区早期青铜文化遗址发掘报告》,文物出版社,2007 年。

北京市文物研究所:《军都山墓地》,文物出版社,2007 年。

卜工:《燕山地区夏商时期的陶鬲谱系》,《北方文物》1989 年第 2 期,第 30-38 页。

C

Cao, Dazhi 2014. "The Loess Highland in a Trading Network (1300 -1050 BC)." Ph.D. dissertation, Princeton University.

Chang, Claudia, Norbert Beneke, Fedor P. Grigoriev, Arlene M. Rosen, and Perry A. Tourtelette 2003. "Iron Age Society and Chronology in South-East Kazakhstan." *Antiquity* 77 (296): 298-312.

Chang, Kwang-chih 1987. *The Archaeology of Ancient China*, 4th ed. New Haven, CT: Yale University Press.

Chen, Kwang-tzuu, and Fredrik T. Hiebert 1995. "The Late Prehistory of Xinjiang in Relation to Its Neighbors." *Journal of World Prehistory* 9 (2): 243–300.

Chernykh, Evgenii N. 1992. *Ancient Metallurgy in the USSR: The Early Metal Age*. Cambridge: Cambridge University Press.

Chernykh, Evgenii N., and Sergei V. Kuzminykh 1989. *Ancient Metallurgy in the Northern Eurasia: Seyma — Turbino Phenomenon*. Moscow: Nauka.

Childe, V. Gordon 1937. "A Prehistorian's Interpretation of Diffusion." In *Independence. Convergence, and Borrowing in Institutions, Thought, and Art*. Cambridge, MA: Harvard University Press, pp. 3–21.

CICARP 2011. *Settlement Patterns in the Chifeng Region with Chifeng International Collaborative Archaeological Research Project*. Pittsburgh: Center for Comparative Archaeology, University of Pittsburgh.

Cifarelli, Megan 1998. "Gesture and Alterity in the Art of Ashurnasirpal II of Assyria". *Art Bulletin* 80(2): 210–228.

Clifford, James 1988. *"The Predicament of Culture: Twentieth-Century Ethnography, Literature, and Art."* Cambridge, MA: Harvard University Press.

Coglan, Herbert H. 1975. "Notes of Prehistoric Metallurgy of Copper and Bronze." In *the Old World*, 2nd ed., eds. T. K. Penniman and B. M. Blackwood. Oxford: The Pitt-Rivers Museum.

Cohen, Anthony P. 1985. *The Symbolic Construction of Community*. Chichester: Ellis Horwood.

Csorba, Mrea 1996. "The Chinese Northern Frontier: Reassessment of the Bronze Age Burials from Baifu." *Antiquity* 70 (269): 564–587.

曹建恩:《清水河县征集的商周青铜器》,内蒙古自治区文物考古研究所编:《万家寨水利枢纽工程考古报告集》,远方出版社,2001年。

曹建恩:《西岔文化初论》,吉林大学硕士学位论文,2003年。

曹淑琴:《商代中期有铭铜器初探》,《考古》1988年第3期,第246-257页。

曹玮:《从周原青铜器看西周青铜器中的北方青铜文化因素》,曹玮:《周原遗址与西周铜器研究》,科学出版社,2004年,第77-90页。

曹玮:《试论西周时期的赗赙制度》,曹玮:《周原遗址与西周铜器研究》,科学出版社,2004年,第165-175页。

曹玮主编:《汉中出土商代青铜器》第一卷,巴蜀出版社,2006年。

曹玮主编:《陕北出土青铜器》,巴蜀出版社,2009年。

曹玮:《陕晋高原商代铜器的属国研究》,李宗琨主编:《古文字与古代史(第二辑)》,中研院历史语言研究所,2009年。

曹玮主编:《汉中出土商代青铜器》第四卷,巴蜀出版社,2011年。

陈芳妹:《晋侯墓地青铜器所见性别研究的新线索》,上海博物馆编:《晋侯墓地出土青铜器国际学术研讨会议文集》,上海书画出版社,2002 年,第 57-196 页。陈公柔:《说媿氏即怀姓九宗》,中国古文字研究会等:《古文字研究(第十六辑)》,中华书局,1989 年,第 211-217 页。

陈光:《燕文化研究论文集》,中国社会科学出版社,1995 年。

陈洪海:《甘青地区史前墓葬中的葬式分析》,北京大学中国考古学研究中心、北京大学震旦古代文明研究中心编:《古代文明(第二卷)》,文物出版社,2003 年,第145-160 页。

陈建立,毛瑞林,王辉,陈洪海,谢炎,钱耀鹏:《甘肃临潭磨沟寺洼文化墓葬出土铁器与中国冶铁技术起源》,《文物》2012 年第 8 期,第 45-53 页。

陈坤龙,梅建军,邵安定,刘军社,郝明科:《陕西宝鸡石鼓山新出西周铜甲的初步科学分析》,《文物》2015 年第 4 期,第 68-75 页。

陈平:《北方幽燕文化研究》,群言出版社,2006 年。

陈雍:《天津市考古五十年》,文物出版社编:《新中国考古五十年》,文物出版社,1999年,第 28-39 页。

陈昭荣:《从青铜器铭文看两周夷狄华夏的融合》,《古文字与古代史——中研院历史语言研究所会议论文集(九)》,中研院历史语言研究所,2009 年,第 329-362 页。

成璟瑭,孙建军,孟玲:《辽宁绥中东王岗台发现商周铜器窖藏》,《文物》2016 年第 3期,第 67-75 页。

赤峰中美联合考古研究项目:《内蒙古东部(赤峰)区域考古调查阶段性报告》,科学出版社,2003 年。

D

Delgado, Margarita 2016. "Understanding the Funerary Buddha: Material Culture and Religious Change in Early Chinese Buddhism." Ph.D. dissertation, University of Pittsburgh, Department of Religious Studies.

Desmond, William 2003. *Art, Origins, Otherness: Between Philosophy and Art*. Albany: State University of New York Press.

DiCosmo, Nicola 2001. *Ancient China and Its Enemies: The Rise of Nomadic Power in East Asian History*. Cambridge/New York: Cambridge University Press.

Dietler, Michael 1998. "Consumption Agency and Cultural Entanglement: Theoretical Implications of a Mediterranean Colonial Encounter." In *Studies in Culture Contact: Interaction, Culture Change, and Archaeology*, ed. James S. Cusick. Carbondale: Center for Archaeological Investigations, Southern Illinois University, pp. 288-315.

戴应新:《陕北和晋西北黄河两岸出土的殷周铜器及其相关问题的探索》,《考古学研究——纪念陕西省考古研究所成立三十周年》，三秦出版社，1993 年，第 219-233 页。

董新林：《魏营子文化初步研究》，《考古学报》2000 年第 1 期，第 1-29 页。

都红刚：《陕西考古发现商代环屋形建筑》，中国新闻网（www.chinanews.com/cul/2014/12l21/6896603.shtml），2014（a）年 12 月 21 日。

都红刚：《陕西发现商代晚期建筑遗迹》，中国新闻网（www.chinanews.com/cul/2014/02l11/5823068.shtml），2014（b）年 2 月 11 日。

杜金鹏：《北京平谷刘家河商代墓葬与商代燕国》，北京市文物研究所编：《北京建城 3040 年暨燕文明国际学术研讨会会议专辑》，燕山出版社，1997 年，第 211-217 页。

E

E.H. 切尔内赫，C.B. 库兹明内赫：《欧亚大陆北部的古代冶金：塞伊玛-图尔宾诺现象》，中华书局，2010 年。

Eller, Jack David 1998. *From Culture to Ethnicity to Conflict: An Anthropological Perspective on Ethnic Conflict.* Ann Arbor: University of Michigan Press.

Erdenebaatar, Diimaajav 2016. "Munkhkharkhany soyolyn bulsh (Graves of the Munkh-Khairkhan Culture), Mongolyn archeologiin uv. III bot." In *Mongolyn ertnii bulsh orshuulga (Archaeological Relics of Mongolia.* Volume III. Ancient Funeral Monuments of Mongolia). Ulaanbaatar: Science Press, pp. 46-57.

F

Fan, Xiaopan, Garman Harbottle, Qiang Gao, Weirong Zhou, Qiming Gong, Hua Wang, Xiaohan Yu, and Changsui Wang 2012. "Brass before Bronze? Early Copper-Alloy Metallurgy in China." *Journal of Analytical Atomic Spectrometry* 27(5): 821-826.

Ferguson, R. Brian, and N. L. Whitehead 2001. *War in the Tribal Zone: Expanding States and Indigenous Warfare,* 2nd ed. Santa Fe, NM: School of American Research Press.

Fisher, Genevieve, and Diana DiPaolo Loren 1992. "Embodying Identity in Archaeology: Introduction." *Cambridge Archaeological Journal* 13 (2):225-230.

Flad, Rowan 2002. "Ritual or Structure? Analysis of Burial Elaboration at Dadianzi, Inner Mongolia." *Journal of East Asian Archaeology* 3 (3/4): 23-51.

Frachetti, Michael D. 2008. *Pastoral Landscapes and Social Intersection in Bronze Age Eurasia.* Berkeley: University of California Press.

Frank, A. G. 1992. *The Centrality of Central Asia (Comparative Asian Studies 8).* Amsterdam: VU University Press.

饭岛武次，徐天进，苏哲：《先周文化陶器研究——试论周原出土陶器的性质》，北京大学考古系编：《考古学研究（第一卷）》，文物出版社，1992年。

丰宁满族自治县文物管理处：《丰宁土城东沟道下山戎墓》，《文物》1999年第11期，第23-27页。

G

Gell, Alfred 1998. *Art and Agency: An Anthropological Theory*. Oxford/New York: Clarendon Press.

Gosden, Chris, and Yvonne Marshall 1999. "The Cultural Biography of Objects." *World Archaeology* 31(2): 169-178.

Green, Miranda 1997. "Images in Opposition: Polarity, Ambivalence and Liminality in Cult Representation." *Antiquity* 71(274): 898-911.

Guo, Dashun. 1995. "Hongshan and Related Cultures." In *The Archaeology of Northeast China: Beyond the Great Wall*, ed. Sarah M. Nelson. London/New York: Routledge.

甘肃省博物馆考古队：《甘肃灵台桥村齐家文化遗址试掘简报》，《考古与文物》1980年第3期，第22-24页。

甘肃省博物馆文物队：《甘肃灵台白草坡西周墓》，《考古学报》1977年第2期，第99-130页。

甘肃省文物工作队，北京大学考古学系，西和县文化馆：《甘肃西和栏桥寺洼文化墓葬》，《考古》1987年第8期，第678-691页。

甘肃省文物考古研究所：《永昌西岗柴湾岗：沙井文化墓葬发掘报告》，甘肃人民出版社，2001年。

甘肃省文物考古研究所：《崇信于家湾周墓》，文物出版社，2009年。

甘肃省文物考古研究所：《甘肃岷县占旗寺洼文化遗址发掘简报》，《考古与文物》2012年第4期，第35-47页。

甘肃省文物考古研究所，西北大学文化遗产与考古学研究中心：《甘肃临潭磨沟齐家文化墓地发掘简报》，《文物》2009年第10期，第4-24页。

高东陆，许永杰，李伊萍，吴平：《青海大通县黄家寨墓地发掘报告》，《考古》1994年第3期，第193-206页。

邰向平：《商系墓葬研究》，科学出版社，2011年。

广川守著，蔡凤书译：《辽宁大凌河流域的殷周青铜器》，《辽河文物学刊》1996年第2期，第186-201页。

郭宝钧：《一九五〇年春殷墟发掘报告》，《考古学报》1951年第5册，第1-62页。

郭大顺：《试论魏营子类型》，苏秉琦主编：《考古学文化论集（一）》，文物出版社，1987年，第79-98页。

郭大顺：《辽河流域"北方式青铜器"的发现和研究》，《内蒙古文物考古》1993年第

（1，2 合辑），第 23–28 页。

郭物：《新疆史前晚期社会的考古学研究》，上海古籍出版社，2012 年。

郭勇：《石楼后兰家沟发现商代青铜器简报》，《文物》1962 年 4、5 期合辑，第 33–34 页。

国家文物局：《中国文物地图集·陕西分册》，西安地图出版社，1998 年。

国家文物局：《2010 中国重要考古发现》，文物出版社，2011 年。

H

Hallam, Elizabeth, and Brian Street 2000. *Cultural Encounters: Representing Otherness.* London/New York: Routledge.

Hämäläinen, Pekka 2008. *The Comanche Empire.* New Haven, CT: Yale University Press.

Han, Rubin 1992. "The Study of Metallic Artifacts Unearthed from Zhukaigou, Inner Mongolia." Paper presented at the International Conference of Archaeological Cultures of the North Chinese Ancient Nation, Hohhot, Inner Mongolia, August.

Hanks, Bryan K., and Katheryn M. Linduff, eds. 2009. *Monuments, Metals and Mobility: Trajectories of Complexity in the Late Prehistoric Eurasian Steppe.* Cambridge: Cambridge University Press.

Herodotus 1882. *The History of Herodotus, trans. George Rawlinson.* New York: Appleton.

Hoskins, Janet 1998. *Biographical Objects: How Things Tell the Story of People's Lives.* London: Routledge.

Houle, Jean-Luc 2009. Emergent Complexity on the Mongolian Steppe: Mobility, Territoriality and the Development of Early Nomadic Polities. Ph. D. dissertation, University of Pittsburgh.

Hsu, Cho-yun, and Katheryn M. Linduff 1988. *Western Chou Civilization. New Haven.* CT/London: Yale University Press.

Huang, Chunchang, Shichao Zhao, Jiangli Pang, Qunying Zhou, Shue Chen, Pinghua Li, Longjiang Mao, and Min Ding 2003. "Climatic Aridity and the Relocations of the Zhou Culture in the Southern Loess Plateau of China." *Climatic Change* 61(3): 361–378.

韩嘉谷：《京津地区商周时期古文化发展的一点线索》，中国考古学会：《中国考古学会第三次年会论文集（1981）》，文物出版社，1984 年，第 220–229 页。韩嘉谷，纪烈敏：《蓟县张家园遗址青铜文化遗存综述》，《考古》1993 年第 4 期，第 355–364 页。

韩建业：《略论北京昌平白浮 M2 墓主人身份》，《中原文物》2011 年第 4 期，第 36–38 页。

韩金秋：《白浮墓葬的微观分析和宏观比较》，《边疆考古研究》2008 年第 7 辑，第 102–118 页。

韩汝玢，柯俊：《中国科学技术史（矿冶卷）》，科学出版社，2007 年。

何景成：《㚤卣和丙族族姓》，《殷都学刊》2008年第1期，第23–25页。

河北省博物馆、文物管理处：《河北平泉东南沟夏家店上层文化墓葬》，《考古》1977第1期，第51–55页。

河北省文化局文物工作队：《河北青龙县抄道沟发现一批青铜器》，《考古》1962年第12期，第644–645页。

河北省文物研究所：《河北卢龙县东阚各庄遗址》，《考古》1985年第11期，第980–984，989页。

河北省文物研究所：《河北丰宁土城镇石棺墓调查》，《河北省考古文集》，东方出版社，1998年。

洪猛，韩金秋：《西北地区出土半月形多孔铜钺及其相关问题》，《中国国家博物馆馆刊》2011年第7期，第19–31页。

洪猛，王聪：《浅探冀北地区夏家店上层文化遗存》，《考古与文物》2014年第3期，第35–44页。

洪猛：《中国北方商周时期"弓形饰"再探》，《西域研究》2011年第1期，第60–70，143页。

胡厚宣：《中国奴隶社会的人殉和人祭（下）》，《文物》1974年第8期，第56–67页。

胡谦盈：《试论齐家文化的不同类型及其源流》，《考古与文物》1980年第3期，第77–82页。

胡谦盈：《试论先周文化及相关问题》，《中国考古学研究》编委会：《中国考古学研究——夏鼐先生考古五十年纪念论文集（2）》，科学出版社，1986年。

胡松梅，吕智荣：《李家崖出土动物骨骼鉴定报告》，陕西省考古研究院：《李家崖》，文物出版社，2013年，第352–353页。

黄铭崇：《商代的銮及其相关问题》，中研院历史语言研究所等：《古今论衡（17）》，2007年，第3–40页。

I

Indrisano, Gregory, and Katheryn M. Linduff 2013. "Imperial Expansion in the Late Warring States and Han Dynasty Periods: A Case Study from South Central Inner Mongolia." In *Archaeological Histories and Anthropological Interpretations of Imperialism*, ed. Gregory E. Areshian. Los Angeles: Cotsen Institute of Archaeology, UCLA Press, pp. 204–242.

J

Jettmar, Karl 1967. *Art of the Steppes: The Asian Animal Style*. New York: Crown.

Jørgenson, Lars 1988. "Family Burial Practice and Inheritance Systems: The Development of Iron Age Society from 500 BC-AD 1000 on Bornholm, Denmark." *Acta Archaeologica* 58:

17-53.

吉林大学边疆考古研究中心，内蒙古自治区文物考古研究所：《克什克腾旗关东车遗址考古调查与试掘》，《边疆考古研究》2003 年第 1 期，第 15-29 页。

吉县文物工作站：《山西吉县出土商代青铜器》，《考古》1985 年第 9 期，第 848-849 页。

贾鸿恩：《翁牛特旗大泡子青铜短剑墓》，《文物》1984 年第 2 期，第 50-54 页。

建平县文化馆，朝阳地区博物馆：《辽宁建平县的青铜时代墓葬及相关遗物》，《考古》1983 年第 8 期，第 679-694，713 页。

蒋刚：《南流黄河两岸出土青铜器的年代与组合研究》，杨建华，蒋刚主编：《公元前 2 千纪的晋陕高原和燕山南北》，科学出版社，2008（a）年，第 68-84 页。

蒋刚：《商末周初：围坊三期与张家园上层文化》，杨建华，蒋刚主编：《公元前 2 千纪的晋陕高原和燕山南北》，科学出版社，2008（b）年，第 173-197 页。

蒋刚，赵明星，李媛：《京津唐地区晚商西周时期墓葬遗存的再认识》，《华夏考古》2012 年第 3 期，第 55-66 页。

锦州市博物馆：《辽宁兴城县杨河发现青铜器》，《考古》1978 年第 6 期，第 387 页。

靳枫毅：《论中国东北地区含曲刃青铜短剑的文化遗存（上）》，《考古学报》1982 年第 4 期，第 357-372 页。

靳枫毅，王继红：《山戎文化所含燕与中原文化因素之分析》，《考古学报》2001 年第 1 期，第 43-72 页。

井中伟：《夏家店上层文化的分期与源流》，《边疆考古研究》2012 年第 2 期，第 149-174 页。

K

Karlgren, Bernhard 1945. "Some Weapons and Tools of the Yin Dynasty." *Bulletin of the Museum of Far Eastern Antiquities* 92: 101-144.

Kearney, Richard 2003. *Strangers, Gods, and Monsters*. London/New York: Routledge.

Keightley, David N. 1999. "The Shang: China's First Historical Dynasty." In *The Cambridge History of Ancient China*, eds. Michael Loewe and Edward L. Shaughnessy. Cambridge: Cambridge University Press, pp. 124-231.

Knappett, Carl 2011. *An Archaeology of Interaction: Network Perspectives on Material Culture and Society*. Oxford: Oxford University Press.

Knauth, Percy 1974. *The Metalsmiths: The Emergence of Man*. New York: Time-Life Books.

Kohl, Philip L. 1989. "The Use and Abuse of World Systems Theory." In *Archaeological Thought in America*, ed. C. C. Lamberg-Karlovsky. Cambridge: Cambridge University Press, pp. 218-240.

Kohl, Philip L. 2008. "Shared Social Fields: Evolutionary Convergence in Prehistory and

Contemporary Practice." *American Anthropologist* 110 (4): 495–506.

Koryakova, Ludmilla, and Andreij Epimakov 2007. *The Urals and Western Siberia in the Bronze and Iron Ages*. Cambridge: Cambridge University Press.

Kost, Katri 2014. *The Practice of Imagery in the Northern Chinese Steppe, Bonn Contributions to Asian Archaeology, v. 6*. Bonn: Vor-und Fruhgeschichtliche Archaologie, Rheinische Friedrich-W ilhelms-Universitat.

Kovalev, Alexy A. 2005. "Chemursheksky kul'turny fenomen: Ego proiskhozhdenie I rol' v formirovanii kul'tur epokhi rannei bronzy Altaya i Tsentral'noi Azii (The Cultural Phenomenon of Chemurchek: Its Origins and Role in the Formation of Early Bronze Age Cultures of the Altai and Central Asia)." In *Western and Southern Siberia in Ancient Times: The Collection of Scientific Papers Dedicated to Yuri Fedorovich Kiryushin's 60th Anniversary*, ed. Alexy Kovalev. Barnaul: Altai State University Press, pp. 178–186.

Kovalev, Alexy A. 2011. "The Great Migration of the Chemurchek People from France to the Altai in the Early 3rd Millenium BCE." *International Journal of Eurasian Studies* 1 (11): 1–58.

Kovalev, Alexy A. 2013. "Novye dannye o svyazyakh kul'tur Zapadnoi Sibiri, Mongolii i Kitaya v per-voi polovine II tys. do n.e." (New Evidence on Connections between Cultures of Western Siberia, Mongolia and China in 2 mill. BC). In *Sovremennye resheniya aktual'nykh problem evrasiiskoi arkheologii* (Modern Solutions of Actual Problems of Archaeology of Eurasia). Barnaul: Publishing House of Barnaul University, pp. 140–146.

Kovalev, Alexy, ed. 2014. *Earliest Europeans in the Heart of Asia: The Chemurchek Phenomenon. Part I: Excavations in East Kazakhstan, North and South of Mongolian Altai*. St. Petersburg: Nauk.

Kovalev, Alexy, ed. 2015. "Earliest Europeans in the Heart of Asia: The Chemurchek Phenomenon." *Part II: In Central Part of Mongolian Altai and in Headstream of Khovd River; Sites and Finds in Xinjiang and in Outlying Regions*. St. Petersburg: Nauk.

Kovalev, Alexy A., and Diimaajav Erdenebaatar 2007. "Mongol'sky Altai v Bronzovom I rannem, Zheleznom vekakh [po rezul'tatam rabot Mezhdunarodnoi Tsentral'noaziatskoi arkheologicheshoi ekspeditsii Sankt-Peterburgskogo gosudarstvennogo uniter-siteta, Instituta istorii AN Mongolo i Ulan-Batorskogo gosudarstvennogo uniter-siteta]" [The Mongolian Altai of the Bronze Age and Early Bronze Age: According to the Data Obtained by the International Central Asiatic Archaeological Expedition of St. Petersburg State University and the Institute of History of the Academy of Sciences and Ulan-Batar State University] . In *The Altai Sayan Mountain Country and the History of Settlement by Nomads: The Collection of Scientific Research Papers*. Barnaul: The Altai University Press, pp. 80–85.

Kovalev, Alexy A., and Diimaajav Erdenebaatar 2009. "Discovery of New Cultures of the

Bronze Age in Mongolia: According to Data Obtained by the International Central Asiatic Archaeological Expedition." In *Current Archaeological Studies in Mongolia*, eds. an Bemmann, Hermann Parzinger, Ernst Pohl, and Damdinsuren Tseveendorzh. Bonn: Vor-und Fruhgeschichtliche Archaologie, Rheinische Friedrich-Wilhelms-Universitat Bonn, pp. 149−170.

Kovalev, Alexy A., and Diimaajav Erdenebaatar 2014a. Issledovaniya chemurchekskikh kurganov v Bulgan somone Khovd (Kob-doskogo) aimaka Mongolii v 2003−2010 godakh〔Investigations of Chemurchek Barrows in Bulgan Sum of Khovd Aimag of Mongolia in 2003−2010〕. In Drevneishie evropeitsy v centre Asii: Chemurchekskiy kulturnyi fenomen. Chast' I. Rezul'taty issledovaniy v Vostochnom Kazakhstane, na severe i yuge Mongol'skogo Altaya〔Earliest Europeans in the Heart of Asia: The Chemurchek Cultural Phenomenon. Part Two. Excavations in East Kazakhstan, North and South of Mongolian Altai〕, St. Petersburg: Lema Press, pp. 235−406.

Kovalev, Alexy A., and Diimaajav Erdenebaatar 2014b. Otkrytie v centre Evrazii novoi kul'tury epokhi razvitoi bronzy (munkh-khairkhanskaya kul'tura)〔Discovery in the Centre of Eurasia of New Culture of Bronze Age (Munkh-Khairkhan Culture)〕. In Rossijskij arkheologicheskij ezhegodnik〔Russian Archaeological Yearbook〕, Vol. 4. St.-Petersburg, pp. 194−225.

Kroeber, Alfred L. 1940. "Stimulus Diffusion." *American Anthropologist* 42 (1): 1−20.

Kuzmina, Elena 1966. *The Andronovo Culture*. Moscow: Russian Academy of Science.

Kuzmina, Elena 1998. "Cultural Connections of the Tarim Basin People and Pastoralists of the Asian Steppes in the Bronze Age." In *The Bronze Age and Early Iron Age Peoples of the Eastern Central Asia*, ed. Victor H. Mair. Philadelphia: The University of Pennsylvania Museum Publications, pp. 37−84.

Kyriakidis, Evangelos 2007. *The Archaeology of Ritual*. Los Angeles: Cotson Institute of Archaeology, University of California, Los Angeles.

喀左县文化馆、朝阳地区博物馆、辽宁省博物馆北洞文物发掘小组:《辽宁喀左县北洞村出土的殷周青铜器》,《考古》1974 年第 6 期, 第 364−372 页。

喀左县文化馆、朝阳地区博物馆、辽宁省博物馆:《辽宁省喀左县山湾子出土殷周青铜器》,《文物》1977 年第 12 期, 第 23−27, 43 页。

考古编辑部:《大汶口文化的社会性质及有关问题的讨论综述》,《考古》1979 年第 1 期, 第 33−36 页。

L

Lattimore, Owen 1940. *Inner Asian Frontiers of China*. London/New York: Oxford University Press.

Legrand, Sophie 2006. "The Emergence of the Scythians: Bronze Age to Iron Age." *Antiquity* 80 (310): 838–839.

Li Feng 2002. "Literacy Crossing Cultural Borders: Evidence from the Bronze Inscriptions of the Western Zhou Period (1045–771BC)." *The Bulletin of the Museum of Far Eastern Antiquities* 74: 210–242.

Li Feng 2006. *Landscape and Power in Early China: The Crisis and Fall of the Western Zhou [1045–771 B.C.].* Cambridge, UK: Cambridge University Press.

Li Feng 2013. *Early China: A Social and Cultural History.* Cambridge, UK: Cambridge University Press.

Linduff, Katheryn M. 1994. "Early Bronze Age in the Northeast: Lower Xiajiadian and Its Place in the Network." Paper presented at the Association for Asian Studies Annual Conference, Boston, MA, March.

Linduff, Katheryn M. 1995. "Zhukaigou, the Steppe, and Early Chinese Civilization." *Antiquity* 69 (262): 133–145.

Linduff, Katheryn M. 1997. "An Archaeological Overview." In *Ancient Bronzes of the Eastern Eurasian Steppes: The Arthur M. Sackler Collection*, ed. Emma Bunker, Trudy Kawami, Katheryn M. Linduff, and Wu En. New York: Arthur M. Sackler Foundation, Abrams, pp. 18–97.

Linduff, Katheryn M. 1998. "The Emergence and Demise of Bronze-Using Cultures outside the Central Plain in Ancient China." In *The Bronze Age and Early Iron Age Peoples of Eastern Central Asia, Monograph Series*, ed. Victor Mair. Washington, DC: The Journal of Indo-European Studies/The University of Pennsylvania Museum of Archaeology and Anthropology, pp. 619–643.

Linduff, Katheryn M. 2004 (ed.). *The Beginnings of Metallurgy from the Urals to the Yellow Rivers.* Lewiston, NY: Edwin Mellen Press.

Linduff, Katheryn M. 2006. "Why Have Siberian Artefacts Been Excavated inside the Ancient Chinese Dynastic Borders?" In *Beyond the Steppe and the Sown: Proceeding of the 2002 University of Chicago Conference on Eurasian Archaeology*, eds. Adam Smith, David Peterson, and L.M. Popova. Leiden/Boston/Cologne: Brill, pp. 358–370.

Linduff, Katheryn M. 2010. "Art, Death and the Interpretation of Mortuary Remains," *Nanyi Xuebao* 1: 5–24.

Linduff, Katheryn M. 2015. "What's Mine Is Yours: The Transmission of Metallurgical Technology in Eastern Eurasia and East Asia." In *Materials and Civilization*, eds. Sharada Srinivasan, Srinivasa Ranganathan, and Alessandra Guimilia-Maier. Bangalore: National Institute of Advanced Studies, pp. 14–23.

Linduff, Katheryn M., and Jianghua Yang 2012. "Ritualization of Weapons in a Contact Zone: Between the Past and the Present." In *Archaeology of Power and Politics in Eurasia: Regimes and Revolutions*, eds. Charles W. Hartley, G. Bike Yazicioglu, and Adam T. Smith. Cambridge: Cambridge University Press, pp. 173–187.

Linduff, Katheryn M., and Jianjun Mei 2009. "Metallurgy in Ancient Eastern Asia: Retrospect and Prospects." *Journal of World Prehistory* 22 (3): 265–281.

Linduff, Katheryn M., and Jianjun Mei 2014. "Metallurgy in Ancient Eastern Asia: Retrospect and Prospects." In *Archaeometallurgy in Global Perspective: Methods and Syntheses*, ed. C. Thornton and B. Roberts. Bradford, UK: Springer Press, pp. 265–281.

Linduff, Katheryn M., and Karen S. Rubinson, eds. 2008. *Are All Warriors Male? Gender Roles on the Ancient Eurasian Steppe*. Latham, MD: AltaMira Press/Roman & Littlefield Publishing, Inc.

Linduff, Katheryn M., and Karen S. Rubinson, eds. 2015. "Transfer of Metallurgical Technology and Objects across Eurasia and Northern China in the Late 1st Millennium BCE–Early 1st Millennium CE." In *Festscrift in Honor of Elena Kuzmina*. Moscow: Institute of Archaeology.

Linduff, Katheryn M., and Yan Sun, eds. 2004. *Gender and Chinese Archaeology*. Latham, MD: AltaMira Press/Roman & Littlefield Publishing, Inc.

Linduff, Katheryn M., Robert D. Drennan and Gideon Shelach 2002–2004. "Early Complex Societies in Northeast China: The Chifeng International Collaborative Archaeological Research Project." *Journal of Field Archaeology* 29 (1/2): 45–73.

Linduff, Katheryn M., Rubin Han and Shuyun Sun, eds. 2000. *The Beginnings of Metallurgy in China*. Lampeter, NY: Edwin Mellen Press.

Lin Yun 1986. "A Re-examination of the Relation between the Shang and the Northern Zone." In *Studies of Shang Archaeology*, ed. Kuang-chih Chang. New Haven, CT: Yale University Press, pp. 237–273.

Liu, Cary Y., Michael Nylan, Anthony Barbieri-Low and Naomi Noble Richard, eds. 2005. *Recarving China's Past: Art, Archaeology, and Architecture of the "Wu Family Shrines"*. Princeton, NJ: Princeton University Art Museum/New Haven, CT: Yale University Press.

Liu, Li 2004. *Chinese Neolithic: Trajectories to Early States*. Cambridge/New York: Cambridge University Press.

Liu, Li, and Xingcan Chen 2003. *State Formation in Early China*. London: Gerald Duckworth.

Li, Yungti 2003. "On the Function of Cowries in Shang and Western Zhou China." *Journal of East Asian Archaeology* 5: 1–26.

Loehr, Max 1949a. "Weapons and Tools from Anyang and Siberian Analogies." *American

Journal of Archaeology 53 (2): 126−144.

Loehr, Max 1949b. "Ordos Daggers and Knives: New Material Classification and Chronology, First Part: Daggers." *Artibus Asiae* 12 (1/2): 23−83.

雷兴山：《蔡家河、园子坪等遗址的发掘与碾子坡类遗存分析》，北京大学考古学系：《考古学研究（四）》，科学出版社，2000年。

雷兴山：《先周文化探索》，科学出版社，2010年。

李伯谦：《张家园上层类型若干问题研究》，北京大学考古学系编：《考古学研究（二）》，北京大学出版社，1994年。

李伯谦：《从灵石旌介商墓的发现看晋陕高原青铜文化的归属》，李伯谦：《中国青铜文化结构体系研究》，科学出版社，1998年，第167−184页。

李朝远：《师道簋铭文考释》，李朝远：《青铜器学步集》，文物出版社，2007年，第243−250页。

李峰：《先周文化的内涵及其渊源探讨》，《考古学报》1991年第3期，第265−284页。

李峰著，徐峰译，汤惠生校：《西周的灭亡——中国早期国家的地理和政治危机》，上海古籍出版社，2007年。

李梦生：《左传译注》，上海古籍出版社，1998年。

李水城：《沙井文化研究》，《国学研究（第二卷）》，北京大学出版社，1994年，第493−524页。

李水城：《黄土的儿女——彩陶与黄土地带及旱地农业的关系》，李水城：《半山与马厂彩陶研究》，北京大学出版社，1998年。

李水城：《西北与中原早期冶铜业的区域特征及交互作用》，《考古学报》2005年第3期，第239−278页。

李水城：《东风西渐——中国西北史前文化之进程》，文物出版社，2009年。

李水城，水涛：《酒泉县丰乐乡干骨崖遗址》，中国考古学会编：《中国考古学年鉴（1987）》，文物出版社，1988年，第271页。

李水城，水涛：《公元前1千纪的河西走廊西部》，《宿白先生八秩华诞纪念文集》编辑委员会：《宿白先生八秩华诞纪念文集》，文物出版社，2002年。

李维明：《北京昌平白浮墓地分析》，《北京文博》2000年第3期，第52−55页。

李秀辉，韩汝玢：《朱开沟遗址出土铜器的金相学研究》，内蒙古自治区文物考古研究所，鄂尔多斯博物馆：《朱开沟：青铜时代早期遗址发掘报告》，文物出版社，2000年，第422−446页。

李学勤：《殷代地理简论》，科学出版社，1959年，第80页。

李学勤（晏琬）：《北京、辽宁出土铜器与周初的燕》，《考古》1975年第5期，第274−279页。

李学勤：《论多友鼎的时代及意义》，《人文杂志》1981年第6期。

李学勤：《试论孤竹》，《社会科学战线》1983（a）年第 2 期，第 202-206 页。

李学勤：《师同鼎试探》，《文物》1983（b）年第 6 期，第 58-61 页。

李延祥，杨菊，朱永刚：《克什克腾旗关东车遗址出土铜器成分与金相组织研究》，《中原文物》2013 年第 6 期，第 98-106 页。

李延祥，祝延平：《塔布敖包冶铜遗址初步考察》，《有色金属》2003 年第 3 期，第 149-152 页。

李逸友：《内蒙昭乌达盟出土的铜器调查》，《考古》1959 年第 6 期，第 276-277 页。

梁宝玲：《论张家园墓地的年代和文化属性》，《北方文物》2001 年第 2 期，第 17-23 页。

梁星彭：《试论陕西庙底沟二期文化》，《考古学报》1987 年第 4 期，第 397-412 页。

梁星彭：《试论客省庄二期文化》，《考古学报》1994 年第 4 期，第 397-424 页。

梁星彭：《陕西彬县断泾遗址发掘报告》，《考古学报》1999 年第 1 期，第 73-95 页。

辽宁省博物馆文物工作队：《辽宁朝阳魏营子西周墓和古遗址》，《考古》1977 年第 5 期，第 305-309 页。

辽宁省博物馆文物工作队：《辽宁林西县大井古铜矿 1976 年试掘简报》，《文物资料丛刊》第 7 辑，文物出版社，1983 年，第 39-48 页。

辽宁省文物考古研究所，吉林大学考古学系：《辽宁彰武平安堡遗址》，《考古学报》1992 年第 4 期，第 437-472、475、529-534 页。

辽宁省文物考古研究所，吉林大学考古学系：《辽宁阜新平顶山石城址发掘报告》，《考古》1992 年第 5 期，第 399-417、481-482 页。

辽宁省文物考古研究所，喀左县博物馆：《喀左和尚沟墓地》，《辽海文物学刊》1989 年第 2 期，第 110-111 页。

辽宁省文物考古研究所：《辽宁喀左县高家洞商周墓》，《考古》1998 年第 4 期，第 39-42，86 页。

辽宁省昭乌达盟文物工作站，中国科学院考古研究所东北工作队：《宁城县南山根的石椁墓》，《考古学报》1973 年第 2 期，第 27-38 页。

林嘉琳，孙岩：《性别研究与中国考古学》，科学出版社，2006 年。

林梅村：《塞伊玛-图尔宾诺文化与史前丝绸之路》，《文物》2015 年第 10 期，第 49-63 页。

林沄：《中国东北系铜剑初论》，《考古学报》1980 年第 2 期，第 75-88 页。

林沄：《商文化青铜器和北方地区青铜器关系之再研究》，苏秉琦：《考古学文化论集》，文物出版社，1987 年，第 129-155 页。

林沄：《夏至战国中国北方长城地带游牧文化带的形成过程》，《燕京学报》2003 年第 14 期，第 95-146 页。

刘宝山：《试论甘青地区的早期铜器》，《青海师范大学学报》1996 年第 2 期，第 115-118 页。

刘宝山：《青海的青铜斧和青铜钺》，《文物季刊》1997 年第 3 期，第 62 页。

刘宝山：《青海化隆县上半主洼卡约文化墓地第二次发掘》，《考古》1998 年第 1 期，第 51－64 页。

刘建忠：《河北怀安狮子口发现商代鹿首刀》，《考古》1988 年第 10 期，第 941 页。

刘军社：《郑家坡文化与刘家文化的分期及其性质》，《考古学报》1994 年第 1 期，第 25－62 页。

刘启益：《西周金文中所见的周王后妃》，《考古与文物》1980 年第 4 期，第 85－90 页。

刘士莪：《老牛坡：西北大学考古专业田野发掘报告》，陕西人民出版社，2002 年。

刘翔：《青海大通县塞伊玛－图尔宾诺式倒钩铜矛考察与相关研究》，《文物》2015 年第 10 期，第 66－71 页。

刘绪，赵福生：《围坊三期文化的年代与刘家河 M1 的属性》，宿白：《苏秉琦与当代中国考古学》，科学出版社，2001 年，第 146－152 页。

琉璃河考古队：《琉璃河遗址 1996 年度发掘简报》，《文物》1997 年第 6 期，第 4－13 页。

琉璃河考古工作队：《北京琉璃河夏家店下层文化墓葬》，《考古》1976 年第 1 期，第 59－60 页。

卢连成，胡智生：《宝鸡𢂽国墓地》，文物出版社，1988 年。

路国权，侯纪润：《张家坡 M89 年代为西周说——论西周高领袋足鬲》，《文博》2009 年第 4 期，第 36－39 页。

吕智荣：《陕西清涧李家崖古城址陶文考释》，《文博》1987 年第 3 期，第 85－86 页。

吕智荣：《试论李家崖文化的几个问题》，《考古与文物》1989 年第 4 期，第 75－80 页。

吕智荣：《李家崖文化的社会经济形态及发展》，《考古学研究——纪念陕西省考古研究所成立三十周年》，三秦出版社，1993 年，第 356－359 页。

罗琨：《殷商时期的羌和羌方》，《甲骨文与殷商史（第 3 辑）》，上海古籍出版社，1991 年。

M

Mallory, James P., and Victor H. Mair 2000. *The Tarim Mummies: Ancient China and the Mystery of the Earliest Peoples from the West.* London: Thames and Hudson

Matsumoto, Naoko, Hidetaka Bessho, and Makoto Tomii 2012. *Coexistence and Cultural Transmission in East Asia.* Walnut Creek, CA: Left Coast Press.

Mei, Jianjun 2000. *Copper and Bronze Metallurgy in Later Prehistoric Xinjiang: Its Cultural Context and Relationship with Neighboring Regions.* Oxford: Archaeopress Publishers of British Archaeological Reports.

Mei, Jianjun 2003a. "Cultural Interaction between China and Central Asia during the Bronze Age." *Proceedings of the British Academy* 121: 1－39.

Mei, Jianjun 2003b. "Qijia and Seima — Turbino: The Question of Early Contacts between Northwest China and the Eurasian Steppe." *Bulletin of the Museum of Far Eastern*

Antiquities 75:31−54.

Mei, Jianjun 2009. "Early Metallurgy and Sociocultural Complexity: Archaeological Discoveries in Northwest China." In *Monuments, Metals and Mobility: Trajectories of Complexity in the Late Prehistoric Eurasian Steppe*, eds. Bryan Hanks and Katheryn M. Linduff. Cambridge: Cambridge University Press, pp. 215−232.

Mei, Jianjun, and Colin Shell 1998. "Copper and Bronze Metallurgy in Late Prehistoric Xinjiang." In *The Bronze Age and Early Iron Age Peoples of Eastern Central Asia*, Vol.II, ed. Victor Mair. Washington, DC: Institute for the Study of Man, pp. 581−597.

Mei, Jianjun, and Colin Shell 1999. "The Existence of Andronovo Cultural Influence in Xinjiang during the Second Millennium BC." *Antiquity* 73 (281): 570−578.

Mellinkoff, Ruth 1993. *Outcasts: Signs of Otherness in Northern European Art of the Late Middle Ages*. Berkeley: University of California Press.

Meskell, Lynn 2001. "Writing the Body in Archeology." In *Archaeological Theory Today*, ed. Ian Hodder. Cambridge: Polity Press, pp. 187−213.

Miller, Brian 2009. Power Politics in the Xiongnu Empire. Ph.D. dissertation, University of Pennsylvania.

Miyamoto, Kazuo and Hiroki Obata, eds. 2016. *Excavations at Daram and Tevsh Sites: A Report on Joint Mongolian — Japanese Excavations in Outer Mongolia*. Fukuoka, Japan: Kyushu University, Department of Archaeology, Faculty of Humanities.

Moorey, Peter R.S. 1985. *Materials and Manufacture in Ancient Mesopotamia: The Evidence of Archaeology and Art: Metals and Metalwork, Glazed Materials and Glass*. Oxford: B.A.R.

Morgan, David, ed. 2010. *Religion and Material Culture: The Matter of Belief*. London/New York: Routledge.

马承源：《商周青铜器铭文选（三）》，文物出版社，1988 年。

马得志，周永珍，张云鹏：《一九五三年安阳大司空村发掘报告》，《考古学报》1955 年第 9 册，第 25−90 页。

马明志：《西岔文化初步研究》，《考古与文物》2009 年第 5 期，第 38−45 页。

马昇，王京艳：《对柳林高红商代夯土基址的几点认识》，《中国文物报》2007 年 1 月 12 日。

毛瑞林，谢焱，钱耀鹏，王明：《甘肃临潭磨沟墓地寺洼文化墓葬 2009 年发掘简报》，《文物》2014 年第 6 期，第 24−38 页。

梅建军，李明华：《关于我国北方商周墓葬所出"弓形饰"的若干问题》，《西域研究》2007 年第 3 期，第 116−123，130 页。

N

Novgorodova, E. A. 1989. *Drevnyaya Mongolia (Ancient Mongolia)*. Moscow: Nauk.

内蒙古自治区文物考古研究所，克什克腾旗博物馆：《内蒙古克什克腾旗龙头山遗址第
　　一、二次发掘简报》，《考古》1991 年第 8 期，第 704-712 页。

内蒙古自治区文物考古研究所，宁城县辽中京博物馆：《小黑石沟——夏家店上层文化
　　遗址发掘报告》，科学出版社，2009 年。

内蒙古自治区文物考古研究所，清水河县文物管理所：《清水河县西岔遗址发掘简报》，
　　内蒙古自治区文物考古研究所：《万家寨水利枢纽工程考古报告集》，远方出版社，
　　2001 年，第 6-78 页。

牛世山：《武功岸底遗址发掘与先周文化研究》，北京大学硕士学位论文，1993 年。

牛世山：《刘家文化的初步研究》，《远望集——陕西省考古研究所华诞四十周年纪念文
　　集》，陕西人民美术出版社，1998 年。

P

Parker, Bradley, and Lars Rodseth 2005. *Untaming the Frontier in Anthropology, Archaeology,
　　and History*. Tuscon: University of Arizona Press.

Parker, Bradley J. 2002. "At the Edge of Empire: Conceptualizing Assyria's Anatolian
　　Frontier, ca. 700 B.C." *Journal f Anthropological Archaeology* 21 (3): 525-557.

Parker, Bradley J. 2006. "Toward an Understanding of Borderland Processes." *American
　　Antiquity* 7 (1): 77-100.

Parker Pearson, M. 1999. *The Archaeology of Death and Burial*. College Station: Texas A and
　　M University Press.

Polyakov, A. V. 2010. "Radiokarbonnye daty afanasyevskoy kul'tury (Radocarbon Dates of
　　Afanasievo Culture)." In *Afanasievskii sbornik (Collected Papers on Afanasievo Culture)*.
　　Barnaul: Landmark-Info Publishing, pp. 158-171.

Poo, Mu-chou 2005. *Enemies f Civilization:Attitudes toward Foreigners in Ancient
　　Mesopotamia, Egypt, and China*. Albany: State University of New York Press.

Potts, Daniel T. 2007. "Technological Transfer and Innovation in Ancient Eurasia."
　　Unpublished manuscript prepared for the 97th Dahlem Workshop on Globalization of
　　Knowledge and Its Consequences.

Pratt, Mary Louise 1992. *Imperial Eyes: Travel Writing and Transculturation*. London:
　　Routledge.

彭邦炯：《从商的竹国论及商代北疆诸氏》，《甲骨文与殷商史（第三辑）》，上海古籍出
　　版社，1991 年，第 380-404 页。

庞奖励，黄春长，张战平：《周原全新世复合古土壤和成壤环境的微形态学研究》，《土壤
　　学报》2003 年第 1 期。

彭立平：《围场县博物馆收集一件青铜兽首弯刀》，《文物春秋》1993 年第 3 期，第 88 页。

Q

齐晓光:《内蒙古克什克腾旗龙头山遗址发掘的主要收获》,内蒙古文物考古研究所:
　　《内蒙古东部区考古学文化研究文集》,海洋出版社,1991 年,第 58-72 页。

桥北考古队:《山西浮山桥北商周墓》,《古代文明》2006 第 5 辑,第 347-394 页。

青海省湟源县博物馆,青海省文物考古队,青海省社会科学院历史研究室:《青海湟源
　　县大华中庄卡约文化墓地发掘简报》,《考古与文物》1985 年第 5 期,第 11-34 页。

青海省文物管理处:《青海民和核桃庄小旱地墓地发掘简报》,《考古与文物》1995 年第
　　2 期,第 1-12 页。

青海省文物管理委员会,中国科学院考古研究所青海队:《青海都兰县诺木洪搭里他里
　　哈遗址调查与试掘》,《考古学报》1963 年第 1 期,第 17-43 页。

青海省文物考古研究所:《青海平安、互助县考古调查简报》,《考古》1990 年第 9 期,
　　第 774-789 页。

青海省文物考古研究所:《青海省民和县古文化遗存调查》,《考古》1993 年第 3 期,第
　　193-211 页。

青海省文物考古研究所:《青海湟中下西河潘家梁卡约文化墓地》,《考古学集刊》1994
　　年第 8 集,第 28-86 页。

青海省文物考古研究所:《青海省贵德县考古调查》,《考古学集刊》1999 年第 12 集,
　　第 1-19 页。

青海省文物考古研究所,青海省文物管理处,西北大学文博学院:《民和核桃庄》,科学
　　出版社,2004 年。

青海省文物考古研究所,西北大学历史系考古专业,化隆县文管所:《青海化隆县半主
　　洼卡约文化墓葬发掘简报》,《考古》1996 年第 8 期,第 27-44 页。

R

Rawson, Jessica 1999. "Western Zhou Archaeology." In *The Cambridge History of Ancient
　　China*, eds. Michael Loewe and Edward L. Shaughnessy. Cambridge: Cambridge
　　University Press, pp. 352-449.

Raymond, Robert 1986. *Out of the Fiery Furnace: The Impact of Metals on the History of
　　Mankind*, 2nd ed. University Park/London: Pennsylvania State University Press.

Roberts, Benjamin W, Christopher P Thornton, and Vincent C. Pigott 2009. "Development of
　　Metallurgy in Eurasia." *Antiquity* 83 (322): 1012-1022.

Rosen, Arlene M., Claudia Chang, and Fedor P. Grigoriev 2000. "Paleoenvironments and
　　Economy of Iron Age Saka-Wusun Agropastoralists in Southeastern Kazakhstan."
　　Antiquity 74 (285): 611-623.

Rostovtzeff, Michael I. 1922. *Iranians and Greeks in South Russia*. Oxford: Oxford University Press.

Rostovtzeff, Michael I. 1929. *The Animal Style in South Russia and China*. Princeton, NJ: Princeton University Press.

S

Scott, James C. 2009. *The Art of Not Being Governed: An Anarchist History of Upland Southeast Asia*. New Haven, CT: Yale University Press.

Shaughnessy,Edward 1999. "Western Zhou History." In *The Cambridge History of Ancient China*, eds. Michael Loewe and Edward L. Shaughnessy. Cambridge: Cambridge University Press, pp. 292–351.

Shelach-Lavi, Gideon 1994. "Social Complexity in North China during the Early Bronze Age: A Comparative Study of the Erlitou and Lower Xiajiadian Cultures." *Asian Perspectives* 33 (2): 261–292.

Shelach-Lavi, Gideon 1999. *Leadership Strategies, Economic Activity, and Interregional Interaction: Social Complexity in Northeast China*. New York: Plenum Press.

Shelach-Lavi, Gideon 2009. *Prehistoric Societies on the Northern Frontiers of China: Archaeological Perspectives on Identity Formation and Economic Change during the First Millennium BCE*. London/Oakdale: Equinox Publishing.

Shelach-Lavi, Gideon 2015. *The Archaeology of Early China: From Prehistory to the Han Dynasty*. New York:Cam bridge University Press.

Shennan, Stephen J. 1994. *Archeological Approaches to Cultural Identity*, 2nd ed. London: Routledge.

Smith, Cyril Stanley 1977. "Review of Barnard, N. and Sato, T. Metallurgical Remains of Ancient China, and Ho, P.-T., The Cradle of the East: An Enquiry into the Indigenous Origins of Techniques and Ideas of Neolithic and Early Historic China, 5000–1000 B.C." *Technology and Culture* 18: 80–86.

So, Jenny, and Emma C.Bunker,eds. 1995. *Traders and Raiders on China's Northern Frontier*. Seattle: Arthur M. Sackler Gallery, Smithsonian Institution, in association with University of Washington Press.

Stollner, Thomas, Zeinolla Samaschev, Sergej Berdenov, Jan Cierny, Monika Doll, Jennifer Garner, Anton Gontscharov, Alexander Gorelik, Andreas Hauptmann, Rainer Herd, Galina A. Kusch, Viktor Merz, Torsen Reise, Beate Sikorski, and Benno Zickgraf 2011. "Tin from Kazakhstan–Steppe Tin for the West?" In *Anatolian Metal V*, ed. Ü. Yalçın. Bochum: Deutsches Bergbau-Museum Bochum, pp. 231–251.

Sun, Yan 2003. "Bronzes, Mortuary Practice and Political Strategies of the Yan in North China." *Antiquity* 77 (298): 761–770.

Sun, Yan 2006. "Colonizing China's Northern Frontier: Yan and Her Neighbors during the Early Western Zhou Period." *Journal of Historical Archaeology* 10 (2): 159–177.

Sun, Yan 2013. "Material Culture and Social Identities in Western Zhou's Frontier: Case Studies of the Yu and Peng Lineages." *Asian Archaeology* 1：55–74.

Svyatko, Svetlana V, James P. Mallory, Eileen M. Murphy, Andrey V. Polyakov, Paula J. Reimer, and Rick J. Schulting 2009. "New Radiocarbon Dates and a Review of the Chronology of Prehistoric Populations from the Minusinsk Basin, Southern Siberia, Russia." *Radiocarbon* 51 (1)：243–273.

三宅俊彦：《卡约文化青铜器初步研究》，《考古》2005 年第 5 期，第 73–88 页。

山西省考古研究所：《2004 柳林高红商代夯土基址试掘简报》，石金鸣主编：《三晋考古（第三辑）》，山西人民出版社，2006 年，第 117–127 页。

陕西省考古研究所：《高家堡戈国墓》，三秦出版社，1995 年。

陕西省考古研究院：《李家崖》，文物出版社，2013 年。

陕西省文物局，中华世纪坛艺术馆：《盛世吉金：陕西宝鸡眉县青铜器窖藏》，北京出版社，2003 年。

陕西周原考古队：《扶风刘家姜戎墓葬发掘简报》，《文物》1984 年第 7 期，第 16–29 页。

尚民杰：《青海原始农业考古概述》，《农业考古》1987 年第 1 期，第 62–70 页。

上海博物馆：《晋侯墓地出土青铜器国际学术研讨会论文集》，上海书画出版社，2002 年。

邵会秋：《试论新疆阿勒泰地区的两类青铜文化》，《西域研究》2008 年第 4 期，第 59–65 页。

佘俊英：《蔡家坟遗址分期研究》，中国人民大学硕士学位论文，2015 年。

石鼓山考古队：《陕西省宝鸡市石鼓山西周墓》，《考古与文物》2013 年第 1 期，第 4–24 页。

史念海：《历史时期黄河流域的侵蚀和堆积》，《河山集（二集）》，生活·读书·新知三联书店，1981 年，第 1–33 页。

首都博物馆：《刘家河墓精选青铜器的 X 射线照片》，首都博物馆内部资料，2013 年。

水涛：《新疆青铜时代诸文化的比较研究》，《国学研究》第 1 卷，北京大学出版社，1993 年，第 447–490 页。

水涛：《辛店文化研究》，《中国西北地区青铜时代考古论集》，科学出版社，2001（a）年，第 116–146 页。

水涛：《论甘青地区青铜时代文化和经济形态转变与环境变化的关系》，《中国西北地区青铜时代考古论集》，科学出版社，2001（b）年，第 147–153 页。

水涛：《甘青地区早期文明兴衰的人地关系》，《中国西北地区青铜时代考古论集》，科学出版社，2001（c）年，第168-186页。

水涛：《甘青地区青铜时代的文化结构和经济形态研究》，《中国西北地区青铜时代考古论集》，科学出版社，2001（d）年，第193-273页。

孙华：《四川盆地青铜文化初论》，《四川盆地的青铜时代》，科学出版社，2000年，第2-46页。

孙治刚：《磨沟式陶器研究》，西北大学硕士学位论文，2011年。

T

Tambiah, Stanley 1996. *Leveling Crowds: Ethnonationalist Conflicts and Collective Violence in South Asia*. Berkeley：University of California Press.

Taussig, Michael 1995. *Shamanism, Colonialism, and the Wild Man:A Study in Terror and Healing*. Chicago: University of Chicago Press.

Thornton, Christopher P., and Benjamin W. Roberts, eds. 2014. *Archaeometallurgy in Global Perspective: Methods and Syntheses*. New York/London: Springer-Verlag.

Tilley, Christopher, Webb Keane, Suzanne Kuchler, Mike Rowlands, and Patricia Spyer 2006. *Handbook of Material Culture*. London: Sage.

Tishkin, A. A., S. P Grushin, A. A. Kovalev, and Ch. Munkhbayar, eds. 2015. Issledovaniya chemurchekskikh pamyatnikov v doline reki Buyant (Khovd aimak Mongolii) v 2007-2008 godakh［Investigations of Chemurchek Culture Barrows in Buyant River Valley (Khovd Aimag of Mongolia) in 2007-2008］. In Drevneishie evropeitsy v centre Asii: chemurchek-skiy kulturnyifenomen. Chast'II. Rezul'taty issle-dovaniy v central'noy chastui Mongol'skogo Altaya i v istokakh Kobdo; pamyatniki Sin'tsyana i okrain-nykh zemel' (Earliest Europeans in the Heart of Asia: The Chemurchek Cultural Phenomenon. Part Two. Excavations in Central Part of Mongolian Altay and in Headstream of Khovd River; Sites and Finds in Xinjiang and in Outlying Regions). St. Petersburg: Nauk, pp. 6-41.

Tylecote, Ronald F. 1992. *The History of Metallurgy*. London: Institute of Materials.

唐金裕，王寿芝，郭长江：《陕西省城固县出土殷商铜器整理简报》，《考古》1980年第3期，第211-218页。

唐兰：《西周铜器断代中的"康宫"问题》，《考古学报》1962年第1期，第15-48页。

唐山市文物管理处，迁安县文物管理所：《河北迁安县小山东庄西周时期墓葬》，《考古》1997年第4期，第58-62页。

天津市历史博物馆考古部：《天津蓟县张家园遗址第三次发掘》，《考古》1993年第4期，第311-323页。

天津市文物管理处考古队：《天津蓟县围坊遗址发掘报告》，《考古》1983年第10期，第 877-893，961-963 页。

天津市文物管理处：《天津蓟县张家园遗址试掘简报》,《文物资料丛刊》1977 年第 1
　　辑，第 165-171 页。

田广金，郭素新：《鄂尔多斯式青铜器》，文物出版社，1986 年。

田广金：《内蒙古朱开沟遗址》,《考古学报》1988 年第 3 期，第 257-276 页。

U

Underhill, Ann P. 2002. *Craft Production and Social Change in Northern China*. New York: Kluwer Academic/Plenum Publishers.

Underhill, Ann P, Gary M. Feinman, Linda Nicholas, Gwen Bennett, Fengshu Cai, Haiguang Yu, Fengshi Luan, and Hui Fang 1998. "Systematic, Regional Survey in SE Shandong Province, China." *Journal of Field Archaeology* 25 (4): 453-474.

W

Waley, Arthur 1996. *The Book of Songs: The Ancient Chinese Classic of Poetry*. New York: Grove Press.

Wallace, Leslie 2011. "Han Dynasty Expansion and the Intricacies of Borderland Politics." Unpublished paper.

Wallerstein, Immanuel 1974. *The Modern WorldSystem I: Capitalist Agriculture and the Origins of the European World-Economy in the Sixteenth Century*. New York: Academic Press.

Watson, William 1971. *Cultural Frontiers in Ancient East Asia*. Edinburgh: Edinburgh University Press.

Wells, Peter 1999. *Barbarians Speak: How the Conquered Peoples Shaped Roman Europe*. Princeton, NJ: Princeton University Press.

Whitehead, Neil L. 1997a. "While Tulips, Black Caribs and Civilized Indians: The Rhetoric of Ethnic Transgression in the Colonial Possession of South America." Paper presented at the Twentieth Burdock-Vary Symposium, Madison, WI.

Whitehead, Neil L. 1997b. "Monstrosity and Marvel: Symbolic Convergence and Mimetic Elaboration in Trans-cultural Representation." *Studies in Travel Writing* 1: 72-95.

White, Richard 1991. *The Middle Ground: Indians, Empires and Republics in the Great Lakes Region 1650-1815*. Cambridge: Cambridge University Press.

Williams, Howard, ed. 2003. *Archaeologies of Remembrance: Death and Memory in Past Societies*. New York: Kluwer Academic Press.

Wobst, Martin H. 1977. "Stylistic Behavior and Information Exchange." In *For the Director: Research Essays in Honor of James B. Griffin*, ed. Charles E. Cleland. Ann Arbor: Museum of Anthropology, University of Michigan, pp. 317–342.

Wolf, Eric 1982. *Europe and the People without History*. Berkeley: University of California Press.

Wu, Jui-Man 2004. "The Late Neolithic Cemetery at Dadianzi, Inner Mongolia Autonomous Region." In *Gender and Chinese Archaeology*, eds. Katheryn M. Linduff and Yan Sun. Latham, MD: AltaMira Press, pp. 47–91.

Wu, Xiaoyun 2013. *Chariots in Early China: Origins, Cultural Interaction and Identity*. Oxford: Archaeopress.

王成生:《辽河流域及邻近地区短铤曲刃剑研究》,《辽宁省考古博物馆学会成立大会会刊》, 辽宁省考古博物馆学会, 1981 年。

王峰:《河北兴隆县发现商周青铜器窖藏》,《文物》1990 年第 11 期, 第 57-58 页。

王国维:《鬼方昆夷猃狁考》,《观堂集林(卷十三)》, 河北教育出版社, 2001 年, 第 296-306 页。

王颢, 刘栋, 辛怡华:《石鼓山西周墓葬的初步研究》,《文物》2013 年第 2 期, 第 77-85 页。

王立新, 齐晓光:《龙头山遗址的几个问题》,《北方文物》2002 年第 1 期, 第 15-23 页。

王明珂:《华夏边缘——历史记忆与族群认同》, 社会科学文献出版社, 2006 年。

王慎行:《卜辞所见羌人考》,《中原文物》1991 年第 1 期, 第 65-72 页。

王巍, 徐良高:《先周文化的考古学探索》,《考古学报》2000 年第 3 期, 第 285-310 页。

王为群:《河北隆化县发现的两处山戎墓群》,《文物春秋》2008 年第 3 期, 第 19-22 页。

王先谦, 吴格:《诗三家义疏》, 中华书局, 1987 年, 第 580 页。

王永刚, 崔风光, 李延丽:《陕西甘泉县出土晚商青铜器》,《考古与文物》2007 年第 3 期, 第 11-22 页。

王云刚, 王国荣, 李龙飞:《绥中冯家发现商代窖藏铜器》,《辽海文物学刊》1996 年第 1 期, 第 51-55 页。

王占奎, 丁岩, 刘军社, 辛怡华, 郝明科, 王小梅:《陕西宝鸡石鼓山商周墓地 M4 发掘简报》,《文物》2016 年第 1 期, 第 4-52 页。

王占奎, 水涛:《甘肃合水九站遗址发掘报告》, 北京大学考古系编:《考古学研究(三)》, 科学出版社, 1997 年, 第 308-468, 518-557 页。

魏怀珩, 伍德煦:《灵台白草坡西周墓》,《文物》1972 年第 12 期, 第 2-8 页。

文物编辑委员会:《文物考古工作三十年(1949-1979)》, 文物出版社, 1979 年。

文物编辑委员会:《文物考古工作十年(1979-1989)》, 文物出版社, 1991 年。

沃浩伟:《晋陕高原商周时期青铜器分群研究》, 杨建华, 蒋刚主编:《公元前 2 千纪的晋陕高原和燕山南北》, 科学出版社, 2008 年, 第 56-67 页。

乌恩:《关于我国北方的青铜短剑》,《考古》1978 年第 5 期, 第 324-332 页。

乌恩：《殷至周初的北方青铜器》，《考古学报》1985 年第 2 期，第 135-156 页。

乌恩岳斯图：《北方草原考古学文化研究——青铜时代至早期铁器时代》，科学出版社，
　　2007 年。

乌恩岳斯图：《北方草原考古学文化比较研究》，科学出版社，2008 年。

吴忱，何乃华：《2 万年来华北平原主要河流的河道变迁》，吴忱等著：《华北平原古河
　　道研究论文集》，中国科学技术出版社，1991 年，第 132-148 页。

吴恒祥：《乐都县洪水乡古文化遗址调查简报》，《青海文物》1994 年第 8 期，第 7-10 页。

吴平：《青海省民和县古文化遗存调查》，《考古》1993 年第 3 期，第 193-211 页。

吴汝祚：《甘青地区原始文化的概貌及其相互关系》，《考古》1961 年第 1 期，第 12-19 页。

吴振录：《保德县新发现的殷代青铜器》，《文物》1972 年第 4 期，第 62-66 页。

X

西安半坡博物馆，陕西省考古研究所，临潼县博物馆：《姜寨——新石器时代遗址发掘
　　报告》，文物出版社，1988 年。

西江清高：《西周式土器成立の背景》，《东洋文化研究所纪要（东京大学）》，1994 年
　　123 册，第 1-110 页。

夏鼐：《碳-14 测定年代和中国史前考古学》，《考古》1977 年第 4 期，第 217-232 页。

项春松，李义：《宁城小黑石沟石椁墓调查清理报告》，《文物》1995 年第 5 期，第
　　1-21 页。

谢端琚：《甘肃永靖张家咀与姬家川遗址的发掘》，《考古学报》1980 年第 2 期，第
　　187-220，267-280 页。

谢端琚：《甘青地区史前考古》，文物出版社，2002 年。

谢青山，杨绍舜：《山西吕梁县石楼镇又发现铜器》，《文物》1960 年第 7 期，第 51-52 页。

谢尧亭：《晋南地区西周墓葬研究》，吉林大学博士学位论文，2010 年。

熊增珑：《试论大小凌河流域商周之际窖藏青铜器的归属》，《文物春秋》2008 年第 6
　　期，第 11-32 页。

徐坚：《喀左铜器群再分析：从器物学模式到行为考古学取向》，《考古与文物》2011 年
　　第 4 期，第 26-31 页。

许淑珍：《青海化隆县半主洼卡约文化墓葬发掘简报》，《考古》1996 年第 8 期，第
　　27-44 页。

许玉林：《辽宁商周时期的青铜文化》，苏秉琦：《考古学文化论集（三）》，文物出版社，
　　1993 年，第 311-334 页。

Y

Yong, Ying 2004. "Gender, Status, Ritual Regulations, and Mortuary Practice in the State of

Jin." In Katheryn M. Linduff and Yan Sun, *Gender and Chinese Archaeology*. Walnut Creek, CA: AltaMira Press, pp. 161-202.

杨建华：《冀北周代青铜文化初探》，《中原文物》2000 年第 5 期，第 22-30 页。

杨建华：《试论东周时期北方文化带中的内蒙古地区》，《内蒙古文物考古》2001 年第 1 期，第 80-95 页。

杨建华：《燕山南北商周之际青铜器遗存的分群研究》，《考古学报》2002 年第 2 期，第 157-174 页。

杨建华：《商周时期中国北方冶金区的形成》，杨建华，蒋刚主编：《公元前 2 千纪的晋陕高原和燕山南北》，科学出版社，2008 年，第 219-221 页。

杨建华，蒋刚：《公元前 2 千纪的晋陕高原与燕山南北》，科学出版社，2008 年。

杨建华，林嘉琳：《试论"勺形器"的用途——兼论晋陕高原商周时期青铜器的武装化与移动化》，杨建华，蒋刚主编：《公元前 2 千纪的晋陕高原和燕山南北》，科学出版社，2008 年，第 85-92 页。

杨建华，邵会秋，潘玲：《欧亚草原东部的金属之路——丝绸之路与匈奴联盟的孕育过程》，上海古籍出版社，2017 年。

杨绍舜：《山西柳林县高红发现商代铜器》，《考古》1981（a）年第 3 期，第 211-212 页。

杨绍舜：《山西石楼褚家峪、曹家垣发现商代铜器》，《文物》1981（b）年第 8 期，第 49-53 页。

杨升南：《殷墟甲骨文中的燕和召公封燕》，北京市文物研究所：《北京建城 3040 年暨燕文明国际学术研讨会会议专辑》，北京燕山出版社，1997 年，第 97-103 页。

杨锡璋，杨宝成：《殷墟青铜礼器的分期与组合》，中国社会科学院考古研究所：《殷墟青铜器》，文物出版社，1985 年，第 79-102 页。

杨育彬：《平谷刘家河商代铜器墓的几点思考》，王宇信等主编：《北京平谷与华夏文明》，社会科学文献出版社，2006 年，第 189-196 页。

姚生民：《陕西淳化县出土的商周青铜器》，《考古与文物》1986 年第 5 期，第 12-22 页。

姚生民：《陕西淳化县新发现的商周青铜器》，《考古与文物》1990 年第 1 期，第 53-57 页。

俞伟超：《关于"卡约文化"和"唐汪文化"的新认识》，俞伟超：《先秦两汉考古学论集》，文物出版社，1985（a）年，第 193-210 页。

俞伟超：《古代"西戎"和"羌"、"胡"考古学文化归属问题的讨论》，俞伟超：《先秦两汉考古学论集》，文物出版社，1985（b）年。

Z

翟德芳：《中国北方地区青铜短剑分群研究》，《考古学报》1988 年第 3 期，第 213-231 页。

张长寿：《殷商时代的青铜容器》，《考古学报》1979 年第 3 期，第 271-300 页。

张春山，张业成，胡景江：《华北平原北部历史时期古气候演化与发展趋势分析》，《地质灾害与环境保护》1996 年第 4 期，第 28-33 页。

张翠莲：《扶风刘家墓地试析》，《考古与文物》1993 年第 3 期，第 57-65 页。

张家口考古队：《蔚县夏商时期考古的主要收获》，《考古与文物》1984 年第 1 期，第 40-48 页。

张懋镕：《宝鸡石鼓山墓地文化因素分析》，《宝鸡社会科学》2014 年第 3 期，第 41-45 页。

张明东：《商周墓葬比较研究》，北京大学博士学位论文，2005 年。

张天恩：《先周文化早期相关问题浅议》，陕西历史博物馆编：《西周史论文集——第二次西周史学术讨论会论文集》，陕西人民教育出版社，1993 年。

张天恩：《古密须国文化的初步认识》，《远望集——陕西省考古研究所华诞四十周年纪念文集》，陕西人民美术出版社，1998 年。

张天恩：《关中商代文化研究》，文物出版社，2004 年。

张天恩：《石鼓山户氏青铜器简论》，《宝鸡社会科学》2014 年第 3 期，第 46-49 页。

张天恩：《石鼓山户氏青铜器相关问题简论》，《文物》2015 年第 1 期，第 32-42 页。

张文立：《青海地区青铜时代文化研究》，吉林大学博士学位论文，2003 年。

张文瑞：《冀东地区龙山及青铜时代考古学文化研究》，吉林大学硕士学位论文，2003 年。

张小虎：《青海官亭盆地植物考古调查收获及相关问题》，《考古与文物》2012 年第 3 期，第 26-33 页。

张映文，吕智荣：《陕西清涧县李家崖古城址发掘简报》，《考古与文物》1988 年第 1 期，第 47-48 页。

张展：《夏家店下层文化与北京地区商代"燕"文化遗存》，首都博物馆编辑委员会：《首都博物馆文集》，北京燕山出版社，1990 年。

赵宾福：《辽西山地夏至战国时期考古学文化时空框架研究的再检讨》，《边疆考古研究》2006 年第 5 辑，第 32-69 页。

赵化成：《甘肃东部秦和羌戎文化的考古学探索》，俞伟超主编：《考古类型学的理论与实践》，文物出版社，1989 年。

赵生琛：《青海西宁发现卡约文化铜鬲》，《考古》1985 年第 7 期，第 635 页。

赵信：《青海诺木洪文化农业小议》，《农业考古》1986 年第 1 期，第 86 页。

郑绍宗：《中国长城地带石棺墓之研究》，《文物春秋》1993 年第 2 期，第 55-66 页。

赵芝荃，郑光：《河南临汝煤山遗址发掘报告》《考古学报》1982 年第 4 期，第 427、476、525、534 页。

郑振香，陈志达：《殷墟青铜器的分期与年代》，中国社会科学院考古研究所编著：《殷墟青铜器》，文物出版社，1985 年。

中国科学院考古研究所内蒙古工作队：《宁城南山根遗址发掘报告》，《考古学报》1975 年第 1 期，第 117-140 页。

中国社会科学院考古研究所东北工作队:《内蒙古宁城县南山根 102 号石椁墓》,《考古》1981 年第 4 期, 第 304-308 页。

中国社会科学院考古研究所甘肃工作队:《甘肃天水地区考古调查纪要》,《考古》1983 年第 12 期, 第 1066-1075, 1107 页。

中国社会科学院考古研究所:《新中国的考古发现和研究》, 文物出版社, 1984 年。

中国社会科学院考古研究所:《殷周金文集成》, 中华书局, 第 1984-1994 年。

中国社会科学院考古研究所:《胶县三里河》, 文物出版社, 1988 年。

中国社会科学院考古研究所:《中国考古学中碳十四年代数据集(1965-1991)》, 文物出版社, 1991 年。

中国社会科学院考古研究所:《徐家碾寺洼文化墓地——1980 年甘肃庄浪徐家碾考古发掘报告》, 科学出版社, 2006 年。

中国社会科学院考古研究所:《南邠州·碾子坡》, 世界图书出版公司北京公司, 2007 年。

中国社会科学院考古研究所泾渭工作队:《陕西长武碾子坡先周文化遗址发掘记略》,《考古学集刊》1989 年第 6 集, 第 128-142 页。

中国社会科学院考古研究所泾渭工作队:《陕西彬县断泾遗址发掘报告》,《考古学报》1999 年第 1 期, 第 73-96 页。

中国社会科学院考古研究所实验室:《放射性碳素测定年代报告(一五)》,《考古》1988 年第 7 期, 第 658-662 页。

周兴华:《宁夏中卫县狼窝子坑的青铜短剑墓群》,《考古》1989 年第 11 期, 第 971-980 页。

朱凤瀚:《商周家族形态研究》, 天津古籍出版社, 2004 年。

朱凤瀚:《中国青铜器综论》, 上海古籍出版社, 2009 年。

朱凤瀚:《由殷墟出土北方式青铜器看商人与北方族群的联系》,《考古学报》2013 年第 1 期, 第 1-28 页。

朱永刚:《夏家店上层文化初步研究》, 苏秉琦主编:《考古学文化论集(一)》, 文物出版社, 1987 年, 第 99-128 页。

朱永刚:《试论我国北方地区銎柄式柱脊短剑》,《文物》1992 年第 12 期, 第 65-72 页。

邹衡:《夏商周考古学论文集》, 文物出版社, 1980 年。

邹衡:《再论先周文化》,《周秦汉唐考古与文化国际学术会议论文集》, 西北大学学报编辑部, 1988 年, 第 19-41 页。

邹衡:《关于夏商时期北方地区诸邻境文化的初步探讨》,《夏商周考古学论文集》, 科学出版社, 2001 年。

邹逸麟:《历史时期华北大平原湖沼变迁述略》,《历史地理》1987 年第 5 辑, 第 25-39 页。

后　记

2010 年的夏天，为了合作出版一本介绍古代中国北方青铜文化的书，我陪着匹兹堡大学的林嘉琳（Katheryn M. Linduff）教授、伊利诺伊大学香槟分校的邱慈惠教授、盖底兹堡大学的孙岩教授一同前往陕北、内蒙考察，先后参观了延安市文物研究所及榆林市下辖的清涧、绥德、米脂、子洲、榆林区等地的博物馆和文物保护研究所等；在内蒙参观了鄂尔多斯青铜器博物馆、内蒙古自治区博物馆、内蒙古文物考古研究所等文物单位。沿路详细观察了陕北、内蒙出土的商周时期青铜器，边参观边讨论，回到西安时已确定下来书的大致方向和内容。约定境外材料和内容由林嘉琳教授写，我写商代部分，孙岩教授写西周部分；并约定先出英文版，由林嘉琳教授领衔，然后出中文版，由我领衔。谁知项目刚刚开始，我就被任命为秦始皇帝陵博物院的院长，我的这份工作，只好交给我的博士生刘远晴来完成。刘远晴为此到匹兹堡大学学习交流一年，幸得林嘉琳老师的帮助和指导，最后出色地完成了任务。我的研究生杜伯瑞、杨云鹏也做了许多工作。孙岩教授的两位学生段西洋和徐子毅也参与了书中地图和图片的处理工作，从英文版的序言中可以了解到。

经过大家的努力，英文版 *ANCIENT CHINA AND ITS EURASIAN NEIGHBORS ARTIFACTS, IDENTITY AND DEATH IN THE FRONTIER, 3000-700 BCE* 终于在 2018 年由剑桥大学出版社出版了。经剑桥大学出版社介绍，中文版在上海古籍出版社出版。翻译的工作在中美两边同时进行，书中的第一、二、五章在美国完成翻译。陕西师范大学的研究生李季贞参与翻译了第三章；刘远晴翻译了第四章；博士生杨欢翻译了所有图片和地图的图名；博士生韦姗杉对全书的书目进行了整理并完成了第一、二章地图图注的翻译工作；李唐核对了第一、二、四章的引文并增加了第二章遗漏章节的翻译。译稿的校对和统稿工作由孙岩教授带领杨欢、刘远晴进行。书中各章的理论和材料讨论部分的翻译由四位作者共同推敲，反复琢磨，力求在汉语的学术语境中给予最贴切的表达。

中文版的书名为《古代中国与欧亚大陆：边疆地区公元前 3000 年至公元前 700 年的金属制品、墓葬习俗和文化认同》，是有关古代中国北方青铜文化认识的一部著作，着力于从边疆的全新视角去讨论这一地区从公元前 3000 年至前 700 年的民族、历史、文化和生活。尤其是林嘉琳教授写的第一章，提纲挈领地陈述了全书的研究理论和方法。全书吸收了当前边疆研究最为流行的理论，在方法上强调"人"与"物"各自的能动性，以及"人"与"物"之间的互动性，着重探讨各个区域内居民文化认同的形成和其独特性，区域间的交流，以及古代中国北方与亚欧大陆东部在技术、思想上的交流和人群的流动。由于研究角度和方法的不同，四位作者的合作，既有挑战，也收获甚丰。交流使我们之间可以取长补短，相互启发。我们在这本书中试图向大家展示的，也正是古代中国北方各地居民在和外界交流的过程中文化认同的形成和转变过程。我们争取从一个客观、公正的视角去看待在这一时期当地居民的生活，而不只是从中原王朝在史书上呈现的角度去观察。

曹　玮

2020 年 7 月 17 日于西安曲江春晓苑

图书在版编目（CIP）数据

古代中国与欧亚大陆：边疆地区公元前3000年至公元前700年的金属制品、墓葬习俗和文化认同 / 曹玮等著. —上海：上海古籍出版社，2020.9
ISBN 978-7-5325-9718-5

Ⅰ.①古…　Ⅱ.①曹…　Ⅲ.①考古学文化-文化研究-中国　Ⅳ.①K87

中国版本图书馆CIP数据核字（2020）第157861号

古代中国与欧亚大陆：

边疆地区公元前3000年至公元前700年的

金属制品、墓葬习俗和文化认同

曹　玮　［美］林嘉琳（Katheryn M. Linduff）

孙　岩　刘远晴　著

上海古籍出版社出版发行

（上海瑞金二路272号　邮政编码200020）

（1）网址：www.guji.com.cn

（2）E-mail：guji1 @ guji.com.cn

（3）易文网网址：www.ewen.co

苏州市越洋印刷有限公司印刷

开本 700×1000　1/16　印张18　插页6　字数270,000

2020年9月第1版　2020年9月第1次印刷

印数：1—3,100

ISBN 978-7-5325-9718-5

K·2884　定价：88.00元

如有质量问题，请与承印公司联系